警　察　法

警　察　法

宮田三郎

信　山　社

はしがき

本書の目標は警察法の簡潔な体系的説明である。

現代的な警察法学の課題は、立憲君主制的な警察法理論を根本的に見直し、同時に、警察の目的のために規範の消極的・積極的限界を犠牲にしない民主的警察行政の基礎となる警察法理論を形成し確立することである。したがって本書の重点は、さしあたり、警察の概念、警察権の限界の理論あるいは羈束裁量論などの一九世紀的な警察法理論にとらわれることなく、新たな視点に基づいて、警察とは何か、警察には何が許され何が許されないかについての問題分析と正当な解明を追求することに置かれている。

さらに、警察の活動領域は、差し迫った危険防止と刑事訴追のための活動から、事実上も法律上も、将来の危険防止と将来の犯罪糾明のための事前予防の活動へと拡大する傾向にある。その場合、例えば権限行使が、警察政策に基づく警察の活動には積極的でありながら、個人の要請に基づく警察活動には不当に消極的態度を執ることが多いのは問題であるといわなければならない。このような法状態が改善され、警察活動について不当な怠慢を許さない警察法理論が形成されることによって、おそらく、個人の生命、身体および財産の保護を責務とする民主警察の理念が具体化され、実現されることになるといえよう。

本書の出版については、信山社の袖山貴氏に大変お世話になった。ここに厚く謝意を表したい。

平成一四年四月

宮田三郎

目　次

目　次

警察法

警察法

文献　佐々木惣一『警察法概論』（新法学全集・昭一五・日本評論社）、戒能通孝『警察権』（昭三五・岩波書店）、広中俊雄『戦後日本の警察』（昭四三・岩波新書）、同『警備公安警察の研究』（昭四八・岩波書店）、杉村敏正・光藤景皎・東平好史編『警察法入門』（昭五〇・有斐閣）、田上穣治『警察法〔新版〕』（昭五八・有斐閣）、警察制度研究会『警察』（昭六〇・ぎょうせい）、法学セミナー増刊『警察の現在』（昭六二）、村山真維『警邏警察の研究』（平二・成文堂）、河上和雄・国松孝次・香城敏磨・田宮裕『講座日本の警察第一巻〜第四巻』（平五・立花書房）、警察庁長官官房編『警察法解説（新版）』（平七・東京法令）、田村正博『四訂版警察行政法解説』（平一三・東京法令）

Drews/Wacke/Vogel/Martens, Gefahrenabwehr, 9. Aufl., 1986; H. P. Prümm/H. Sigrist, Allgemeines Sicherheits- und Ordnungsrecht, 1997; F. -H. Friauf, Polizei- und Ordnungsrecht, in: E. Schmidt- Aßmann, Besonderes Verwaltungsrecht, 11. Aufl., 1999; F. L. Knemeyer, Polizei- und Ordnungsrecht, 8. Aufl., 2000; C. Gusy, Polizeirecht, 4.Aufl., 2000; W. -R. Schenke, Polizei- und Ordnungsrecht, in : U. Steiner, Besonderes

Verwaltungsrecht, 6. Aufl., 1999.; H. Lisken/E. Denninger(hrsg.), Handbuch des Polizeirechts, 3. Aufl., 2001; V. Götz, Allgemeines Polizei- und Ordnunngsrecht, 13. Aufl., 2001.

4

第一篇　警察法の基礎

第一章　警察の概念

文献　美濃部達吉「警察の観念」（法協三〇巻八号・明四五）、鵜飼信成「Polizei の観念」『美濃部還暦一巻』（昭九）、須貝脩一「警察の概念」法叢三七巻四号（昭一二）、柳瀬良幹「警察の観念」（同『行政法の基礎理論（二）』・昭一五・弘文堂、所収）、須貝修一「警察」、中原英典「保安警察と行政警察」以上田中・原・柳瀬編『行政法講座六巻』（昭四一）、土屋正三「警察概念の変遷と警察法分野の立法（一）」警察研究四二巻一二号（昭四六）、高田　敏「現代行政の展開と警察法」公法研究三十四号（昭四七）、関根謙一「警察の観念と警察の任務（二）」警察学論集三四巻四号（昭五六）、熊本信夫「警察の観念」（成田編『行政法の争点』・平二）、藤田宙靖「警察行政法学の課題」警察政策一巻一号（平一一）

（1）警察概念の変遷

警察の語は、ギリシャ語の politeia（国家管理）から、ラテン語の politia, policia を経て、フランス語の Police を通じ、ドイツ語の Polizei となった。警察は、行政法の最も古い制度であり、警察概念の内容は、国家観の変遷に伴い、大きく変化してきた。以下に、ドイツを中心に警察概念の発展史の概要を見よう。

ヨーロッパにおける警察の語は、最初は一切の国の作用を意味するものであったが、一七・八世紀の絶対君主制において、外政、軍政、財政および司法が警察から分離し、警察は全内務行政を示し、共同体の「良き秩序」の状態またはその成立および維持に向けられた活動を意味する観念となつた。警察権は全国家権力——立法権および執行権を含むものとなり、その作用領域は法的に無制限であると考えられていた。国家は警察国家となり、国家行政と警察行政、したがって法と警察法は同一であり、警察法はあらゆる法規範の総体であった。

それに対して、個人主義的自然法思想に基づく国家観は、警察を消極的な秩序維持（危険防止）の領域に限定すべきであるとし、積極的な公共の利益の増進は警察の任務ではないとした。このような思想は実定法にもとり入れられた。一七九四年のプロイセンの一般ラント法（Allgemeines Landrecht）第二部第一七章第一〇条は、「警察の任務は、公共の平穏・安全および秩序を維持し、および公共またはその構成員としての個人に切迫する危険を防止するために必要な措置をなすことである」と規定し、一七九五年のフランスの Code des delits et des peines（軽罪処罰法典）第一六条は、「警察は公共の秩序・自由・財産および個人の安全を保持する任務を有する」と規定した。ちなみに、我が国の明治八年（一八七五年）太政官達行政警察規則第一条も、「行政警察ノ趣旨タル人民ノ凶害ヲ予防シ安寧ヲ保全スルニ在リ」と規定していた。

その後、実務は必ずしも警察の任務を危険防止に限定するものではなかった。しかし、プロイセン上級行政裁判所が、一八八二年の判決で、ベルリンのクロイツベルクにある戦勝記念碑からの眺望を保つために、その周辺の建築物を規制したベルリン警察総監の警察命令を、これは危険防止ではなく警察の福利的な決定であり、一七九四年の一般ラント法第二部第一七章第一〇条に違反し無効であると判示した。この判決によって警察は危険防止であるという概念が確立したということができる。

さらに、一九三一年のプロイセン警察行政法第一四条は、「警察官庁は、現行法の枠内において、義務に適った裁量により、公共の安全または秩序を脅かす危険を一般および個人から防止するために、必要な措置をとらなければならない。」と規定した。学説も、これらの規定を根拠として、警察の概念を積極的な公共の福利増進の作用ではなく、消極的な治安維持の目的のための作用に限定した。しかし、プロイセン警察行政法第一四条は、同時に、警察の侵害のための一般条項の機能を果たしたことにも注意しなければならない。

かくして、一般的意味で警察とは、公共の安全と秩序を維持し、それに対する危険を防止し、既に発生した障害を除去することを目的とする行政機能であり、あらゆる危険防止が警察であるという実質的意味の警察の概念が確立した。我が国の伝統的学説も、学問上の警察を、公共の安全と秩序を維持するために、命令・強制によって人民の自然の自由を制限する一般統治権の作用であると定義し、秩序維持行政（危険防止）は、伝統的に警察の責務とされ、これを行政警察と呼んできたのである。(1)

しかし第二次世界大戦後、警察の民主化が行われ、警察概念を制度的警察＝執行警察に限定しようとする試みがなされた。ここでは、秩序維持行政と行政警察を同一視する伝統的な行政警察概念は放棄され、例えば建築警察・衛生警察・産業警察・労働警察などは個別法の定める行政機関の管轄となり、建築行政・衛生行政・産業行政・労働行政となって、いわゆる脱警察化（Entpolizeichung）が行なわれた。したがって、警察とは、国民の生命、身体および財産の保護を基本任務とする法執行ないし法強行機能を果たすべき警察機関の活動の全体をいうものとされた。警察を原則として法執行ないし法強行機能に限定することは、行政の危険防止の責務を警察と見ないことを意味し、危険防止の責務を行う一般的行政機関の機能は秩序行政（Ordnungsverwaltung）と呼ばれる。この場合、秩序行政は、単なる消極的な危険防止を超えて、公共の福祉を実現するための積極目的を追求する事前配慮、計画および政策形成にまで及び、危険防止と不可分でかつしばしば区別できない目標設定と内容を引き受けることになったといえよう。

（2）警察の概念

警察の語は、いろいろの意味に用いられる。

(1) 実質的警察概念

実質的警察概念は責務の範囲という観点から規定される。従来、警察の責務は危険防止（Gefahrenabwehr）および障害除去（Störungsbeseitigung）という消極目的に限定され、社会経済的諸関係の存立と発展に積極的に干渉すべきものではなかった。(2) しかし現代的な福祉国家の主要な責務は、消極的な危険防止に限定されるものではなく、むしろ社会経済的発展を積極的形成的に促進し、危険の概念では捉えられない妨害またはその他のリスクの発生を長期的に予防し管理する点にあり、警察の責務の重点も、積極的な危険の事前予防（Gefahrenvorsorge）にまで拡大される傾向にある。(3) 現代国家においては、公共の安全が積極的・形成的に維持される状態において初めて、国民は基本的人権を現実に享受することが可能となるといえよう。

実質的警察概念にとって、いかなる機関が危険防止ないし危険予防の責務を行うか、それが警察法の定める警察機関の責務に属するか否かは、重要でない。今日の実質的意味の警察は、個人的法益を含む公共の安全に対する危険の防止、リスクの予防・管理および障害の除去という目標と性質をもち、機能的に限定された一般行政機関および警察機関の活動の全体をいうと解すべきである。

伝統的な行政法学は警察権を限定するという機能を一九世紀の実質的な警察概念（＝消極的な警察概念）に求めた。しかしこのような警察概念の憲法的な基礎は完全に除去された。かつて絶対君主がもっていた警察権は、民主的憲法のもとでは、議会の立法権と政府の執行権の中に解消された。今日、警察権の限界をなすものは実質的な意味の警察概念ではなく、法律の規定および憲法の保障する基本的人権であるということができる。

(2) 形式的警察概念

形式的警察概念は警察組織の観点から規定される。警察庁がその遂行の権限を有するすべての国家作用、すなわち立法者が警察機関の権限として定めた国家機能のすべてが形式的警察概念に属する。形式的警察概念には、公共の安全に対する危険防止の責務のみならず、犯罪の捜査、被疑者の逮捕などの刑事警察が含まれるほか、例えば、拾得物の保管（遺失一条）[3]、強制執行の補助機関としての任務（民執六条）など、警察法以外の他の法律により警察の責務とされる機能なども含まれる。

(3) 制定法上の警察概念

制定法上の警察概念は、現行の警察法（昭二九法律一六二号）が想定する「警察」の活動をいう。そこでは、伝統的な「警察」の概念ではなく、現行法に即した「警察」が観念される。[4] したがって制定法上の警察概念は、警察法の規定する警察の責務の範囲から推論され、結果的にはほぼ実質的な警察概念と一致する。

(4) 制度的意味の警察概念

今日、警察の概念に関する問題は行政組織法に移行した。制度的または組織的意味の警察とは、警察の組織領域に属する特定の機関、すなわち警察官庁をいう。また、法執行ないし法強行機能を果たすべき執行職務に従事する警察、とくに制服警察官の職務を制度的意味の警察ということがあり、さらに警察の語は、「警察官庁・警察署」および「警察の建物」の意味に用いられることもある。制度的意味の警察概念は、日常用語としての警察に最も近いということができる。

（3）現行法の警察概念

現行法には警察についての法的定義を示した規定はない。学説は、警察の責務に関する規定から警察概念を推論する。現行の警察法二条一項は、「警察は、個人の生命、身体及び財産の保護に任じ、……公共の安全と秩序の維持に当たることをもってその責務とする。」と規定している。

通説によれば、明治憲法時代には交通・衛生・産業・労働等に関する公共の安全と秩序の維持の作用が警察の観念に含まれていたのに反し、警察法は、衛生（食品、医薬品、麻薬等の取締）や産業（鉱山保安、各種の営業の取締）や労働（少年・婦女子の労働の規制等）に関する公共の安全と秩序の維持を警察の責務から除外し、それを一般行政機関の権限としている点で、現行法の警察概念は伝統的な行政警察の観念より狭い。また犯罪捜査・被疑者の逮捕のような刑事警察（司法警察）を警察の責務としている点で、現行法の警察概念は従来の行政警察の概念より広い(4)。しかし警察法第二条の規定が、食品衛生・医薬品・麻薬などの取締とか産業労働その他に関する作用を警察の責務から除外しているとする通説の解釈は文理的に疑問である。警察法二条の規定の文言から、そのような結論を引き出すのは法解釈論としては無理であろう。また通説が、公共の安全と秩序の維持という警察の消極目的に固執するのは、警察権を制限する機能を警察の概念規定そのものに求めるからである(6)。しかし警察の概念に警察権拡大の抑止機能を求めることはできないといえよう。今日では警察権の限界を画するのは、法律の規定および憲法、とくに基本的人権である。警察に関する消極的な概念規定はもはや重要ではない。

（4）警察概念の要素

従来、警察の概念は、その目的・手段および権力の基礎の三要素から規定された。警察目的の拡大傾向についてはすでに述べた。警察の手段については、警察は命令強制を手段とする権力作用のみを指すものとされ、また警察権の基礎としては、警察は一般統治権の作用のみを指すものとされた。

警察の命令強制を手段とする権力作用は、近代的法治国の警察法の最も重要な問題であり主要な関心事であった。しかし命令強制は今日の警察の日常的実態を示すものではない。現代国家においては、例えば、情報収集による刑事警察の捜査活動、パトカーによる警邏活動、通行人への道案内、消防署の配置、事故の被害者の救急輸送、自治体によるホームレスの収容所の設置など、市民に対する警察の非権力的作用の重要性を看過することはできない。したがって警察を命令強制を手段とする権力作用に限定し、それのみを警察法の対象としなければならない必然性はないといえよう。

（5）警察の種類

警察はいろいろの視点から分類されるが、法的に重要な意義を有するものはない。

(1) 司法警察と行政警察

司法警察（police judiciaire）という語はフランス法に起源を有し、犯罪人および犯罪の証拠を捜索・逮捕するための作用をいう（刑訴一八九条二項）。司法警察の作用は刑事裁判の準備であって刑事警察ともいう。現行法は、警察の機関が同時に司法警察の職務を行うこととし、司法警察を行う場合の警察官を司法警察職員というが（警察二条一項、刑訴一八九、一九〇条）、行政法上、本来の意味における警察は行政権の作用たる行政警察をいう。

(2) 保安警察と行政警察

この区別はドイツから来たもので、保安警察（Sicherheitspolizei）とは警察の作用のみで行政の目的を達成しうる場合の警察をいい、行政警察（Verwaltungspolizei）とは行政の他の作用と総合して始めてその目的を達成しうる場合の警察をいう。例えば、外国人、集会、結社、集団示威行進に対する規制などは保安警察に属し、公衆衛生、建築、交通、産業などの行政分野で行われる警察作用は行政警察に属する。保安警察は独立の警察機関がこれを管轄するが、行政警察は各種の一般行政機関があわせてそれを掌る場合が多い。現行法では、保安警察は大体公安委員会の所管に属し（警察二条一項）、行政警察は、例えば鉱山の保安は経済産業大臣の権限に属し、金融業の取締は金融庁長官の権限に属する。

(3)　予防警察と鎮圧警察

この区別もドイツに由来する区別で、犯罪の予防のためにするものを予防警察（präventive Polizei）、既に発生した犯罪の捜査のためにするものを鎮圧警察（repressive Polizei）という。この区別は行政警察と司法警察の区別に相当する。また、一般に警察の対象になる事件の時間的経過を基準にして、その発生前に対するものを予防警察、発生後に対するものを鎮圧警察ということもある。

(4)　高等警察と普通警察

高等警察（haute police, politische Polizei）はフランス法に起源を有する語で、個人の安全を保護する警察に対して、国の安全を保護する警察、すなわち政治警察を意味する。政治結社・政治的集会・選挙運動の取締・政治思想・政治犯の監視などがこれに属する。戦前においては、国体（天皇制）と私有財産制とが特に高い価値を有するものと認められ、これを保護する警察は特に特別高等警察（特高）と呼ばれていた。

(5)　市民警察と警備公安警察

市民警察は個人の生命、身体および財産の保護を任務とする警察で、いわば市民一人一人の安全の保護を図る警察である。これに対し、警備公安警察とは治安および政治体制の維持を図る警察で、政治警察ともいう。

(6) 国家警察と地方警察

国家警察は国の権能に属する警察を意味し、地方警察は地方団体の権能に属する警察を意味する。現行法上、完全な意味における地方警察に当たるものは存在しない。ただ、都道府県の区域内の警察は、都道府県の公安委員会が国家公安委員会から独立に運営するものとされている。

(1) 田中二郎『新版行政法下Ⅱ』二五五頁（昭四四・弘文堂）。

(2) 少数説は、警察を直接社会一般の利益を目的として行われる作用で命令強制を手段とするものをいうと定義し、警察は、単に消極的に社会の安全・秩序を維持することのみならず、積極的に社会の幸福利益を増進することをも目的とする作用であるという（美濃部達吉『行政法Ⅰ』一七四頁・昭八・岩波書店、柳瀬良幹『行政法教科書［再訂版］』一八三頁・昭四四・有斐閣）。

(3) ちなみに、落とし物は主として派出所等で取扱っているが、その数は、年間大体、遺失届が二四〇万件、拾得届が三五〇万件にのぼっている。

(4) 藤田宙靖「警察行政法学の課題」警察政策一巻一号（平一一）三一頁以下。

(5) 田中二郎・注（1）二五四頁。

(6) 明治二二年の大日本帝国憲法第九条は、「天皇ハ法律ヲ執行スル為ニ又ハ公共ノ安寧秩序ヲ維持シ及臣民ノ幸福ヲ増進スル為ニ必要ナル命令ヲ発シ又ハ発セシム但シ命令ヲ以テ法律ヲ変更スルヲ得ス」と規定し、学者はこれを「警察命令ノ大権」と称していた（美濃部達吉『行政法撮要下巻』三五頁・昭八・有斐閣）。明治憲法は、むしろ、臣民の幸福を増進するための警察命令を認めていたのである。

第二章　警察の組織

警察の組織は、「民主的理念を基調とする警察の管理と運営を保障し、且つ、能率的にその任務を遂行するに足る」(警察一条)ものでなければならない。警察法が定める警察機関には、国家警察である警察庁と都道府県警察があり、これを管理する機関として国家公安委員会と都道府県公安委員会がある。すなわち、警察の民主化と警察の政治的中立を保障するシステムとして、警察法は、公安委員会によつて警察を管理・運営せしめる方式をとったのである。

第一節　国家公安委員会

(1)　組織および運営

国家公安委員会は、内閣総理大臣の所轄の下に、設置され、委員長および五人の委員をもって構成される(警察四条)。所轄とは、その統括の下にあるが、権限行使の独立性が強い行政機関との関係を示す用語である。国家公安委員会は、国家行政組織法が定める「国の行政機関」ではなく、同法八条に定める審議会等の性格をもつが、内閣府の外局として、警察法によって設置された一種の行政委員会で、国の警察の最高機関である(1)。

(2)　委　員　長

委員長は国務大臣をもって充てる。委員長は、会務を総理し、国家公安委員会を代表する。国家公安委員会は、あらかじめ委員の互選により、委員長に故障がある場合において委員長を代理する者を定めておかなければならない（同六条）。

会務の総理は、委員会の会議の招集、議事の主宰その他、委員会の運営に関する庶務を処理することである。国家公安委員会の庶務は警察庁長官官房秘書課で処理する（同一三条、警察庁組織令二条）。委員長に故障がある場合とは、法律上代理を必要とする場合であって、相当長期にわたる旅行・病気のような場合のほか、死亡・罷免等により委員長が欠けた場合を含む（国家公安委員会運営規則六条）。

（3）委　員

(1) 任　命

委員は、任命前五年間に警察または検察の職務を行う職業的公務員の前歴のない者のうちから、内閣総理大臣が両議院の同意を得て任命する（警察七条一項）。警察または検察の職務を行う職業的公務員とは、警察官・検察官のほか、警察事務官・検察事務官・海上保安官のような警察または検察の性質をもつ職務に従事する公務員であって、非常勤職員、臨時職員または単純労務職員は除外される。国家公安委員は、警察関係の職業的公務員に含まれない。また、委員の任期が満了し、または欠員を生じた場合において、国会の閉会または衆議院の解散のため両議院の同意を得ることができないときは、内閣総理大臣は、有資格者のうちから委員を任命することができ、その場合任命後最初の国会で両議院の事後の承諾を得なければならず、この場合事後の承諾を得られないときは、直ちにその委員を罷免しなければならない（同七条二～三項）。

次の者は委員となることができない。ⅰ破産者で復権を得ない者、ⅱ禁固以上の刑に処せられた者（同七条四項）。禁固以上の刑に処せられた者には、刑の執行が終わった後法定期間を経過して刑の言渡しが失効するまで

（刑三四条の二）の者が含まれる。したがって国家公務員の欠格事由より広い。委員の任命については、そのうち三人以上が同一の政党に所属することとなってはならない（警察七条五項）。

(2) 任　期

委員の任期は五年とする。但し、補欠の委員は、前任者の残任期間在任する。委員は、一回かぎり再任されることができる（同八条）。

(3) 失職および罷免

委員は、欠格事由に該当するに至った場合には、その職を失うものとする（同九条一項）。

内閣総理大臣は、委員が心身の故障のため職務の執行ができないと認める場合または委員に職務上の義務違反その他委員たるに適しない非行があると認める場合には、両議員の同意を得て、これを罷免することができる（同二項）。

内閣総理大臣は、両議院の同意を得て、左に掲げる委員を罷免する（同三項）。

① 委員のうち何人も所属していなかった同一の政党に新たに三人以上の委員が所属するに至った場合には、これらの者のうちの一人をこえる員数の委員（一号）

② 委員のうち一人がすでに所属している政党に新たに二人以上の委員が所属するに至った場合には、これらの者のうち一人をこえる員数の委員（二号）

内閣総理大臣は、委員のうち二人がすでに所属している政党に新たに所属するに至った委員を直ちに罷免する（同四項）。

(4) 服　務

委員には、原則として一般公務員の服務に関する規定が準用される。委員は、国または地方公共団体の常勤の職員または短時間勤務の官職もしくは職員と兼ねることができない。委員は、政党その他の政治的団体の役員となり、または積極的に政治運動をしてはならない（同一〇条）。

(5)　会議の運営

国家公安委員会は、委員長が招集する。国家公安委員会は、委員長および三人以上の委員の出席がなければ会議を開き、議決をすることができない。国家公安委員会の議事は、出席議員の過半数でこれを決し、可否同数のときは、委員長の決するところによる。委員長に故障があるときは、委員長代理者が会議を招集し、議事を主宰するが、定足数および表決権の行使については、委員の地位が認められる（同一一条）。

（4）任務および所掌事務

(1)　任　務

国家公安委員会は、国の公安に係る警察運営をつかさどり、警察教養、警察通信、犯罪鑑識、犯罪統計および警察警備に関する事項を統轄し、ならびに警察行政に関する調整を行うことにより、個人の権利と自由を保護し、公共の安全と秩序を擁護することを任務とする（同五条一項）。

(2)　所掌事務

国家公安委員会は、その任務を達成するため、次に掲げる事務について、警察庁を管理する（同二項）。

①一般的権限

ⅰ　準立法権　国家公安委員会は、その所掌事務について、法律、政令または内閣府令の特別の委任に基づいて、国家公安委員会規則を制定することができる（同一二条）。ⅱ監察についての指示権　国家公安委員会は、監察について必要があると認めるときは、警察庁に対する指示を具体的または個別的な事項にわたるものとすることができ、指示をした場合に必要があると認めるときは、その指名する委員に指示に係る事項の履行状況を点検させることができ、その場合、専門技術的な知識・経験を有する警察庁の職員に、指名された委員の事務を補助させることができる（同一二条の二）。iii 警察に関する制度の企画および立案に関する事務（同五条二項一号）。iv 警察に関する国の予算に関す事務（二号）。都道府県警察の経費の中で国庫が直接支弁しおよび補助するものの予算を含む（同三七条）。v 警察に関する国の政策の評価に関する事務（同五条二項三号）。

② 国の公安にかかる警察の運営

i 民心に不安を生ずべき大規模な災害に係る事案、地方の静穏を害するおそれのある騒乱に係る事案および国際関係に重大な影響を与え、その他国の重大な利益を著しく害するおそれのある航空機の強取、人質による強要その他これに準ずる犯罪に係る事案に関する事務（四号）、ii 緊急事態に対処するための計画およびその実施に関する事務（五号）、iii 全国の広範な区域において個人の生命、身体および財産ならびに公共の安全と秩序を害し、または害するおそれのある広域組織犯罪その他の事案に対処するための警察の態勢に関する事務（六号）、iv 全国的な幹線道路における交通の規制に関する事務（七号）、v 国際捜査共助に関する事務（八号）、vi 国際緊急援助活動に関する事務（九号）、vii 所掌事務に係る国際協力に関する事務（一〇号）、viii 債券管理回収業に関する特別措置法の規定に基づく意見の陳述その他の活動に関する事務（一一号）、ix 無差別大量殺人行為を行った団体の規制に関する法律の規定に基づく意見の陳述その他の活動に関する事務（一二号）、x 皇宮警察に関する事務（一三号）。

③ 警察教養・警察通信・犯罪鑑識・犯罪統計および警察装備に関する事項の統轄

ⅰ警察教養施設の維持管理その他警察教養に関する事務（一四号）。例えば、警察大学校・管区警察学校は警察庁または管区警察局に附置され、道府県警察学校・警視庁警察学校等の経費は原則として国庫が支弁し、その教養課程等について警察庁が訓令を発している。ⅱ警察通信施設の維持管理その他警察通信に関する事務（同一五号）、ⅲ犯罪鑑識施設の維持管理その他犯罪鑑識に関する事務（一六号）、ⅳ犯罪統計に関する事務（一七号）、ⅴ警察装備に関する事務（一八号）。

④　警察行政に関する調整の権限

ⅰ警察職員の任用、勤務および活動の基準に関する事務（一九号）、ⅱ警察行政に関する調整に関する事務（同二〇号）、ⅲ監察に関する事務（二一号）、ⅳ他の法律の規定に基づき警察庁の権限に属させられた事務（二二号）、ⅴその他、法律の規定に基づき国家公安委員会の権限に属せられた事務（同五条三項）。

なお、国家公安委員会は、都道府県公安委員会と常に緊密な連絡を保たなければならない（同四項）。

(5)　評　価

わが国の警察は、国家警察である警察庁とこれを管理する国家公安委員会を中枢の機関として構成されている。しかし、平成七年の地下鉄サリン事件、警察庁長官狙撃事件などの重大な事件の発生、警察官による犯罪などの不祥事の多発、生命・身体の保護を求める個人への対応の軽視による殺人事件の発生などは、警察体制ないし国家公安委員会の抜本的な見直しを迫るものとなった。

そこで、平成一二年三月、国家公安委員会の求めで、民間有識者の警察刷新会議が発足した。これは、事実上警察庁に管理され形骸化している国家公安委員会が自ら警察改革を打ち出すことができないことを示すものといえよう。ちなみに、警察刷新会議は、七月一三日に緊急提言として、情報公開、苦情申し出制度、監察体制の強化、公安委員会の監察点検機能強化、困り事相談の充実、警察人事・教育制度の改革などを求めた。しかし、国家公安委員会の機能不全、国家公安委員会と警察庁の関係に関する抜本的な改革案は提示されていない。

（1） 藤田宙靖『行政組織法［新版］』一五七頁（平一三・良書普及会）。

第二節 警察庁

（1） 警察庁の組織

警察庁は、国家公安員会に置かれる警察行政に関する国の行政機関である（警察一五条）。警察庁の長は、警察庁長官とし、国家公安委員会が内閣総理大臣の承認を得て、任免する（同一六条一項）。警察庁長官は、国家公安委員会の管理に服し、警察庁の庁務を統括し、所部の職員を任免し、およびその服務についてこれを統督し、ならびに警察庁の所掌事務について、都道府県警察を指揮監督する（同二項）。管理とは、内部的な機関意思の決定をするにとどまり、外部に対して国の意思を決定表示する権限を含むものではない。警察庁に、次長一人を置く。次長は長官を助け、庁務を整理し、各部局および機関の事務を監督する（同一八条）。

（2） 所掌事務

警察庁には、その所掌事務を遂行するため、内部部局が置かれる。内部部局は長官官房および生活安全局、刑事局、交通局、警備局、情報通信局の五局で構成され、長官官房に国際部、刑事局に暴力団対策部が置かれる（同一九条）。長官官房に官房長、各局に局長、各部に部長が置かれ、官房長、局長および部長は、命を受け、長官官房の事務、局務または部務を掌理する（同二〇条）。

(1)　長官官房（四課一部〔部内二課〕、一総括審議官、四審議官、一技術審議官、四参事官、一首席監察官）の所掌事務（同二一条一項）

①　首席監察官＝命を受け、監察に関する事務の掌理。

②　総務課＝国家公安委員会の庶務（同一三条）、機密に関すること（同二一条一項一号）、官印庁印の管守（二号）、所管行政に関する企画・立案・総合調整に関すること（同四号）、所管行政に関する政策の評価に関すること（同五号）、法令案の審査に関すること（同六号）、広報（同七号）、情報の公開（同八号）など。

③　人事課＝警察職員の人事および定員に関すること（同九号）、監察に関すること（同一〇号）、警察教養施設の整備および運営（同一四号）、警察職員の勤務制度に関すること、表彰、警察職員の募集および試験など。

④　会計課＝予算、決算および会計に関すること（同一一号）、交通安全対策特別交付金勘定に関すること、国有財産および物品の管理および処分に関すること（同一二号）、けん銃の修理および弾薬の製造、警察官の服制など。

⑤　給与厚生課＝警察職員の給与、恩給、退職手当、公務災害福利厚生、医療に関すること、警察共済組合など（同一五号）。

【国際部】（同二項）

①　国際第一課＝所管行政に係る国際協力に関すること（イ）、国際的な警察に関すること（ロ）、外国人に係る警察に関すること（ハ）の企画・調査・調整（一九号）など。

②　国際第二課＝国際捜査共助に関すること（二〇号）、国際的な犯罪捜査に関する外国の警察行政機関等との連絡一般に関すること、国際刑事警察機構との連絡に関することなど。

(2)　生活安全局（六課）の所掌事務（同二二条）

①　生活安全企画課＝生活安全警察等に関する制度および生活安全警察等の運営に関する企画・調査、市民生活の安全と平穏に関する事務一般に関すること、犯罪の予防一般に関すること、古物営業法・質屋営業法・警備業法・不正アクセス行為の禁止等に関する法律・ストーカー行為等の規制等に関する法律の施行に関することなど。

②　地域課＝地域警察、水上警察、鉄道警察に関すること、警ら用無線自動車、警察用船舶および警察用航空機の運用に関すること、雑踏警備、水難、山岳遭難その他の事故における人命の救助およびこれらの事故の防止に関すること、酩酊者、家出人、迷子その他応急の救護を要する者の保護に関すること、警察通信指令に関すること、遺失物法の施行に関することなど。

③　少年課＝少年非行の防止に関する調査・企画に関すること、少年指導委員に関すること、少年の補導に関すること、犯罪その他少年の健全な育成を阻害する行為に係る被害少年の保護に関すること、少年に対する暴力団の影響の排除に関することなど。

④　生活環境課＝公害関係事犯、その他の環境関係事犯の取締りに関すること、保健衛生関係事犯の取締りに関すること、特許権、商標権等の工業所有権および著作権を侵害する事犯その他無体財産権関係事犯の取締りに関すること、危険物の取締りに関すること、風俗関係事犯、売春関係事犯の取締りに関することなど。

⑤　銃器対策課＝けん銃その他の銃器の取締りに関すること、銃砲刀剣類所持等取締法、火薬類取締法の施行に関すること。

⑥　薬物対策課＝麻薬関係事犯、覚醒剤関係事犯の取締りに関すること、習慣性がある薬物に係る保健衛生関

係事犯に関することなど。

(3) 刑事局（四課一部［部内二課］）の所掌事務（同二三条一項）

① 刑事企画課＝刑事警察に関する制度および刑事警察の運営に関する企画・調査に関すること、犯罪の捜査一般に関すること、刑事法令一般の調査・研究、犯罪統計に関すること、刑事資料の調査・収集・管理に関することなど。

② 捜査第一課＝殺人、強盗その他の凶悪犯、暴行、傷害その他の粗暴犯、窃盗犯の捜査に関すること、人質犯罪および誘拐犯罪の捜査に関すること、過失犯の捜査に関することなど。

③ 捜査第二課＝偽造、贈収賄、詐欺、背任、横領その他の知能的犯罪の捜査に関すること、証券取引関係犯罪および金融関係犯罪の捜査に関すること、政治資金に係る犯罪、公職の選挙、国民投票その他の投票および住民の直接請求に係る犯罪の捜査に関すること。

④ 鑑識課＝犯罪鑑識に関すること、犯罪鑑識施設の整備および運営に関すること。

【暴力団対策部】（同二項）

① 暴力団対策第一課＝暴力団対策に関する制度および暴力団対策の運営に関する企画・調査に関すること、暴力団員による不当な行為の防止一般に関すること、暴力団対策に関する法令の調査および研究に関すること、暴力団対策に関する資料の調査・収集・管理に関すること、暴力団情報の収集・整理および分析、その他暴力団情報に関することなど。

② 暴力団対策第二課＝暴力団に係る犯罪の取締り、指定暴力団の暴力団による暴力的要求行為等の規制、対立抗争時の事務所の使用制限、加入の強制の規制その他の規制に関することなど。

(4) 交通局（四課）の所掌事務（同二三条の二）

① 交通企画課＝交通警察に関する制度の調査・企画に関すること、交通事故防止対策一般に関すること、道路の交通に関する統計に関すること、交通安全教育および交通安全運動に関することなど。

② 交通指導課＝道路交通関係法令の規定の違反の取締りに関すること、交通反則行為の処理に関すること、交通事故の処理および交通事故に係る処理の捜査に関することなど。

③ 交通規制課＝道路の交通の規制に関すること、信号機、道路標識および道路標示その他交通安全施設および交通事故防止対策一般に関することなど。

④ 運転免許課＝運転免許および運転免許試験に関すること、運転免許の取消し、停止等に関すること、運転免許に係る講習に関すること、自動車教習所に関することなど。

(5) 警備局（五課）の所掌事務（同二四条）

① 警備企画局＝警備警察に関する制度および警備警察の運営に関する企画・調査に関すること、警備警察に関する法令の調査・研究、資料の整備・保存に関すること、警備情報の総合的な分析およびこれに関する調査に関することなど。

② 公安第一課＝左翼過激派に関する警備情報の収集、整理その他警備情報に関すること、警備犯罪の取締りに関することなど。

③ 公安第二課＝極端な右翼国家主義的主張に基づく暴力主義的活動に関する警備情報の収集、整理その他これらの活動に関する警備情報、それらの活動に関する取締りに関すること、警衛・警護に関することなど。

④ 警備課＝緊急事態に対処するための計画およびその実施に関すること、警備方針の策定およびその実施な

らびに警備実施に関連する犯罪の取締りに関すること、災害警備に関すること、機動隊の管理一般に関すること、消防機関および水防機関との協力援助に関することなど。

⑤　外事課＝外国人に係る警備情報、外国人または活動の本拠地が外国にある日本人によるテロリズムに関する警備情報の収集、整理その他当該警備情報に関すること、外国人登録法、出入国管理及び難民認定法に規定する犯罪の取締りに関することなど。

(6)　情報通信局（四課）の所掌事務（同二五条）

①　情報通信企画課＝警察通信用機材および電子計算組織の整備計画の企画に関すること、警察通信職員の教養計画に関すること、警察通信に関する企画、警察通信の統制に関すること、警察通信施設の運用に関すること、機動警察通信隊に関することなど。

②　所管行政に関する情報の管理に関する企画および技術的研究ならびに電子計算組織の運用に関すること、所管行政の事務効率の増進に関すること、犯罪統計を除く警察統計に関することなど。

③　通信施設隊＝警察通信施設の保守・新設・改修に関すること。

④　技術対策課＝電磁的記録の解析その他情報通信の技術を利用する犯罪の取締りのための情報通信の技術に関すること。

(7)　付属機関

①　警察大学校（同二七条）＝警察職員に対する上級の幹部として必要な教育訓練を行い、警察に関する学術の研修をつかさどる。管区警察学校・警視庁警察学校・道警察学校・府県警察学校の上級学校である。

②　科学警察研究所（同二八条）＝科学捜査についての研究・調査および実験ならびにこれらを応用する鑑定お

よび検査をつかさどる。
③ 皇宮警察本部（同二九条）＝天皇および皇后・皇太子その他の皇族の護衛、皇居および御所・離宮・御用邸・陵墓その他皇室用財産の警備ならびに大使・公使の信任状・解任状の奉呈式および国賓の参内の護衛等をつかさどる。地方の行幸啓の場合には、当該都道府県警察が警衛を実施し、皇宮警察は身辺護衛に当たり、相互に協力するものとする（昭和二九年国家公安委員会規則一一号）。

(8) 地方機関

警察庁の下に、全国（ただし、東京都および北海道を除く。）を七警察管区に分かち、各管区に地方機関として管区警察局が置かれる。その名称、位置および管轄区域は、次のとおりである（警察三〇条）。

関東管区警察局	さいたま市	茨城県、栃木県、群馬県、埼玉県、千葉県、神奈川県、新潟県、山梨県、長野県、静岡県
東北管区警察局	仙台市	青森県、岩手県、宮城県、秋田県、山形県、福島県
中部管区警察局	名古屋市	富山県、石川県、福井県、岐阜県、愛知県、三重県
近畿管区警察局	大阪市	滋賀県、京都府、大阪府、兵庫県、奈良県、和歌山県
中国管区警察局	広島市	鳥取県、島根県、岡山県、広島県、山口県
四国管区警察局	高松市	徳島県、香川県、愛媛県、高知県
九州管区警察局	福岡市	福岡県、佐賀県、長崎県、熊本県、大分県、宮崎県、鹿児島県、沖縄県

管区警察局に局長が置かれる（同三一条一項）。管区警察局長は、管区警察局の事務を統括し、所属の警察職員を指揮監督し、長官の命を受け、管区警察局の所掌事務について、府県警察を指揮監督する（同二項）。

管区警察局は、警察庁の所掌事務のうち、警察制度の企画および立案に関すること（同五条二項一号）、警察に関する国の政策の評価に関すること（三号）、皇宮警察に関すること（一三号）、犯罪統計に関すること（一七号）、警察警備に関すること（一八号）を除いた事務を分掌する（同三〇条一項）。

(9)　職員および定員

警察庁に、警察官、皇宮護衛官、事務官、技官その他所要の職員が置かれる（同三四条一項）。皇宮護衛官は、皇宮警察本部に置かれる（同二項）。長官は、警察官とし、警察庁の次長、官房長、局長（情報通信局長を除く。）および部長、管区警察局長その他政令で定める職は警察官をもって、皇宮警察本部長は皇宮護衛官をもって充てる（同三項）。警察庁の職員の定員は、内部部局が一、五三九人、付属機関が一、二一五人、地方機関が四、八三五人、合計七、五八九人である。

第三節　都道府県警察

（1）都道府県公安委員会

(1)　組織および権限

都道府県知事の所轄の下に、都道府県公安委員会を置く（警察三八条一項）。都道府県公安委員会は、都、道、府および指定市を包括する県にあっては五人、指定県以外の県にあっては三人の委員をもって組織する（同二項）。都道府県公安委員会は、都道府県警察を管理し（同三項）、その権限に属する事務に関し、法令または条例の特別の委任に基づいて、都道府県公安委員会規則を制定することができる

（同五項）。都道府県公安委員会には、いわゆる準立法権が与えられる。

また、都道府県公安委員会は、国家公安委員会および他の都道府県公安委員会と常に緊密な連絡を保たなければならない（同六項）。なお、都公安委員会および道府県公安委員会は、国家公安委員会に対し、それぞれ警視総監または警察本部長の懲戒または任免に関し必要な勧告をすることができる（同四九条二項、五〇条二項）。

(2)　委員の任命

委員は、当該都道府県の議会の議員の被選挙権を有する者で、任命前五年間に警察または検察の職務を行う職業的公務員の前歴のないもののうちから、都道府県知事が都道府県の議会の同意を得て、任命する。ただし、道、府および指定県にあっては、その委員のうち二人は、当該道、府または県が包括する指定市の議会の議員の被選挙権を有する者で、任命前五年間に警察または検察の職務を行う職業的公務員の前歴のないもののうちから、当該指定市の市長がその市の議会の同意を得て推せんしたものについて、当該道、府または県の知事が任命する（同三九条一項）。委員の欠格事由については、国家公安委員会の委員の場合と同様の規定がある（同二項、三項）。

(3)　任　期

委員の任期は、三年とする。ただし、補欠の委員は、前任者の残任期間在任する。委員は、二回に限り再任されることができる（同四〇条）。

(4)　委員の失職および罷免

①　失　職

委員は、次の事項に該当する場合には、その職を失うものとする。ただし、当該都道府県の議会の議員の被選挙権を有する者でなくなったことが住所を移したことに因る場合に、その住所が同一都道府県の区域内にあるときは、この限りでない（同四一条一項）。ⅰ破産者で復権を得ない者、禁固以上の刑に処せられた者（一号）。ⅱ当該都道府県の議会の議員の被選挙権を有する者でなくなった場合（二号）。

②　罷　免

都道府県知事は、委員が心身故障のため職務の執行ができないと認める場合または委員に職務上の義務違反その他委員たるに適しない非行があると認める場合に、当該都道府県の議会の同意を得て、これを罷免することができる。ただし、市長推薦による委員を執務不能または非行を理由に罷免するには、知事は、当該指定市の市長に対しその市議会の同意を得ることを求めるものとする（同二項）。

指定県以外の県の知事は、委員のうち二人以上が同一の政党に所属するに至った場合、これらの者のうち一人をこえる員数の委員を当該県の議会の同意を得て、罷免する（同三項）。都、道、府および指定県の知事は、委員のうち三人以上が同一の政党に所属するに至った場合、そのこえるに至った員数の委員を、当該都、道、府および指定県の議会の同意を得て、罷免する（同三項）。ただし、新たに同一の政党に所属するに至った委員のうち、指定市の市長が推せんしたものを含むときは、これらの委員のうち罷免すべきものは、くじで定める（同四項）。都道府県知事は、委員のうち一人（都、道、府および指定県にあっては二人）がすでに所属している政党に新たに所属するに至った委員を直ちに罷免する（同五項）。

⑸　服　務

委員の服務については、原則として、地方公務員法の服務に関する規定が準用される。ただし、営利企業等の従事については、委員としての職務遂行上支障があると認める場合のほか、都道府県知事が許可するものとされる。委員は、地方公共団体の議会の議員もしくは常勤の職員または短時間勤務の職を占める職員を兼ねることができない。委員は、政党その他の政治団体の役員となり、または積極的に政治運動をしてはならない（同四二条）。

(6) 委　員　長

委員長は、委員の互選により、その任期は一年とする。ただし、再任することができる。委員長は、会務を総理し、都道府県公安委員会を代表する（同四三条）。

(7) 監察等の指示

都道府県公安委員会は、都道府県警察の事務または都道府県警察の職員の非違に関する監察について必要があると認めるときは、都道府県警察に対する指示を具体的または個別的な事項にわたるものとすることができ、当該指示に係る事項の履行の状況を点検させ、都道府県警察・警察庁の職員に事務の補助をさせることができる（同四三条の二）。

(8) 会議の運営

都道府県公安委員会の庶務は、警視庁または道府県警察本部において処理する（同四四条）。警察法に定めるもののほか、都道府県公安委員会の運営に関し必要な事項は、都道府県公安委員会が定める（同四五条）。

（2）都道府県警察の組織

都道府県に、都道府県警察を置く。都道府県警察は、当該都道府県の区域につき、警察の責務に任ずる（同三六条）。

(1) 都道府県警察の性質

都道府県警察は都道府県の自治事務（自治二条八項）であって、都道府県公安委員会が国の機関として行う事務ではない。

(2)　都道府県警察の経費

都道府県警察費は、原則として当該都道府県が支弁するが（警察三七条二項）、都道府県警察の特別の性格にかんがみ、国庫が直接支弁する場合（同一項）と補助する場合を認めている（同三項）。

①　国庫が全額支弁する経費　都道府県警察に要する次に掲げる経費で政令で定めるものは、国庫が支弁する（同一項）。ⅰ警視正以上の階級にある警察官の俸給その他の給与、地方公務員共済組合負担金および公務災害補償に要する経費（一号）。ⅱ警察教養施設の維持管理および警察学校における教育訓練に要する経費（二号）。ⅲ警察通信施設の維持管理その他警察通信に要する経費（三号）。ⅳ犯罪鑑識施設の維持管理その他犯罪鑑識に要する経費（四号）。ⅴ犯罪統計に要する経費（五号）。ⅵ警察用車両および船舶ならびに警備装備品の整備に要する経費（六号）。ⅶ警衛および警護に要する経費（七号）。ⅷ国の公安に係る犯罪その他特殊の犯罪の捜査に要する経費（八号）。ⅸ犯罪被害者等給付金に関する事務の処理に要する経費（九号）。

国は、以上の国費の支弁によって取得した国有財産および国有の物品を当該都道府県警察に無償で使用させることができる（同七八条）。

②　国が一部補助する経費　都道府県の支弁に係る都道府県警察に要する経費については、予算の範囲内において、政令で定めるところにより、国がその一部を補助する。国は、当該都道府県の警察官数、警察署数、犯罪の発生件数等を基準として所要額を算出し、原則としてその十分の五を補助する（施行令二条）。

(3)　都道府県警察の組織

①　警視庁、道府県警察本部、方面本部および市警察部

都道府県公安委員会の下に、東京都に警視庁、道府県に道府県警察本部を置き、警視総監および警察本部長が

それぞれを統轄し、その下に警察署を置く（警察四七条、四八条、五三条）。ただし特例として、北海道はその区域を方面に分かち、各方面に方面公安委員会および方面本部を置き、また指定市には市警察部を置き、方面本部長および市警察部長がそれぞれ統轄し、その下に警察署を置く（同四六条、五一条、五二条）。

i　警視庁　　警視庁は、政治・外交の中心である首都の警察の中央実施機関であるという特別の地位を占めている。したがって、都警察に警視総監が置かれ、それは警察官（長官を除く。）の最高の階級にあり、国家公安委員会が都公安委員会の同意を得た上内閣総理大臣の承認を得て、任免する。（同六二条、四九条）。

ii　道府県警察本部　　道府県警察本部は道府県警察の中央実施機関である。警視庁および道府県警察本部の内部組織は、政令で定める基準に従い、条例で定める（同四七条四項）。この基準では警視庁は七部、大阪府警察本部は五部、その他の指定府県および道の警察本部は四部、その他の警察本部は三部を原則とする。

道府県警察本部長は、国家公安委員会が道府県公安委員会の同意を得て任免する（同五〇条）。都公安委員会および道府県公安委員会は、国家公安委員会に対し、警視総監または警察本部長の懲戒または罷免に関し必要な勧告をすることができる（同四九条二項、五〇条二項）。

道府県警察本部長の多くは、警察庁のキャリアによる出向によって占められている。

警視総監および道府県警察本部長は、それぞれ、都道府県公安委員会の管理に服し、警察庁および道府県警察本部の事務を統括し、所属の警察職員を指揮監督する。また、方面本部長および市警察部長は、それぞれ、方面本部および市警察部の事務を統括し、所属の警察職員を指揮監督する（同五一条三項、五二条三項）。

iii　方面本部　　道の区域を五以内の方面に分かち、方面の区域内における警察の事務を処理させるため、方面ごとに方面本部を置く。ただし、道警察本部の所在地を包括する方面には置かないものとする（同五一条一項）。

方面の数・名称・区域・方面本部の位置は、国家公安委員会の意見を聞いて、条例で定める（同五項）。道条例によれば、函館・旭川・釧路・北見の四方面本部が置かれる。

方面本部には方面本部長を置く。方面本部長は、方面公安委員会の管理に服し、方面本部の事務を統括し、道警察本部長の命を受け、方面本部の所属の警察職員を指揮監督する（同二項）。

iv　市警察部　指定市の区域内における道府県警察本部の事務を分掌させるため、当該指定市の区域に市警察部を置く。市警察部に、部長を置く。市警察部長は、市警察部の事務を統括し、道府県警察本部長の命を受け、市警察部の所属の警察職員を指揮監督する（同五二条）。

v　警察署および派出所・駐在所　都道府県の区域を分かち、各地域を管轄する警察署を置く。警察署長は、警視総監・警察本部長・方面本部長または市警察部長の指揮監督を受け、その管轄区域内における警察の事務を処理し、所属の警察職員を指揮監督する（同五三条）。警察署の管轄区域は、警察の任務を能率的に遂行できるように人口、他の官公署の管轄区域、交通、地理その他の事情を参酌して決定すべく、警察署の名称・位置についても政令（同施行令五条）で定める基準に従い、条例で定める。都道府県公安委員会規則により、警察署の下部機構として、交番その他の派出所または駐在所を置くことができる（警察五三条五項、五八条）。駐在所は住宅が付属して巡査が単独で勤務し、派出所は二人以上の警察官が交代で勤務するものであるが、警部・警部補もしくは巡査部長の派出所は、通常住宅が付属して、管内の駐在所および巡査派出所を指揮監督する。

vi　警察署協議会

警察署に、特別の事情がある場合を除き、警察署協議会を置くものとする。警察署協議会は、警察署の事務の処理に関し、警察署長の諮問に応じるとともに、警察署長に対し意見を述べる機関とし、その委員は都道府県公安委員会が委嘱する（同五三条の二）。

②　職員および定員

都道府県警察に、警察官、事務吏員、技術吏員その他所要の職員を置く（同五五条一項）。警視総監・警察本部長および方面本部長以外の警視正以上の階級にある警察官は、国家公安委員会が都道府県公安委員会の同意を得て、任免し、その他の職員は、警視総監または警察本部長がそれぞれ都道府県公安委員会の意見を聞いて、任免する（同三項）。

ⅰ　地方警務官　都道府県警察の職員のうち、警視正以上の階級にある警察官（これを地方警務官という。）は、一般職の国家公務員とし、その他は地方公務員とする（同五六条）。都道府県警察本部長、東京・大阪においては警察本部の課長以上および主要警察署の署長が国家公務員である。その定員は、都道府県警察を通じて、政令（警察法施行令六条）で定め、その都道府県ごとの階級別定員は、内閣府令で定める（警察五七条）。地方警務官の定員は五六六人である。

ⅱ　地方警察職員　地方警察職員は、地方警務官以外のすべての警察職員であって（同五六条二項）、その定員は、各都道府県別に条例で定める。この場合、警察官の定員については、政令で定める基準に従わなければならない（同五七条）。その基準は、都道府県合計二二〇、五一九人である。

③　職員の人事管理——報告義務

警視総監または警察本部長は、都道府県警察の職員について法令または条例の規定に違反した等の疑いがあると認める場合は、速やかに事実を調査し、法令違反等の事実が明らかになったときは、その結果を都道府県公安委員会に報告しなければならない（同五三条三項）。

(3) 都道府県警察相互間の関係

(1) 協力の義務

都道府県警察は、相互に協力する義務を負う（同五九条）。都道府県警察は相互に独立であるが、犯罪の捜査その他公安の維持のために広域的かつ機動的に運営しなければならないことが多い。犯罪に関する情報の交換、犯人の追跡等、都道府県警察が相互に協力すべきことは当然の要請であるということができる。

(2) 援助の要求

都道府県公安委員会は、警察庁または他の都道府県警察に対し援助の要求をすることができる。援助の要求により派遣された警察庁または都道府県警察の警察官は、援助を要求した都道府県公安委員会の管理する都道府県警察の管轄区域内において、その委員会の管理の下に、職権を行うことができる。他の都道府県警察に援助の要求をしようとするときは、あらかじめ（やむを得ない場合には事後に）必要な事項を警察庁に連絡しなければならない（同六〇条）。

(3) 管轄区域の境界周辺および管轄区域外における権限

管轄区域が隣接し、または近接する都道府県警察は、相互に協議して定めたところにより、社会的経済的一体性の程度、地理的状況等から判断して相互に権限を及ぼす必要があると認められる境界の周辺の区域（境界から政令で定める距離までの区域に限る。）における事案を処理するため、当該関係都道府県警察の管轄区域に権限を及ぼすことができる（同六〇条の二）。

都道府県警察は、広域組織犯罪等を処理するため、必要な限度において、その管轄区域外に権限を及ぼすことができる（同六〇条の三）。また、居住者、滞在者その他のその管轄区域の関係者の生命、身体および財産の保障ならびにその管轄区域における犯罪の鎮圧および捜査、被疑者の逮捕その他公安の維持に関連して必要がある限度において、その管轄区域外にも、権限を及ぼすことができる（同六一条）。

（4） 事案の共同処理等に係る指揮など

警視総監または警察本部長は、当該都道府県警察が他の都道府県警察の管轄区域に権限を及ぼし、その他の都道府県警察と共同して事案を処理する場合、必要があると認めるときは、相互に協議したところにより、関係都道府県警察の一の警察官（援助の要求により派遣された者を含む。）に、当該事案の処理に関し、協議によりあらかじめ定めた方針の範囲内で、それぞれの都道府県警察の警察職員に対して必要な指揮を行わせることができる（同六一条の二第一項）。都道府県警察は、他の都道府県警察の管轄区域に権限を及ぼすときは、当該他の都道府県警察と緊密な連絡を保たなければならない（同第三項）。

警察庁長官は、広域組織犯罪等に対処するため必要があると認めるときは、都道府県警察に対し、広域組織犯罪等の対処に係る関係都道府県警察官の分担その他の広域組織犯罪等に対処するための警察の態勢に関する事項について、必要な指示をすることができる。都道府県警察は、右の指示に係る事項を実施するため必要があるときは、他の都道府県警察に対し広域組織犯罪等の処理に要する人員の派遣を要求すること、その管轄区域外に権限を及ぼすことその他の措置をとらなければならない（同六一条の三）。

第四節　警察職員

（1） 概　説

警察官（長官を除く。）の階級は、警視総監、警視監、警視長、警視正、警視、警部、警部補、巡査部長および巡査とする（警察六二条）。警察官は、上官の指揮監督を受け、警察の事務を執行する（同六三条）。司法警察との関係では、捜査の主体となる警察官を司法警察職員といい、通常、司法警察職員は巡査部長以上を司法警察官、巡査を司法巡査という（刑訴三九条三項、一九八条二項）。

皇宮護衛官の階級は、皇宮警視監、皇宮警視長、皇宮警視正、皇宮警視、皇宮警部、皇宮警部補、皇宮巡査部長および皇宮巡査とする。皇宮護衛官は、上官の指揮監督を受け、皇宮警察の事務を執行する（警察六九条）。

i　警察官および皇宮護衛官は、その職務の遂行のため小型武器を所持することができる（同六七条、六九条五項）。

ii　国は、政令（施行令八条以下）で定めるところにより、警察庁の警察官および皇宮護衛官に対し、その職務遂行上必要な被服を支給し、および装備品を貸与するものとする。都道府県の警察官に対しては、右の政令に準じて条例で定めるところによる（警察六八条）。警察職員の礼式、服制等に関し必要な事項は、国家公安委員会規則で定める（同七〇条）。

（2）警察官の職権行使

警察官は実力を行使する権限を有する執行機関である。

①　現行犯人に関する職権行使　　警察官は、いかなる地域においても、現行犯人の逮捕に関しては、警察官としての職権を行うことができる（同六五条）。この場合の現行犯人の逮捕は、職務上の上司の指揮監督を受けてないから、例外的に認められる措置であり、逮捕した犯人はこれを当該都道府県警察の機関に引き渡すことになろう。

② 移動警察に関する職権行使　警察官は、二以上の都道府県警察の管轄区域にわたる交通機関における移動警察については、関係都道府県警察と協議して定めたところにより、当該関係都道府県警察の管轄区域内において、職権を行うことができる。また、二以上の都道府県警察の管轄区域にわたる自動車道等における交通の円滑と危険の防止を図るため必要があると認められる場合には、当該道路の区域における事案について、当該関係都道府県警察の管轄区域内において、職権を行うことができる（同六六条）。移動警察とは、列車・電車・船舶・バス等の交通機関や自動車を利用する犯罪に対して、これらの船車により警察活動を行うものをいう。移動警察の場合、移動する交通機関のほか、これと関連して必要がある限度で、駅または港湾・高速自動車道等の施設の構内にも権限を及ぼすことができる。

第五節　苦情の申出

都道府県警察の職員の職務執行について苦情がある者は、都道府県公安委員会に対し、国家公安委員会規則で定める手続に従い、文書により苦情を申出ることができる（警察七八条の二第一項）。都道府県公安委員会は、苦情の申出があったときは、法令または条例の規定に基づきこれを誠実に処理し、処理の結果を文書により申出者に通知しなければならない。ただし、次に掲げる場合は、この限りでない。ⅰ申出が都道府県警察の事務の適正な遂行を妨げる目的で行われたと認められるとき、ⅱ申出者の所在が不明であるとき、ⅲ申出者が他の者と共同で苦情の申出を行ったと認められる場合において、当該他の者に当該苦情に係る処理の結果を通知したとき（同七八条の二第二項）。

第六節　その他の組織

(1) 海上保安庁

海上保安については、国土交通大臣の管理する外局として海上保安庁が置かれる。海上保安庁は、法令の海上における励行、海難救助、海洋汚染の防止、海上における犯罪の予防および鎮圧、海上における犯人の捜索および逮捕、海上における船舶交通に関する規制、水路、航路標識に関する事務その他海上の安全および治安の確保を図ることを任務とする。海上保安庁の長は、海上保安庁長官である。全国および沿岸水域を海上保安管区に分かち、海上保安管区ごとに管区海上保安本部が置かれ、海上保安庁の所掌事務が分掌される。海上保安庁に海上保安官および海上保安官補が置かれる。海上保安官および海上保安官補は、海上における犯罪について、刑事訴訟法の規定による司法警察職員として職務を行う（海上保安庁法）。

(2) 消防庁・消防署および水害予防組合・水防団など

消防については、総務省の外局として消防庁が置かれ、消防庁が消防に関する制度の企画および立案、消防に関し広域的に対応する必要のある事務などを掌る。消防庁の長は消防庁長官である。消防の実務は市町村が担当するが、消防庁に対し独立で、ただ必要に応じ消防長官の勧告・助言または指導を受ける。市町村は、消防事務を処理するため、消防本部、消防署、消防団の全部または一部を設けなければならない（消防組織法）。水防は、水害予防組合・市町村水防事務組合または市町村が担当し、水防団を置いてこれを掌る（水防法第二章）。

(3) 麻薬取締官

麻薬取締りについては、厚生労働省に麻薬取締官を置き、厚生労働省の職員のうちから、厚生労働大臣が命ずる。都道府県知事は、都道府県の職員のうちから、その者の主たる勤務地を管轄する地方裁判所に対応する検察庁の検事正と協議して麻薬取締員を命ずるものとする。麻薬取締官は、厚生労働大臣の指揮監督を受け、麻薬取締員は、都道府県知事の指揮監督を受けて、麻薬関連の法律等に違反する罪について、刑事訴訟法の規定による司法警察員として職務を行う。

(4)　公安審査委員会・公安調査庁

①　公安審査委員会　　法務省の外局で、破壊活動防止法の規定により公共の安全の確保に寄与するため、破壊的団体の規制に関する審査と決定の事務をつかさどる（公安審査委員会設置法）。委員長と六名の委員により構成され、独立して職権を行使する。

②　公安調査庁　　法務省の外局で、破壊活動防止法の規定による破壊的団体の規制に関する調査および処分の請求等に関する国の行政事務を所掌する（公安調査庁設置法）。公安調査庁の長は公安調査庁長官である。内部部局として、総務部、調査第一部、調査第二部、地方支分局として、全国八か所に公安調査局、県庁所在地を中心に三七か所に公安調査事務所が置かれている。また、破壊的団体の規制等に関する必要な調査に携わる者として公安調査官が置かれている。

(5)　入国管理局・入国審査官・入国警備官

①　入国管理局　　出入国の管理、外国人の在留、難民の認定、外国人の登録等に関する事務を行うため、法務省に置かれる内部部局である。さらに地方支分局として東京入国管理局など八局が設けられている。

②　入国審査官　　上陸または退去強制についての審査および口頭審理、収容令書または退去強制令書の発付、

これらの書類の発付を受けて収容される者の仮放免ならびに難民の認定に関する事実の調査を行う。入国者収容所（＝大村市・横浜市にある。）および地方入国管理局に置かれる。

③ 入国警備官　入国、上陸および在留に関する違反事件の調査、収容令書または退去強制令書を執行するための収容、護送および送還等を行う。入国者収容所および地方入国管理局に置かれる。

(6) 警察関係の公益法人その他

警察行政に関連する公益法人として、次のものを挙げることができる。

① 社団法人　全国警友会連合会、日本警察犬協会、全国警備業協会、日本防犯設備協会、全国少年補導委員会、全日本指定射撃場協会、全国ダンス協会連合会、日本遊戯関連事業協会、日本自動車連盟、全国ダンプカー協会、全国道路標識標示業協会、全日本指定自動車教習書連合会、全国自動車運転教育協会、機動隊員等を励ます会など。

② 財団法人　警察協会、警察大学校学友会、警察大学校歓助会、警察育英会犯罪被害者救援基金、日本防犯通信協会、全国防犯連合会、都市防犯研究センター、競艇保安協会、麻薬・覚醒剤濫用防止センター、全日本交通安全協会、佐川交通社会財団、交通事故総合分析センター、日本自動車交通安全用品協会、本道路交通情報センター、空港保安事業センター、保安電子通信技術協会など。

③ その他　都道府県暴力追放運動推進センター、全国暴力追放運動推進センター、自動車安全運転センター、交番・駐在所連絡協議会、職域防犯団体、学校警察連絡協議会、職場警察連絡協議会、防犯連絡所、町内会、自治会、警察官友の会など。

④ 地域交通安全活動推進委員、交通巡視委員、交通相談員、少年指導員、少年警察協助員、少年指導員。

(7) 警　備　業

警備業とは警備業務を行う営業であり、警備業務とはⅰ事務所、住宅、興行場、駐車場、遊園地等における盗難の防止等の物的保護、ⅱ人・車両が雑踏し、またはこれらの通行の危険な場所における負傷等の防止をする人的保護、ⅲ現金、貴金属、美術品等の盗難を防止する輸送保護に関する業務で他人の需要に応じて行うものをいう（警備二条一項、二項）。警備業の警備員の数は警察官の数の一・五倍に達し、その活動もビデオカメラによる監視活動や情報活動にも及んでいる。警備業の拡大強化は公共の安全と秩序（治安）の維持における国家の独占的な責務と警察の民営化および警察と警備業との協働関係という問題を提起している。

第七節　緊急事態の特別措置

（1） 緊急事態の布告

内閣総理大臣は、大規模な災害または騒乱その他の緊急事態に際して、治安の維持のため特に必要と認めるときは、国家公安委員会の勧告に基づき、全国または一部の区域について緊急事態の布告を発することができる（警察七一条一項）。

(1) 布告の要件

① 大規模な災害または騒乱その他の緊急事態が発生していること

緊急事態は治安維持上重大な事態であるが、その範囲・程度等が明確に規定されていない。外国の武力攻撃による直接侵略に対しては、自衛隊の防衛で対抗し、警察の責務の範囲には含まれていないというべきである。し

かし、直接侵略に関連して発生する破壊と混乱から人の生命・財産を保護することは警察の責務に属する。(1)

② 内閣総理大臣が治安の維持のため特に必要があると認めること

通常の都道府県公安委員会による警察の管理では、治安の維持が困難と認められる場合である。

③ 国家公安委員会の勧告に基づくこと

緊急事態の布告には国家公安員会の勧告が必要であり、勧告がなければ、布告は無効である。しかし国家公安委員会の勧告があっても、緊急事態の布告を発するか否かは、内閣総理大臣の裁量にある。

(2) 布告の形式

緊急事態の布告には、その区域、事態の概要および布告の効力を発する日時を記載しなければならない（同二項）。

（2） 緊急事態の布告の効果

(1) 内閣総理大臣の統制

内閣総理大臣は、緊急事態の布告が発せられたときは、一時的に警察を統制する。この場合、内閣総理大臣は、緊急事態を収拾するため必要な限度において、警察庁長官を直接に指揮監督するものとする（同七二条）。都道府県警察は、その運営について国に対し建前上は独立であるが、例外として、緊急事態の布告があったときは、内閣総理大臣の統制に服する。

(2) 警察庁長官の命令、指揮等

① 警察庁長官は布告区域を管轄する都道府県警察の警視総監または警察本部長に対し、管区警察局長は布告区域を管轄する府県警察の警察本部長に対し、必要な命令を発し、または指揮をするものとする（同七三条一項）。

②　警察庁長官は布告区域を管轄する都道府県警察以外の都道府県警察に対して、布告区域その他必要な区域に警察官を派遣することを命ずることができる（同二項）。布告区域に派遣された警察官は、当該区域内のいかなる地域においても職権を行うことができる（同三項）。

（3）国会の承認および布告の廃止

内閣総理大臣は、緊急事態の布告を発した場合、これを発した日から二十日以内に国会に付議して、その承認を求めなければならない。ただし、国会閉会中または衆議院解散中の場合はその後の最初の国会において、すみやかにその承認を求めなければならない。国会が不承認または緊急事態の布告の廃止を議決したとき、または当該布告の必要がなくなったときは、すみやかにこれを廃止しなければならない（同七四条）。

（4）災害対策

①　災害が発生し、または災害が発生するおそれがある場合、都道府県知事または市町村長は、災害対策本部を設置することができる（災害基二三条）。

②　非常災害が発生した場合、内閣総理大臣は、臨時に内閣府に非常災害対策本部を設置することができる（同二四条）。

③　災害緊急事態の布告があったときは、内閣総理大臣は、臨時に内閣府に緊急災害対策本部を設置する（同一〇七条）。この場合、国家行政組織法八条の三の規定にかかわらず、法律によらず、閣議決定によってこれらの組織を設置し、また災害緊急事態においては、法律の事前の授権に基づかないで、政令によって必要な緊急措置をとることができる（同一〇九条）。

（1）　田上穣治『警察法（新版）』三一七頁（昭五八・有斐閣）。

機　構　図

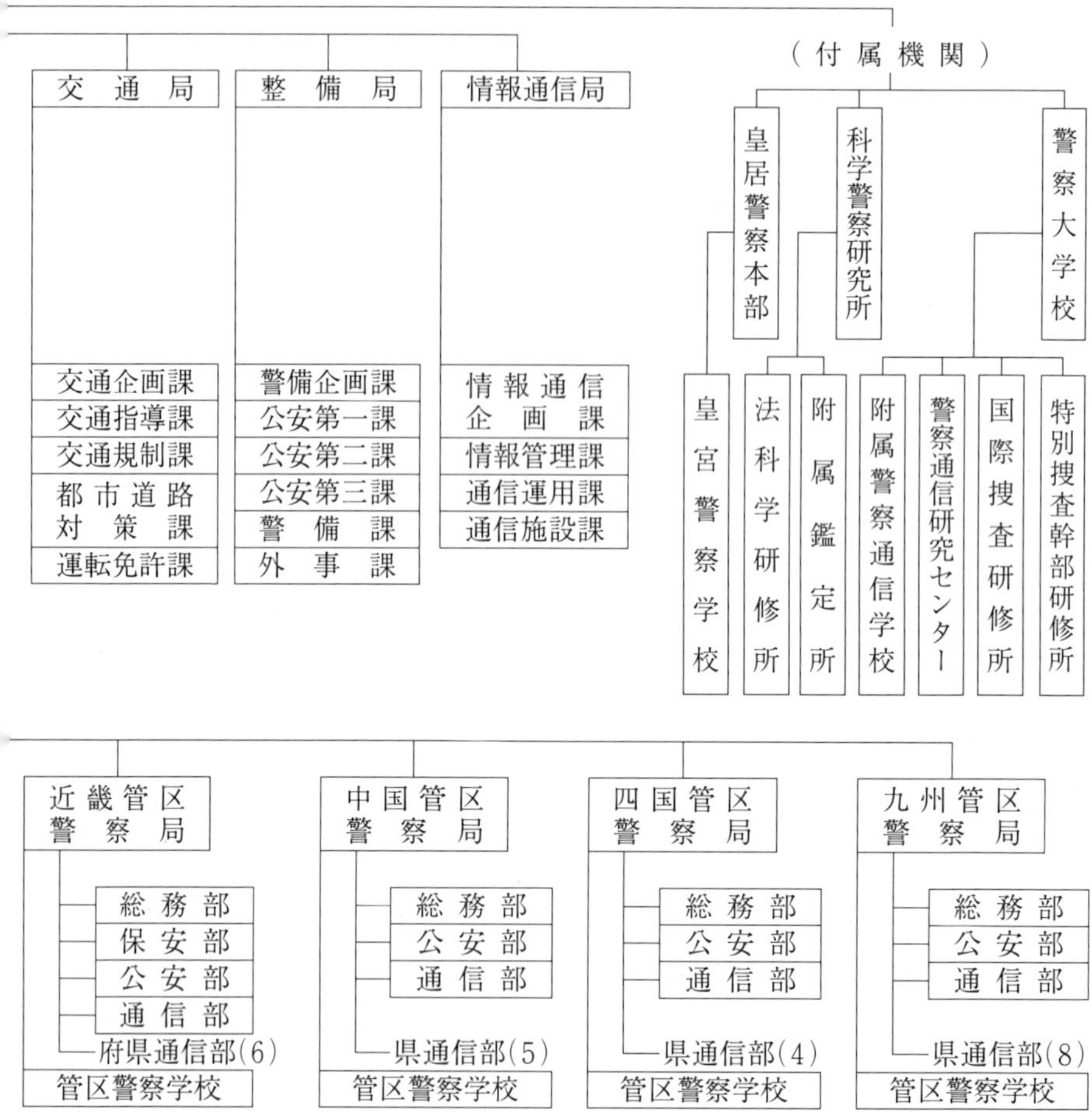
交　通　局
整　備　局
情報通信局
交通企画課
交通指導課
交通規制課
都市道路対策課
運転免許課
警備企画課
公安第一課
公安第二課
公安第三課
警　備　課
外　事　課
情報通信企画課
情報管理課
通信運用課
通信施設課
（付属機関）
皇居警察本部
科学警察研究所
警察大学校
皇宮警察学校
法科学研修所
附属鑑定所
附属警察通信学校
警察通信研究センター
国際捜査研修所
特別捜査幹部研修所
近畿管区警察局
総務部
保安部
公安部
通信部
府県通信部(6)
管区警察学校
中国管区警察局
総務部
公安部
通信部
県通信部(5)
管区警察学校
四国管区警察局
総務部
公安部
通信部
県通信部(4)
管区警察学校
九州管区警察局
総務部
公安部
通信部
県通信部(8)
管区警察学校

国 の 警 察

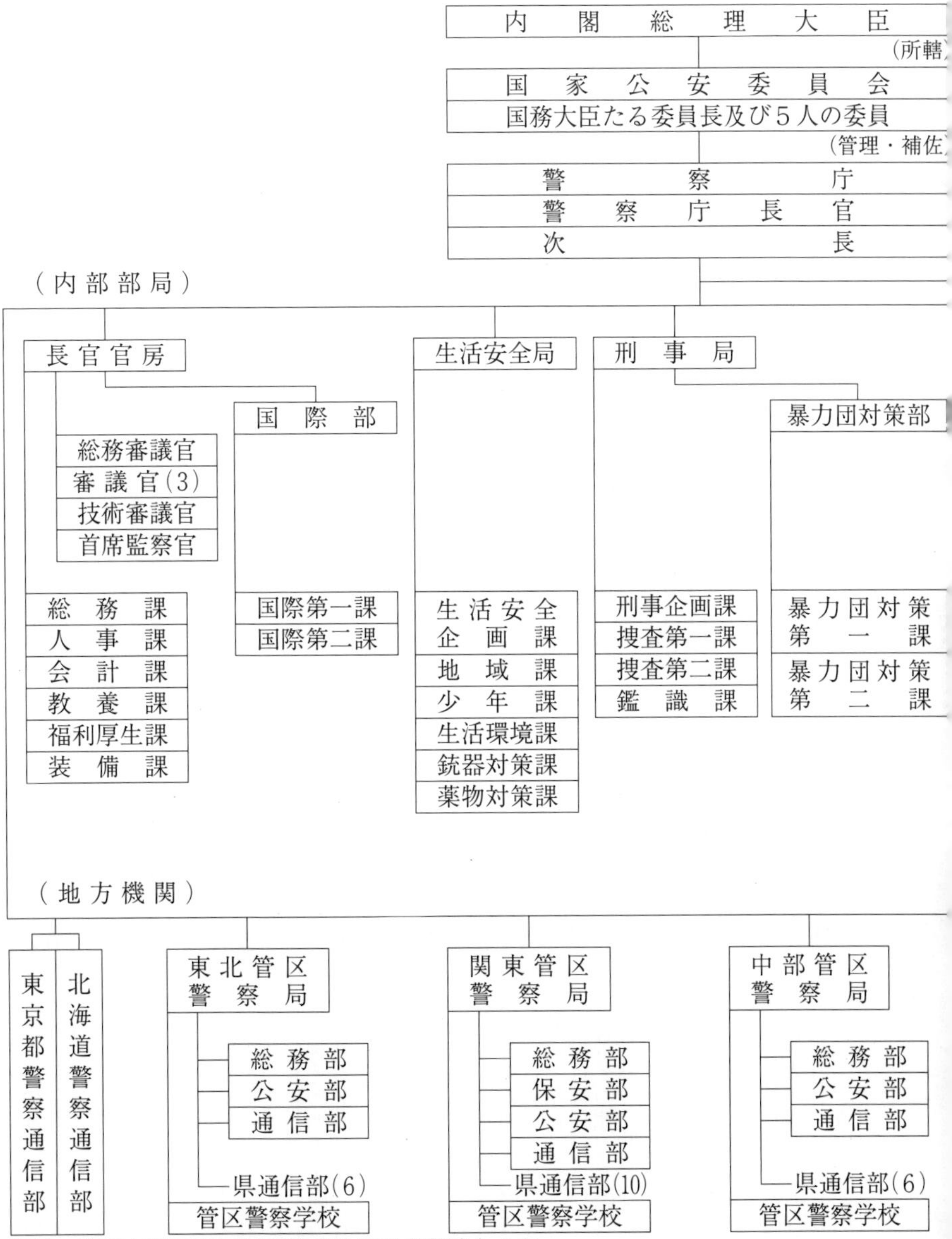
内閣総理大臣
（所轄）
国家公安委員会
国務大臣たる委員長及び５人の委員
（管理・補佐）
警察庁
警察庁長官
次長
（内部部局）
長官官房
総務審議官
審議官(3)
技術審議官
首席監察官
総務課
人事課
会計課
教養課
福利厚生課
装備課
国際部
国際第一課
国際第二課
生活安全局
生活安全企画課
地域課
少年課
生活環境課
銃器対策課
薬物対策課
刑事局
刑事企画課
捜査第一課
捜査第二課
鑑識課
暴力団対策部
暴力団対策第一課
暴力団対策第二課
（地方機関）
東京都警察通信部
北海道警察通信部
東北管区警察局
総務部
公安部
通信部
県通信部(6)
管区警察学校
関東管区警察局
総務部
保安部
公安部
通信部
県通信部(10)
管区警察学校
中部管区警察局
総務部
公安部
通信部
県通信部(6)
管区警察学校
資料：警察庁長官官房編「警察法解説（新版）」より

都道府県の警察機構図

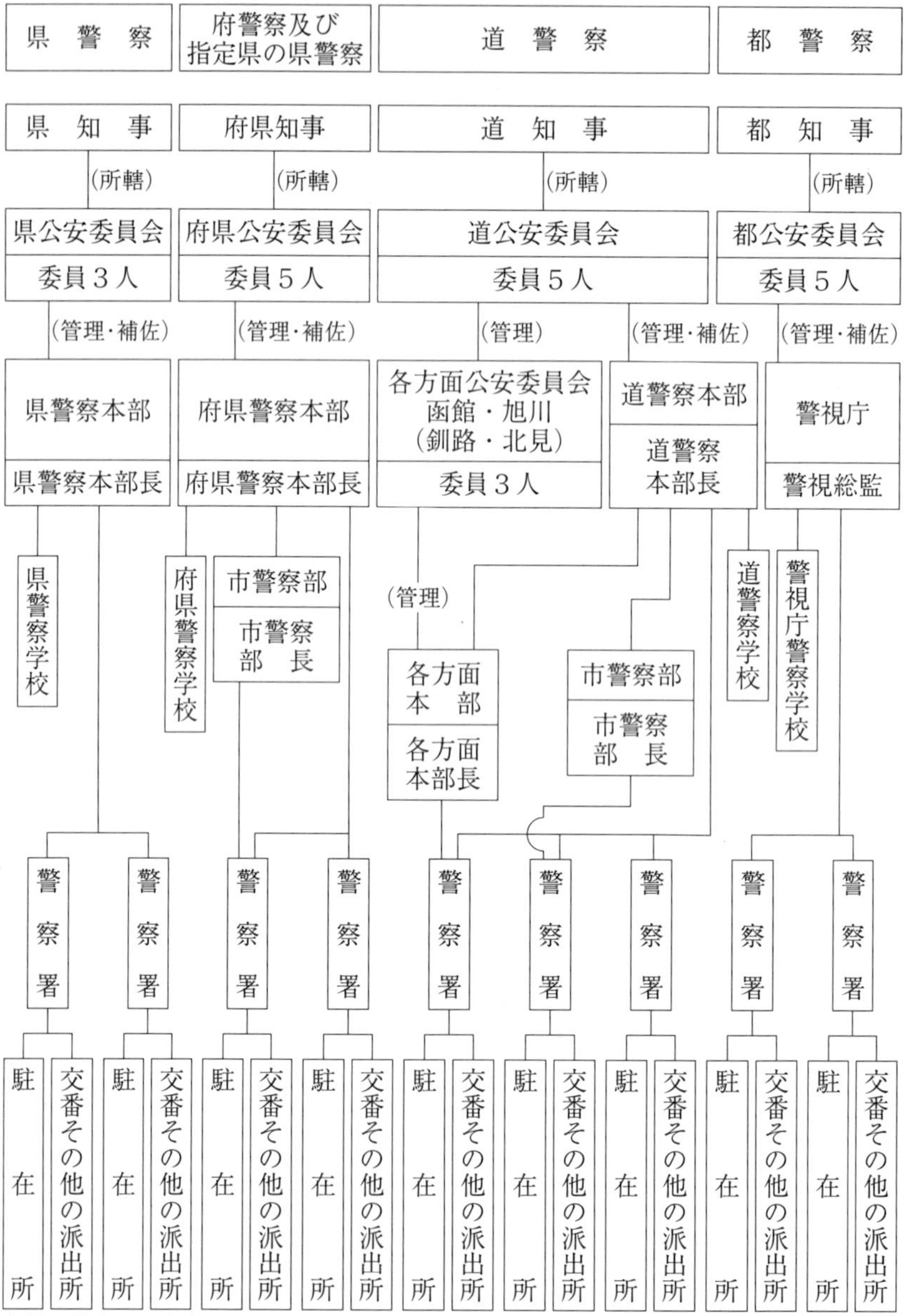

資料：警察庁長官官房編「警察法解説(新版)」より

警視庁の組織図

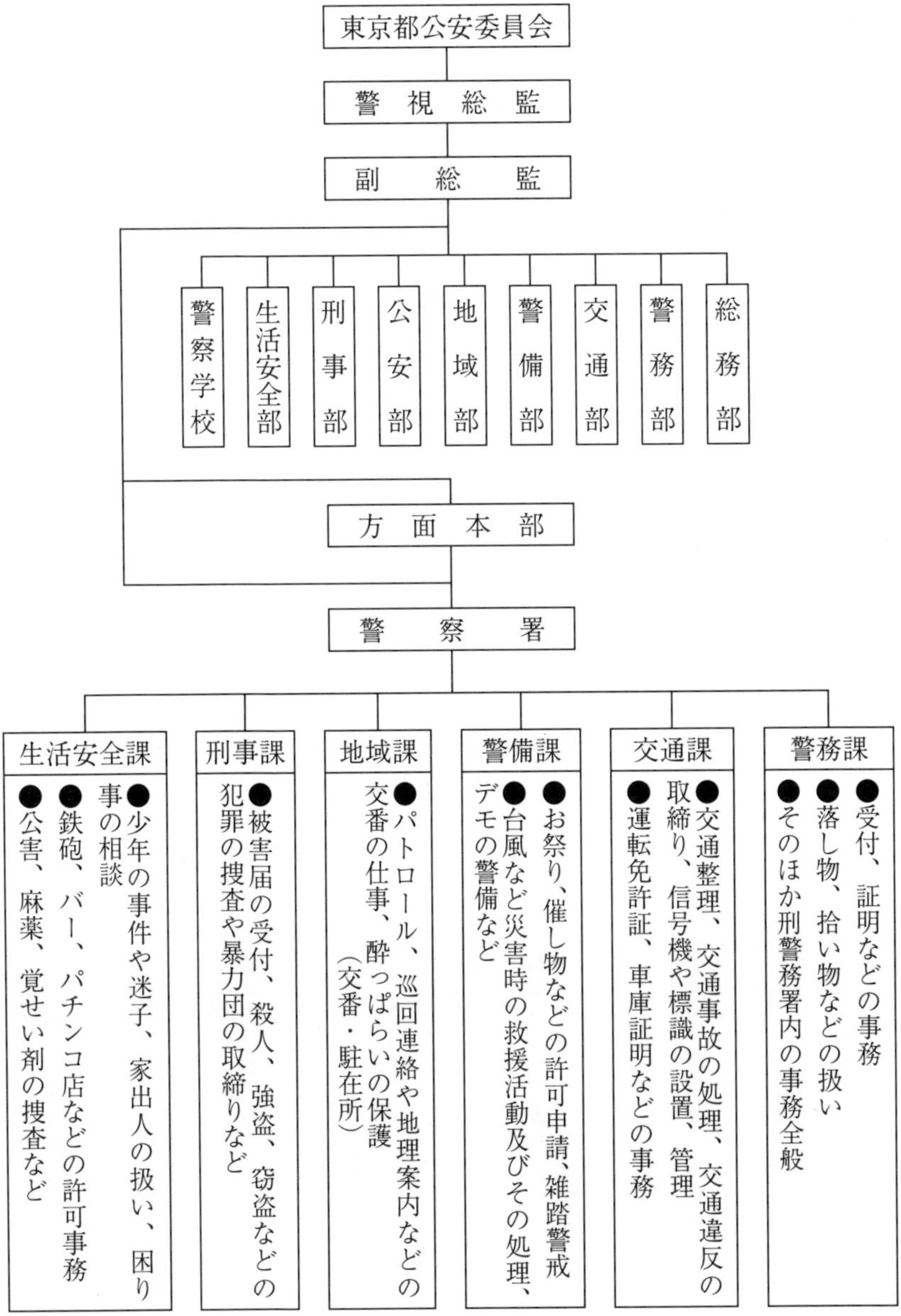
東京都公安委員会
警視総監
副総監
警察学校
生活安全部
刑事部
公安部
地域部
警備部
交通部
警務部
総務部
方面本部
警察署
生活安全課
●少年の事件や迷子、家出人の扱い、困り事の相談
●鉄砲、バー、パチンコ店などの許可事務
●公害、麻薬、覚せい剤の捜査など
刑事課
●被害届の受付、殺人、強盗、窃盗などの犯罪の捜査や暴力団の取締りなど
地域課
●パトロール、巡回連絡や地理案内などの交番の仕事、酔っぱらいの保護（交番・駐在所）
警備課
●お祭り、催し物などの許可申請、雑踏警戒
●台風など災害時の救援活動及びその処理、デモの警備など
交通課
●交通整理、交通事故の処理、交通違反の取締り、信号機や標識の設置、管理
●運転免許証、車庫証明などの事務
警務課
●受付、証明などの事務
●落し物、拾い物などの扱い
●そのほか刑警務署内の事務全般

資料：警察庁

愛知県警の組織図

- 愛知県公安委員会
  - 愛知県警察本部長
    - 警察本部
      - 総務部
        - 総務課、情報管理課、広報課、会計課、施設課、装備課、留置管理課、聴聞官室
      - 警務部
        - 警務課、住民サービス課、教養課、厚生課、監察官室
      - 生活安全部
        - 生活安全総務課、少年課、非行集団対策課、保安課、銃器薬物対策課、生活経済課、生活安全特別捜査隊
      - 地域部
        - 地域総務課、通信指令課、自動車警ら隊、鉄道警察隊
      - 刑事部
        - 刑事総務課、捜査第一課、捜査第二課、捜査第三課、捜査第四課、暴力団対策課、国際捜査課、組織犯罪対策課、鑑識課、機動捜査隊、科学捜査研究所
      - 交通部
        - 交通総務課、交通指導課、駐車対策課、交通規制課、交通管制課、運転免許課、運転免許試験場、東三河運転免許センター、第一交通機動隊、第二交通機動隊、高速道路交通警察隊
      - 警備部
        - 公安第一課、公安第二課、公安第三課、警備課、外事課、機動隊
      - 名古屋市警察部
        - 企画調整課
      - 警察学校

資料：愛知県警

第三章　警察の責務および権限

第一節　警察の責務

文献　関根謙一「警察の概念と警察の責務（二）」警察学論集三四巻四号（昭五八）、藤田宙靖「警察法二条の意義に関する若干の考察（一）（二）」法学五二巻五号、五三巻二号（昭六二、平元）、佐藤英彦「警察行政機関の任務、所掌事務及び権限」河上・国松・香城・田宮編『講座日本の警察第一巻』（平五・立花書房）、白藤博行「警察法『改正』の行政法学的検討」法学志林九二巻二号（平六）、立崎正夫「警察法二条一項の法的性格」警察学論集四九巻一二号（平八）、小林博志「警察行政と組織法・行政庁理論」新井古稀『行政法と租税法の課題と展望』（平一二・成文堂）

奥平康弘「『公共の安全と秩序』論」同『同時代への発言（上）』（昭五四・東大出版会）、原野　翹「現代警察の公共性」龍谷二四巻二号（平四）、渡名喜庸安「警察の公共性」公法研究五四号（平四）

高橋明男「西ドイツにおける警察的個人保護（一）（二）」阪大法学一三九号、一四〇号（昭六一）

（1）警察の責務（保護対象）

警察法（警察の責務）第二条一項は、「警察は、個人の生命、身体及び財産の保護に任じ、……公共の安全と秩序の維持に当たることをもってその責務とする。」と規定している。従来の立憲主義的な学説は、警察の主たる責務は公共の安全と秩序に対する危険の防止であるとし、公共の安全と秩序に対する危険の防止を前面に出し、個人の生命、身体および財産の保護は「公共の安全と秩序」の中にすでに含まれているものとして、それを後退させてきた。しかし、民主制憲法における警察の責務は、個人の生命、身体および財産の保護に重点を置くものでなければならない(1)。

（2）責務規範

責務（Aufgabe）とは、一般的には、責任と義務の意味であり、責任と同義に、あるいは、責任をもって果たすべき職務という意味に理解されている(2)。伝統的な理解によれば、責務割当規範（＝管轄規定）と具体的権限規範（＝授権根拠規定）とは厳格に区別されなければならない。行政主体または行政庁の責務規定は、単に、行政主体または行政庁が一定の職務に取り組むことができる、あるいは、そのような職務が自己の権限範囲に属することを述べたものにすぎず、国民や住民に対する個別的・具体的な権限行使は、そのための具体的な法令または条例の根拠があって初めて可能であり許容される。これが伝統的な理解であるということができる。

しかし現代的理解によれば、責務は、任務、自律性、就任義務（Einstandspflicht）という三つの要素により構成されている概念であり、責務規定は、立法者の行政に対する「職務委託」ないし「行動委託」を示し、行政が委託の範囲内で活動（＝職務履行）の権限を有し、場合によっては活動を義務づけられる職務領域を示す規定である。要するに責務規範は、行政の責務を具体的にどのように遂行することができるかという問題ではなく、行政は何をするかという問題を規制する規範である。このような「責務履行義務」が承認されるなら、行政は、割り当てられた職務について活動をしない自由（＝職務放棄）は認められず、活動をするかしないかについて、全く自由な裁量により、それを決定をすることはできないことになろう。(3)

（3）警察法二条の法的性格

警察法二条一項の法的性格については、いろいろの見解が主張されている。

(1) 組織規範説

警察法二条一項は、警察の任務を定めた組織規範である。これは警察実務の通説であった。(4)

(2) 根拠規範説

警察法二条一項は、単なる組織規範ではなく、警察活動の一般的根拠規範ともなる。近年の警察実務では、国民の権利・自由を制限しない活動は、個別の法律の根拠がなくとも、警察法二条一項を根拠に、あるいは責務を達成するために個別の法律の根拠を必要とすることなく、これを行うことができるとする。(5)

(3) 責務規範説

警察法二条一項は、公権力行使の直接の根拠規範ではないが、警察機関に法的責務を負わせるものであり、一定の場合には警察法二条の規定によって権限行使が積極的に義務づけられ、個人の生命、身体及び財産の保護等に関し、警察官は権限不行使の完全な自由を持たない。(6)

(4) ま と め

警察の責務に関する警察法二条一項の規定は、警察の責務を実現するために個人の自由や財産を制限し侵害することのできる具体的な権限を含むものではない。責務と権限とは明確に区別しなければならない。個人の自由や権利を制限し侵害する警察の措置については、法律の留保の原則により、責務規定や一般条項による授権ではなく、法律の個別的具体的規定による特別の授権が必要である。しかし、非侵害的警察措置については、それが警察の責務領域の範囲内にあれば、法的に許容されるということができる。要するに、警察法二条一項は、警察の職務履行一般を抽象的に義務づける職務領域を示す規定であるといえよう。

（4）警察の責務領域（守備範囲）

警察の活動は、次の責務領域に限られ、それを保護対象とする。

⑴　個人の生命、身体および財産の保護

民主警察は、個人の生命、身体、自由および財産の保護を最優先の責務とするものでなければならない。もちろん個人の保護は、例えば集会・結社の自由や選挙権の行使などの基本的人権の正当な行使にも及び、合法的な集会を妨害から保護し、何人も第三者によつて選挙権の行使を妨げられないことを保障することは、警察の責務である。

しかし、あらゆる私権が警察の保護対象となるものでもない。私権の保護は、主として、司法裁判所およびその強制執行機関の責務であるから、警察の権限は補充的にのみ行使される。例えば、債務者が債務を履行しないために債権者が権利保護を求める場合、裁判所の権限に対して、警察の個人保護の責務は補充的なものにすぎない。しかし警察は私法領域から完全に排除されるのではない。すなわち、権利者の申請があり、適時の裁判所の権利保護が不可能で、警察の援助なしには権利の実現ができないか非常に困難になる場合には、私権の保護は警察の責務となる。もちろん、警察による個人の保護は、それが同時に刑法や行政法上の特別法によって保護されているときは、補充的ではない。

従来、警察権の限界の一つとして、民事不介入の原則が不当に強調されすぎた嫌いがある。大都市における、いわゆる「料金ごた」、「喧嘩ごた」、「車内暴力」および「暴力団の民事介入」などの不当な強圧的・暴力的な行為については、警察は、予防的な市民の権利保護と平和的ないし規制的な解決を求める社会的要請に対し、積極的に対応しなければならない。

(2) 犯罪の予防、鎮圧および捜査、被疑者の逮捕

犯罪の鎮圧、捜査、被疑者の逮捕等は司法警察に属し、刑事訴追のための警察の活動は危険防止とともに警察の最も重要な責務である。このような危険防止と刑事訴追という二つの機能とその適切な処理は警察のノーマルな状態であるということができる。

さらに警察法は、犯罪の予防も警察の責務とすることによって（警察二条）、警察の活動領域を著しく拡大した。例えば、不良少年の指導、国民に対する防犯指導、さらに過激グループ、テロ行為、ハイジャック、麻薬の密輸取締、組織的密入国などの犯罪の予防のために、監視員・諜報員の活用、情報や鑑識資料の収集・保管・蓄積などが行われる。

(3) 交通の取締

交通の取締は、道路における危険防止、交通に関する安全と円滑を維持するための作用であって、道路における車両、歩行者等の交通の規制、運転免許に関する事務、交通法令違反の防止および捜査などがこれに当たる。しかし、衛生、産業、労働等に関する公共の安全を維持するための作用は、警察の責務から除外され、一般行政機関の権限に属せしめられた。

(4) 公共の安全の維持

公共の安全（öffentliche Sicherheit）とは、個人の生命、健康、名誉、自由および財産ならびに国家および地方公共団体とその施設の存立および運営が無傷であることを意味する(7)。要するに、公共の安全の構成要素は、個人的法益（Individualgüter）と集合的法益（Kollektivgüter）である。環境財の保護、道路交通の安全と円滑、食料品の流通における消費者保護、伝染病からの保護、科学技術施設の危険に対する保護などは、「公共の安全」の主要な問題である。それは、憲法、法律および条例等の遵守ないし適正な執行によって確保される。公共の安全の保護は、法的に保護された利益に対する違法な侵害について行われる。

(5) 公共の秩序の維持

公共の秩序（öffentliche Ordnung）とは、不文の秩序観念の全体であって、その遵守が多数者の意思により社会共同生活の不可欠の前提と考えられるものをいう。伝統的な公共の秩序という観念は、法規範たる性質をもたないにも拘らず、その時々の社会通念ないし圧倒的多数者の価値観を警察権により実現できるという理論構成を可能にし、また社会生活の法的秩序づけが完全でなかった時代に法秩序を補完する役割をもったという点で問題がある。「公共の秩序」という法概念の必要性について、学説の見解はなお岐れているが、わが国では「公共の秩序」という観念に基づいて個別具体的な警察権限を行使できる法的余地は全く存在せず、公共の秩序という観念に基づく警察権による規制という考え方は法治国原理および民主制原理に適合しないものとして、その実質的意義を失ったということができよう(8)。

(6) 危険防止

警察の主要な責務は危険防止（Gefahrenabwehr）である。警察の責務は、公共の安全を脅かす危険を公共または個人から防止し、個人の権利、法益および法規範の存立の保護を目的とする。危険防止は警察の機能を限定する。すなわち、一方において犯罪についての懲罰は、警察が重要な役割を果たすとしても、司法の問題であることと、他方において福利増進、すなわち生活配慮行政は警察の責務でないことを明らかにする。しかし危険防止と給付行政との間には両者が重なり合う領域があり、一般行政機関が行う秩序行政の危険防止は、建築、営業、保健・衛生、環境などに関する規制のように、多くの生活領域に関連し、単なる危険防止を越え、それを含みつつ、かつ社会経済的諸関係への積極的干渉のための事前予防、計画、指導として機能する。ここでは、消極的な危険防止と積極的な事前予防の関連・接合が重要である。(9)

危険の概念は警察法の中心概念である。危険とは、損害発生を認識することが可能で、その可能性が客観的で遠くないこと（＝蓋然性）をいう。危険は、予測される損害の強度と範囲および損害発生の蓋然性という二つの要素によって定まる。前者については、保護法益（生命、健康、財産）の重要性が問題であり、後者については、損害発生の高い可能性があることが必要である。それに達しない損害発生は、例えば単に迷惑を被ったにすぎないものとして処理されるし、危険が現実のものとなり、要するに損害が既に発生してしまったときは、これを障害（Störung）という。障害は、これを受忍できないときは、除去されなければならない。

(7)　権力濫用の防止

警察の活動は、厳格に警察の責務の範囲に限られるべきものであって、その責務の遂行に当たっては、不偏不党かつ公平中正を旨とし、いやしくも日本国憲法の保障する個人の権利および自由の干渉にわたる等その権限を濫用することがあってはならない（警察二条二項）。

（1）　田中二郎「警察制度の改革――新警察法の構想」法時二〇巻二号九頁（昭二三）。
（2）　有斐閣『法律用語辞典（第二版）』八二四頁（平一二）。

（3）　宮田三郎『環境行政法』一二頁（平一三・信山社）。
（4）　宍戸基男・渋谷　亮・小谷宏三・宮脇磊介『新版警察官権限法注解上巻』一三六頁（昭五二・立花書房）。
（5）　警察庁長官官房編『警察法解説（新版）』三四頁（平七・東京法令出版）、田村正博『四訂版警察行政法解説』三〇頁（平一三・東京法令出版）。警察法の一般条項の典型は、一九三一年のプロイセン警察行政法第一四条である。警察の権限を規定するための一般条項は、今日その意義を失った。警察法二条は、警察の責務規定であって、いわゆる警察法の一般条項ないし一般的根拠規範には当たらないというべきである。
（6）　藤田宙靖「警察法二条の意義に関する若干の考察（二）」法学五三巻二号（平元）九二頁以下。なお、Vgl. F.-L. Knemeyer, Funktionen der Aufgabenzuweisungsnormen in Abgrenzung zu den Befugnisnormen, DöV, 1976, S. 12. ただしクネマイヤーは、他の学説による批判を受けて、Polizei- und Ordnungsrecht, 8, Aufl. 2000, S. 70ff. では改説をし、責務規範の義務づけ性を主張していない。
（7）　公共の安全の概念はプロイセン行政裁判所の判例に遡ることができるが、それはプロイセン警察法一四条の理由書に要約されている。すなわち、「危険が、a）有機的または無機的性質の事件または状態から生じたか、b）人間の行為または不行為、とくに公法秩序または私法秩序の規範の違反から生じたかに係りなく、国家またはその施設の存立または個人の生命、健康、自由、名誉または財産を脅かす損害からの保護は、一四条にいう公共の安全の維持と見られる。」という。しかし田上博士によれば、「人権を最大限に尊重する民主主義の憲法では、国もしくはその機関の存立または正常な運営に関する法秩序の維持は、原則として、公共の安全に含まれないものと解され、例外としてその侵害が犯罪を構成する場合に、これに対し一般および個人を保護することが、警察の責務とされるに過ぎない。」（田上穣治『警察法（新版）』三一頁・昭五八・有斐閣）。これに対し、奥平教授は、公共の安全と秩序とは「個人の権利・自由の体系が守られている状態を意味する。」という（奥平康弘「『公共の安全と秩序』論」同『同時代への発言（上）』四頁、昭五四・東大出版会）。
（8）　「公共の秩序」という語は、独自の法的意義ないし機能を有するものではなく、「公共の安全と秩序」という慣例上の用語として使用されているものと理解すべきであろう。
(9) 環境行政法における事前予防の原則については、宮田三郎『環境行政法』五頁(平一三・信山社)を見よ。

第二節　警察の権限

(1) 警察の責務規範

警察の責務(Aufgabe)規定は、すでに述べたように、警察が活動する権限を有し、場合によっては活動を義務づけられる職務領域を示すものであり、要するに、警察は何をするかという問題を規制する規範である。責務規定は、警察に対し、その職務領域においては、特別の法律の授権を必要とすることなく、非権力的な行為ないし措置を行うことができる権限を承認する。そのような行為としては、例えば、ⅰパトロール、通報の受領、緊急電話への対応、交通の監視、侵害的内容にわたらない情報収集などによる内偵、ⅱ道路の障害物の除去、行方不明者の捜索、テロの仕掛けた爆薬物の探索など非侵害的な措置による危険の除去、ⅲ個人的な関連のない情報収集、ⅳ警察の責務に関する広報活動などがある。

(2) 警察の権限規範

警察の権限(Befugnis)規定は、警察の責務をどのように履行するかという問題、すなわち警察の手段について規制する。危険防止のための個人の権利の侵害はそれに属する。そのような警察の措置は侵害的な命令・強制を内容とする警察の措置であり、法律の留保の原則に服し、特別の法律の授権に基づいてのみ許容される。(1) 特別の法律の授権規定としては、いわゆる責務規範だけでは根拠規範たりえず、責務規範のほか、具体的な権限規範がなければならない。(2) 権限規範は警察の侵害の要件および侵害措置を規定し、かつ、侵害についての裁量を限定する。

(1) ただ、例えば特定の食料品について危険の疑があることの警告は危険防止として微妙な問題を含んでいる。とくに生産者が行政機関による不用意な警告によって重大かつ耐えがたい損害を受けた場合には国家賠償が問題となる。損害が軽微であるときは、単に迷惑を被ったということになろう（宮田三郎『行政訴訟法』一一八頁注⒅、平一〇・信山社）。

(2) 室井　力『現代行政法の原理』六二頁（昭四八・勁草書房）、宮田三郎『行政法総論』一〇八頁（平九・信山社）。

第四章　警察作用の基本原則

第一節　警察便宜主義

文献　原田尚彦『行政責任と国民の権利』(昭五四・弘文堂)、宮田三郎『行政裁量とその統制密度』(平六・信山社)

(1) 警察便宜主義の展開

警察は、危険防止の領域において警察権を発動する責務を有するが、危険防止のために介入をすべきかどうか、どのような介入をすべきかについて、裁量(Ermessen)により決定することができる。これを警察の便宜主義(Opportunitätsprinzip)という。便宜と裁量は同じ法的状態を示す概念であるが、警察法について一般原則をいう場合は便宜主義ということが多い。

警察便宜主義は、一七九四年のプロイセン一般ラント法第二部第一七章第一〇条のもとで形成された[1]。この規定は初めは授権規範とは考えられていなかった。しかしプロイセン上級行政裁判所の一八七六年六月一三日の判決が、詳細な理由なしに、右の第一〇条の規定を警察の介入のための法的根拠として援用し、いかなる要件のもとに、いかなる目的で、警察が介入することができるかを規定したものであるとした。しかし介入のための要件が存在する場合に、行動する義務を負うかどうかの問題については、警察に決定裁量と選択裁量を認める判例と警察の介入する権限のみならず介入する義務もあることを強調する判例とが対立していた。

学説においては、通説が便宜主義が支配するという立場をとったが、例えば当時の著名な学者であるR・トーマやO・ビューラーなどは第一〇条の明文はむしろ法定主義（Legalitätsprinzip）の肯定のために語るという見解を主張し、F・フライナーとW・イエリネックは折衷的な見解を表明した。

F・フライナーはいう、「行政については一般的にいわゆる法定主義が妥当する。しかしそれには例外がある。行政の最高の規範（Regel）は公益の保護であるから、執行行政庁は、法の授権により消極的態度によって積極的な行動よりも公益に資することが多い場合には、介入を思い止まることが許される。この場合にいわゆる便宜主義が優勢となる。(2)」と。W・イエリネックは有名な「有害性の限界」（Schädlichkeitsgrenze）という理論を主張し、「警察が介入しなければならない点と、もはや介入することが許されない点がある。第一の点は有害性の限界であり、第二の点は過剰の限界である」といい、例えば公道で他人の生命に危険のあるリュージュ滑りをしているときには、警察が介入をしないことは許されず、さもないと警察は職務義務に違反し、被害者は損害賠償請求権を主張することができるとした。(3)

その後、一九三一年のプロイセン警察行政法（Polizeiverwaltungsgesetz）第一四条第一項は、「警察庁は、現行法の範囲内において、公共又は個人に対し、公共の安全又は秩序を脅かす危険を防止するために、義務に適った裁量により、必要な措置をとらなければならない。」と規定した。また第二次世界大戦後、一九五二年六月一一日の連邦通常裁判所の判決は、手段の選択の場合のみならず、警察がそもそも介入しようとするかどうかの決定の場合にも、原則として便宜主義が妥当するとした。しかし、警察の不行為が有害になり始めたときは、警察が介入しなければならず、拱手傍観のために裁量を援用することができない「危険ケース」(Gefahrenfälle) が存在することも承認した。これがその後の指導的判決となり、無制限の決定裁量ではなく、特別の具体的事情がある場合には警察介入の義務が成立するという「制限された便宜主義」が妥当することになったのである。

(2) 裁量収縮論

連邦行政裁判所は、連邦通常裁判所の考え方を受容し、それをさらに「裁量収縮」(Ermessenreduzierung od. Ermessensschumpfung auf Null) という新しい表現のもとに発展させた。

連邦行政裁判所の一九六〇年八月一八日の判決 (＝帯鋸判決 Bandsäge-Urteil) は、「本件で問題となっている警察の裁量は、警察の主要な責務、すなわち公共の安全と秩序の維持に従って行使されなければならない。……法的瑕疵なき裁量にとっては、他の事情とともに、妨害または危険の範囲または程度も決定的意義を有するということができる。妨害または危険の強度が高い (hocher Intensität der Störung oder Gefährung) 場合には、行政庁の不介入の決定は、具体的事情のもとでは、それだけで裁量の瑕疵あるものと考えられるということができる。したがって実際には、法的に与えられた裁量の自由は、唯一の裁量の瑕疵なき決定、すなわち介入の決定のみが考えられ、せいぜい介入の Wie についてなお使用できる行政庁の裁量の余地が残っているというように、収縮するということができる。この特別の要件のもとでは、単に行政庁の裁量の瑕疵なき決定を求めるだけの法的請求権は、実際の結果においては、特定の行政の行為を求める厳格な法的請求権と同等になりうるのである。」と判示し、これが裁量収縮に関する指導的判決となった(4)。

その後の連邦行政裁判所の判例は、危険の強度または重大性による裁量収縮を認めるものとして展開された。これに対し学説は、とくに重要な法益 (生命、健康、自由、財産) が直接危険にさらされているとき、著しい損害が差し迫って警察の不作為が裁量の瑕疵となるときは、決定裁量は、警察の介入義務が成立するというように収縮することを基本的に承認した。学説は、問題の焦点を、危険の強度・重大性という基準と並んで、侵害される法益の価値に置き、重要な法益が侵害された場合には、警察の不行為を違法としようというものであった。

とくに、一九七〇年代の学説は、中程度の重要性の危険または妨害の場合にすでに警察の不作為が裁量の瑕疵あるものとなる、あるいは、個人のあまり重要でない法益の危険の場合にも裁量収縮が考えられるというように、危険の強度または重大性という基準を緩和する傾向にあり、さらに八〇年代には、行政庁のあらゆる種類の危険に対する消極的態度について合理的理由がない場合には、裁量はつねにゼロに収縮するという「不当な消極的態度による裁量収縮」論へと発展した(5)。

（3）警察の介入義務と国民の介入を求める法的請求権

裁量収縮論によって警察の介入義務が確認された場合、それは同時に、国民の介入を求める法的請求権を直ちに承認することを意味するものではない。通説・判例は、すべての行政の公的義務はその履行に利益を有する者の法的請求権に対応するものでない。法的請求権は、義務を根拠づける法規範が単に公益だけではなく、一定の範囲の人の個人的利益をも保護すべきものとする趣旨を含む場合にのみ成立すると解してきた。

連邦行政裁判所は一九六〇年の帯鋸判決で初めて国民には具体的場合に警察の介入を求める法的請求権が帰属することを認め、その後の通説・判例はこの見解に従った。裁量収縮による介入義務の成立は、単に抽象的な公益の保護だけを目的とするものではなく、同時に、国民個々人の個別的利益の保護を目的としているということができる(6)。それは、国家賠償請求権を成立させるだけではなく、義務づけ訴訟をもって行政裁判上要求できるものとなったのである。

（4）わが国の法的状況

⑴ 裁量収縮論

我が国の裁量収縮論は、ドイツの理論を継受し、権限の不行使を違法とする理論として展開されているが、二つの問題点があるということができる。一つは、裁量収縮が成立する要件が厳格すぎることであり、他は、それが国家賠償法上の被害者救済のための法理として固定化する虞があることである。

いかなる要件を満たした場合に裁量はゼロに収縮するか。通説によれば、裁量を収縮する特別の具体的事情とは、ⅰ生命、身体、財産に重大な損害をもたらす危険があり、ⅱこうした危険が行政側の権力行使によって容易に阻止でき、かつ、ⅲ民事裁判その他被害者側に、危険回避の手段や可能性がない場合である。[7] 判例理論も、裁量収縮の要件について、ⅰ被侵害法益の重要性、ⅱ予見可能性、ⅲ結果回避可能性、ⅳ期待可能性などの基準の存在が必要であるとしている。[8] このような裁量収縮論は現実的でない。裁量収縮が成立する要件を緩和して、警察の不行為（怠慢）について何らの合理的理由も存在しない場合は、「不当な消極的態度を理由とする裁量収縮」を認めるべきであろう。[9]

警察に対する権限発動の義務づけとそれに対応する国民の警察介入請求権を根拠づけるものとしての裁量収縮の理論は、判例上まだ認められていない。ドイツの警察介入義務に関する多くの判例は、良質の住環境の保護を目的として第三者による警察違反行為または警察違反状態に対する警察介入を求めるものである。わが国においても、裁量収縮論は、むしろ、公法によって保護されている法状態に対する危険の防止を国民が法的請求権の行使として機能させることができる理論として展開されなければならない。

⑵ 警察責務を履行する手段としての裁量

警察法において、国民の生命、健康、自由、財産あるいは公法上の制度の機能が直接著しい危険によって脅かされ、かつ、警察がこの危険を他の同価値の保護財を無視することなく防止できる状態にある場合、あるいは、警察の不作為についてなんら合理的理由が認められない場合には、規制権限の発動を決定することだけが適正な裁量行使と見なされ、このような場合に、警察は、規制権限の発動について消極的態度をとることは許されないというべきである。

裁量は、危険防止の責務を合目的的に履行するための手段であり、危険を無視することができる手段ではない。裁量は、危険に対する警察の不行動および無反応を授権するものではないのである。警察の危険に対する不行動については十分合理的な理由が必要であり、合理的な理由のない不行動ないし無対応は危険防止責務の恣意的な不履行であるということができよう。

（1）　プロイセン一般ラント法第二部第一七章第一〇条は、「警察の責務は、公共の安寧、安全及び秩序を確保し、並びに公衆又は各個人に対する差し迫った危険を防止するために、必要な措置をとることである。」と規定していた。

（2）　F. Fleiner, Institutionen des Deutschen Verwaltungsrechts, 8. Aufl., 1928, S. 141.

（3）　W. Jellinek, Gesetz, Gesetzanwndung und Zwekmäßigkeitserwägung, 1913, S. 267.

（4）　BVerwGE 11, 95.

（5）　ドイツの裁量収縮論については、宮田三郎『行政裁量とその統制密度』二六八頁以下（平六・信山社）を見よ。

（6）　公権論の新たな展望については、宮田三郎『環境行政法』八五頁（平一三・信山社）を見よ。

（7）　原田尚彦『行政責任と国民の権利』七三頁以下（昭五四・弘文堂）。

（8）　東京高判昭五二・一一・一七判時八五七号一七頁（＝千葉県野犬咬死事件）は、千葉県犬取締条例八条および九条に基づき野犬を捕獲、抑留ないし掃蕩する権限を有する知事が右権限を適切に行使しなかったことによる事故について、「ある事項につき行政庁が法令により一定の権限を行使するか否か、又、どのような方法でこれを行使するかは、当該行政庁の裁量に委ねられているのを原則とする。したがって、行政庁が右権限を行使しない場合でもその不行使については行政上の責任が問題となることがあるのは格別、それ以外の責任は生じないのが本則である。しかし、同じく権限の不行使といっても、それが問題となる場合に応じて不行使に対する評価の基準やその方法にも差異が生じてくるのは当然であって、とくに行政庁の権限行使そのものの合法、違法ではなく、その不行使によって生じた損害の賠償責任の有無が問題となっている本件では、損害賠償制度の理念に適合した独自の評価が要求されることはいうまでもない。しかるときは、本件のように、法令上は知事が捕獲、抑留ないし相当の権限を有しているにすぎない場合でも、損害賠償義務の前提となる作為義務との関係では、（イ）損害という結果発生の危険があり、かつ、現実にその結果が発生したときは、（ロ）知事がその権限を行使することによって結果の発生を防止することができ、（ハ）具体的事情のもとで右権限を行使することが可能であり、これを期待することが可能であったという場合には、その権限を行使するか否かの裁量権は後退して、知事は結果の発生を防止するために右権限を行使すべき義務があったものとして、これを行使しないことは作為義務違反に当たると解するのが相当である。」と判示した。

東京地判昭五三・八・三判時八九九号四八頁（＝東京スモン事件）は、「国民の生命・身体・健康に対する毀損という結果発生の危険があって、行政庁において規制権限を行使すれば容易にその結果の発生を防止することができ、しかも行政庁が権限を行使しなければ結果の発生を防止できない関係にあり、行政庁において右の危険の切迫を知りまたは容易に知り得べかりし情況にあって、被害者――結果の発生を前提――として規制権限の行使を要請し期待することが社会的に容認されうるような場合」には、「規制権限を行使するか否かについての行政庁の裁量権は収縮・後退して、行政庁は結果発生防止のためその規制権限の行使を義務づけられ、したがってその不行使は作為義務違反として違法となるものと解すべきである。」と判示した。

同旨、熊本地判昭六二・三・三〇判時一二三五号三頁（＝熊本水俣病事件）。

大阪地判昭六三・六・二七判時一二九四号七二頁（＝大阪府野犬咬死事件）は、「ある事項につき行政庁が法令により一定の権限を与えられている場合に、その権限を行使するか否か、また、どのような方法でこれを行使するかは、当該行政庁の裁量に委ねられているのを原則とする。しかしながら、具体的状況に応じ、予想される危険が大きければ大きいほど行政庁に認められた裁量判断の幅は狭められていき、そして、①人の生命、身体、財産、名誉などへの顕著な侵害が予想され、②行政庁が権限を行使することによってこうした危険を容易に阻止できる状況にあり、③具体的事情のもとで右権限を行使することが可能であり、これを期待することが可能であって、④被害者側の個人的努力では危険防止が十分に達成されがたいと見込まれる事情があるときには、その権限を行使するか否かの裁量権は後退して、行政庁は結果の発生を防止するために右権限を行使すべき義務があったものとして、これを行使しないことは作為義務違反にあたると解するのが相当である。」と判示した。

なお、裁量権の消極的踰越と裁量収縮論との融合を図るものとして次の判例がある。

福岡高判昭六一・五・一五判時一一九一号二八頁（＝カネミ油症事件）は、「行政庁の権限不行使と国家賠償法一条一項の関係については、食品衛生法上の規制権限を含めて、その権限を当該行政庁が行使するか否か、またどのような方法で行使するかは、原則として専ら当該行政庁の専門技術的見地に立つ裁量に委ねられているというべきであり、右のような裁量に基づく行政庁の権限不行使は、当、不当の問題を生ずることはあっても、原則として違法の問題を生ずることはないというべきである。しかしながら、具体的事情の下で、当該行政庁が右規制権限を行使しないことが著しく合理性を欠くと認められる場合においては裁量の余地はなくなり、行政庁は規制権限を行使すべき法律上の義務を負い、その不作為は国家賠償法上違法なものとなり、国または地方公共団体はその結果生じた損害を賠償すべき責任があるものと解するのが相当である。そしてその権限不行使が『著しく合理性を欠く』かどうかは、(一) 国民の生命、身体、財産に対する差し迫った危険のあること、(二) 行政庁において右危険の切迫を知りまたは容易に知り得べき状況にあること、(三) 行政庁がたやすく危険回避に有効適切な権限を行使することができる状況にあること、以上の要件が存在するにもかかわらず、なお行政庁が権限を行使しない場合であるかどうかにより判断すべきである。」と判示した。

(9)　宮田三郎『行政法総論』一四八頁（平九・信山社）。

なお、平成一三年七月の明石市の花火大会で、死者一一人、負傷者二四七人を出した雑踏事故については、雑踏警備に当たった明石警察署長、明石市の大会運営担当者等が適切な対応を怠ったという点で「不当な消極的態度を理由」として、行政法上の責任が問われなければならない。

第二節　比例原則

文献　田村悦一『自由裁量とその限界』（昭三九・有斐閣）、田上穣治「行政作用法における比例原則」、奥平康弘「警察権の限界」以上、田中・原・柳瀬編『行政法講座六巻』（昭四一・有斐閣）、宮田三郎「行政上の比例原則」法学教室第二期七号（昭五〇）、川上宏二郎「行政法における比例原則」成田編『行政法の争点（新版）』（平二）、須藤陽子「行政法における『比例原則』の伝統的意義と機能（一）～（三完）」都法三一巻二号～三二巻二号（平二～三）、高木　光「比例原則の実定化」芦部古稀『現代立憲主義下』（平五・有斐閣）

(1)　意義と機能

比例原則はあらゆる国家権力の行使に妥当する法原則であって、法治国原理の直接的な構成要素であるとされ、あるいは基本的人権の尊重から推論される（憲一三条後段）。比例原則は、最も一般的には、目的と手段の関係が適正な均衡を保たなければならないことを意味する。その内容は、雀を大砲で撃ってはならない（F・フライナー）という実践的な行為準則であり、それが一般的法原則にまで高められたものである。比例性は国家措置の目標と手段との間に要請され、過度の禁止（Übermaßverbot）ともいわれる。比例原則違反は、あらゆる場合に、当該違反行為を違法とする。

（2）内　容

比例原則は古くからドイツ警察法の領域において展開されてきた。それは危険防止の目的のための侵害についての最も重要な法的限界である。比例原則は三つの部分的原則から成っている。すなわち、手段（＝国民の権利・自由の侵害）は追求する目的（＝結果）に対して適合的で、必要で、比例するものでなければならない[1]。

①　選択する手段は、危険防止という目的を達成できる場合、適合的（geeignet）である。適合性（Geeignetheit）とは、選択される措置が目的達成のために役に立つ（tauglich）ものでなければならないことを意味する。

②　選択する手段は相手方に対し他の考えられる手段よりも負担をかけないものである場合、必要である（＝最小限度の手段、狭義の必要性）。必要性（Erforderlichkeit）とは、危険防止という目的の実現のために考慮される複数の同様に適合的な措置のうち、最小限度の侵害の措置、相手方について思いやりのある措置をとるべきことをいい、最小限度の侵害（geringster Eingriff）の原則または最も穏やかな手段（mindestes Mittel）の原則ともいう。必要性という基準は警察作用についての最も重要な限界である。

③　選択する手段は危険防止という目的に対し正しい関係にある場合、比例性がある（＝狭義の比例性）。狭義の比例原則（Verhältnismäßigkeit im engeren Sinne, Proportionalität）とは、適合的で最小限度の侵害を伴う措置であっても、なお公共の安全と秩序の保護に対して比例しない措置であってはならないこと、すなわち、不当な要求（unzumutbar）であってはならないことをいう。この原則の適用に当たっては、選択する手段によって保護される法益と侵害の強度を相互に比較衡量しなければならない。この原則の実践的意義は大きくない。比較衡量は、すでに立法者が権限規範の法律要件において示しているからである。

（3）わが国における警察比例の原則

(1)　内　容

わが国においても比例原則は警察法において展開された。警察比例の原則は、伝統的学説では、ほぼ一致した内容をもって示されている。すなわち、警察比例の原則とは、警察は、公共の安全と秩序に対する障害の除去という警察の目的を達成するために、必要な最小限度内においてのみ、人の自由を制限することができ、その限度を超えて人の自由を制限することは、法令に特にその旨の明示の規定のある場合の外は、許されないこと、換言すれば、警察権の発動はその対象たる社会の障害と正当な比例関係を保つべきことを意味する。したがって、

①　警察権を発動し得るのは公共に対する障害が既に発生した場合の外は、普通の社会見解においてその発生の蓋然性が認められる場合に限る。

②　その障害は社会上容認せられない障害であることを要する。

③　警察権の発動が許される場合であっても、障害を除くための手段は障害を除くために必要な最小限度に止まることを要する。

④　右の原則に反する警察権の発動は違法である。(2)

(2)　問　題　点

警察比例の原則については次の点に注意する必要がある。

第一に、右の(1)の①②は警察権発動の条件ないし要件に関する原則であるが、(1)の③の原則は、目的達成のための手段の選択ないし態様に関する原則である。しかし警察比例の原則に関するわが国の学説の関心は、そもそも警察権を発動できるかどうかという問題に集中していたということができる。

第二に、比例原則のもとでは利益の比較衡量が重要である。警察権の発動の条件として、除去すべき障害が存在するかどうかの認定に関する問題と障害の除去による利益と障害の除去がもたらす不利益との比較の問題がある。この問題は、結局、社会の平均人の見解を標準とする利益状況に関する比較衡量によって決せられる。しかし、従来、比較衡量については学説・判例とも十分具体的に展開していなかったということができる。

第三に、警察比例の原則は最小限度の侵害という原則と同一視されている。最少限度の侵害という原則は複数のとりうる措置の間の選択の問題であり、この場合、手段の選択裁量は否定される。しかし、必要な最小限度の手段を選択しても、なお結果として、目的との関係で不当な要求・過度の措置となることがありうる。必要最小限度の手段と目的との比例関係が問われなければならない。しかし最小限度の侵害という原則は、実際には、機能しなかったということができよう。

第四に、警察比例の原則は、明治憲法のもとでは、条理法上の原則として認められていたが、現在では、憲法一三条に根拠を有する実定法上の一般法原則であり、警察権についてだけ妥当するのではなく、あらゆる権力的行政作用について適用される法原則であるということができる。(3)

第五に、警察比例の原則は、体系的には、一般行政法上の比例原則が警察権について適用された具体的な結果であるが、理論的には、一般行政法理論としての「裁量権の限界」の理論に解消され、独自の存在意義を失ったということである。それにもかかわらず、警察比例の原則が強調されるのは、警察権の濫用を阻止するために、警察法の領域において比例原則を発動する場合が多いという実際上の理由があるからである。(4)(5)(6)

（1）　v. Krauss, Der Grundsatz der Verhältnismäßigkeit, 1955; P. Lerche, Übermaß und Verfassungsrecht, 1961; V. Götz, Allgemeines Polizei- und Ordnungsrecht, 9. Aufl. 1988. 比例原則においては、三つの部分原則のほか、国家措置をもって追求する目的は、当然ながら、法律により禁止されるものであってはならない。目的が合法的な目的（legitime Zweck）でなければならないという原則は当然の前提である。

（2）　柳瀬良幹『行政法教科書〔再訂版〕』一九六頁（昭四四・有斐閣）、田中二郎『新版行政法下Ⅱ』二七六頁（昭四五・弘文堂）、田上穰治『警察法（新版）』七一頁以下（昭五八・有斐閣）。有力学説は、警察比例の原則を二つの部分的原則で構成されているとみる。一つは必要性の原則であって、警察違反の状態を排除するために必要な場合でなければならない。二つめに、必要なものであっても、目的と手段が比例していなければならない（塩野宏『行政法Ⅰ〔第二版〕』七〇頁・平六・有斐閣）。

（3）　なお、比例原則を具体的に規定する法律の規定として、例えば、警察官職務執行法一条二項「この法律に規定する手段は、前項の目的のため必要な最小の限度において用いるべきものであって、いやしくもその濫用にわたるようなことがあってはならない」など多くの規定がある。

（4）　柳瀬良幹・注⑵一九九頁、奥平康弘「警察権の限界」田中・原・柳瀬編『行政法講座六巻』八七頁（昭四一・有斐閣）。

（5）　警察比例の原則は過剰な権力行使を違法とする。東京地判昭四〇・八・九下級刑集七巻八号一六〇三頁は、国会の構内に大挙して侵入するデモ隊を制止するに際して、すでに身体の自由を失い、逃げまどう学生に対し、警棒をふるって、なぐる、突く等の暴力を加え、重軽傷を負わせた警官の行為を、職務権限を超え、違法であるとした。

しかし、警察比例の原則が行政裁量を否定する法原則として機能したかどうかは疑わしい。判例は行政処分が「著しい比例原則違反」となる場合に、それを違法とするにとどまる。判例が「社会観念上著しく妥当を欠く」とか「甚だしい不当」というときは明白な目的逸脱または著しい比例原則違反を示していることが多い。したがって、例えば、「本件処分を比例原則に違反し著しく公正を欠く裁量を行った瑕疵ある行政処分」とすることはできない（最判昭三九・六・四民集一八巻五号七四五頁＝行政判例百選Ｉ81（旧版）［自由裁量と比例原則］）というように、判例にはコントロール密度の点で問題があるといえよう。

（6）　従来学説は、警察作用に関する基本原則として警察権の限界の理論を挙げ、その内容を警察消極目的の原則、警察責任の原則、警察公共の原則および警察比例の原則であるとし、これを不文の条理法であるとした。警察消極目的の原則は、警察を消極的な災害防止や治安の維持に限定しようとするものであるが、今日、警察作用の範囲は実定法、したがって個別の法律の解釈によって定まるし、警察責任の原則も個別具体的な法令の解釈問題である。また警察責任の原則の内容である私生活・私住所の保護は現行憲法の原則となっており、警察比例の原則も憲法上の比例原則の具体化であるということができる。

要するに警察権の限界の理論は、成文法の不確定性ないし広範な自由裁量性について不文法による制約を課すものとして機能すべき法理論であったが、今やその歴史的役割を終え、本文に述べたように、現行憲法の下ではその独自の存在意義を失ったということができよう。

第五章　警察作用の法的形式

第一節　行政行為

文献　金子芳雄「警察下命・警察許可」田中・原・柳瀬編『行政法講座六巻』（昭四一・有斐閣）

（1）警察責務の実現の方法

危険防止の責務を実現するための警察作用は、これを二つの方法に区別することができる。権力的手段による場合と非権力的手段による場合である。従来、命令、強制を手段とする権力作用のみを警察と称したのは、権力手段による国民の自由および財産への侵害が、もっぱら、警察法学ないし行政法学の関心の対象であったからである。

警察の権力手段としては、三つの主要な形式、警察下命、警察許可および警察強制がある。一九世紀のドイツ警察法において形成された警察下命、警察許可および警察強制についての法理論は、その後一般行政法理論（行政法総論）における行政行為（下命・許可）論および行政強制論として展開され、警察法から一般行政法へ移籍するに至った。したがって、今日の警察下命、警察許可および行政強制に関する法理論は、特別の例外を除いて、(1)

行政行為論および行政強制論の繰返しにすぎないということができる。ただ警察強制のうち、即時強制は警察法に特有の強制手段であるから、この点については後述する。また非権力的手段としては、法律に定めがある場合として、犯罪の予防のための警告（警職五条）、映像送信型性風俗特殊営業者に係る当該自動公衆送信装置設置者に対する勧告（風俗三一条の九第二項）、救急業務（消防三五条の五以下）、情報提供（道交一〇九条の二）、講習（消防一七条の一〇、道交一〇八条の二など）、協力要請（消防二四・三五条の七など）などがあり、法律に定めのないものとしては、道案内、救助、困りごと相談（長寿社会総合対策要綱・警察庁、昭六一）など助力者としての警察の活動、興行における群衆の整理、不良行為少年に対する補導（少年非行総合対策要綱・警察庁次長、昭五七）・パチンコ業者に対するプリペイドカードの導入指導などの行政指導、行政機関による被災者のための仮住宅の建築などがある。

（2）警察下命

警察下命は警察法の領域における典型的な警察作用の法的形式である。警察下命とは、警察の目的のために作為・不作為・給付または受忍を命ずる行為をいう。いづれも人の事実上の自由を制限する作用で、そのうち、不作為を命ずるるものを警察禁止という。警察禁止は警察下命の最も普通の形態である。

警察下命の具体例としては次のようなものがある。許可等に付随する下命として、風俗営業者に対する指示、風俗営業の停止命令、当該施設を用いる飲食店営業の停止命令（風俗二五条、二六条）、店舗型性風俗特殊営業に対する指示、店舗型性風俗特殊営業の停止命令、当該施設を用いて営む店舗型性風俗特殊営業の廃止命令（同二九条、三〇条）、無店舗型性風俗特殊営業に対する指示、店舗型性風俗特殊営業の禁止命令（同三一条の四、三一条の五）、映像送信型性風俗特殊営業に対する指示、映像送信型性風俗特殊営業者に対する年少者の利用防止のための命令（同三一条の九、三一条の一〇）、深夜における飲食店営業者に対する指示、当該施設を用いて営む深夜飲食営業の停止命令（同三四条）、接客業務委託営業に対する指示、接客業務委託営業の禁止命令（同三五条の三）、質屋および古物商に対する物品の保管命令、営業の停止命令（質屋二三条、二五条、古物二一条、二四条）、銃砲刀剣類所持者に対する銃砲刀剣類の提出命令（銃砲刀剣八条、一一条）、火薬類等を運搬しようとする者に対する指示（火薬一九条）などがあり、許可制度を前提としないものとしては、危険な事態における避難または危険防止のための措置命令（警職四条）、道路上の交通の危険防止にための通行の禁止、指示、応急措置等の命令（道交六条六一条、六三条、六七条、七五条の三）、交通事故の場合の負傷者救護、危険防止のための指示、命令（道交七二条）、暴力団に対する暴力的要求行為の禁止（暴力団九条）、暴力的要求行為の中止命令（同一一条）、暴力団事務所の使用制限（同一五条）、暴力団事務所での禁止行為の中止命令（同一八条、一九条）などがある。

（3）警察許可

通説によれば、警察許可とは、警察下命をもって一般に禁止された行為について、特定の場合にその禁止を解除し適法にこれをなすことができるようにする行為をいう。したがって、警察許可は一般的警察禁止によって制限されていた自由を回復させる行為である。立憲主義的な伝統的理論によれば、許可の拒否は自由の侵害であり、したがって警察は、法令の明文により無条件に許可・不許可の権限を与えられている場合でも、許可を拒否すべき必要が認められない限り必ず許可を与えることを要し、また法令の許可基準を具備する場合でも、許可を拒否すべき公益上の必要があれば許可しない自由が認められ、要するに、警察許可は羈束裁量であるという。(2)

しかし警察許可は、集会・結社の自由、表現の自由、営業の自由、建築の自由、交通の自由などの規制として行われるから、警察許可は、一般的な警察禁止を前提とするという理解は適切でない。むしろ法律において、許可を要することが明文で規定されていない場合には、許可を必要としない自由が存在するということができる。すなわち警察許可は、憲法で保障されている「自由」を前提として、一定の行為が法律の規制に違反しないかどうかについての警察による事前の予防的コントロールであると解すべきものである。(3) したがって法律の許可要件を具備し、法律上の拒否理由が存在しない場合には当然許可を与えなければならないし、(4) 法律が警察に裁量の余地を与えている場合でも、憲法が保障する「自由」に対立する裁量決定は、自由の侵害であり、原則として、裁判所の全面的コントロールを受けるというべきである。結局、許可を拒否できるかどうかの問題の解決は、伝統的理論による警察許可の性質からではなく、法規そのものから生じなければならない。伝統的理論による警察許可の前提についての理解は憲法適合的ではないし、羈束裁量という概念は実定法の根拠を失ったのである。

警察許可の具体例としては、風俗営業の許可（風俗三条）、質屋営業の許可（質屋二条）、古物営業の許可（古物三条）、銃砲または刀剣類の所持の許可（銃砲刀剣四条）、自動車の運転免許（道交八四条以下）、道路使用の許可（同七七条以下）、通行禁止道路通行の許可（同八条）・集会・集団行進・集団示威運動の許可などがある。

(1)　行政手続法は、警察官の現場の活動や「司法警察職員がする処分及び行政指導」（行手三条一項五号）、指定暴力団の規制に係る命令（暴力団四三条）などについては、その適用が除外されている。また、風営適正化法、古物営業法、質屋営業法などの営業許可の取消しの際の公開聴聞は、行政手続法制定後も、特例規定として残されている（風俗四一条、質屋二六条、古物二五条）。

さらに、破壊活動防止法に基づく公安審査委員会の処分（破防三六条の二、三六条の三）および無差別大量殺人行為を行った団体の規制に関する法律の規定に基づく公安委員会の処分（団体規制三三条、三四条）については、行政手続法第三章の規定は適用せず、行政不服審査法による不服申立てをすることができない。

（2）　田中二郎『新版行政法下Ⅱ全訂第一版』二七九頁（昭四四・弘文堂）、成田・南・園部編『行政法講義下巻』三三五頁（昭四五・青林書院新社）など。
（3）　Vgl., H. Maurer, Allgemeines Verwaltungsrercht, 11. Aufl., 1997, S. 205ff.
（4）　通説は、風俗営業の許可は、いわゆる「警察上の裁量許可」に属し、許可申請が基準をみたしている場合であっても、法律の目的を達成するために具体的な障害をもたらすような事情が認められるときは、許可をしないことも可能であるとする（田上穣治『警察法〔新版〕』九三頁（昭五八・有斐閣）、豊田健・仲家暢彦『風俗営業等の規制及び業務の適正化等に関する法律』平野・佐々木・藤永編『注解特別刑法7風俗・軽犯罪編〔第二版〕』四七頁（昭六一・青林書院））。

第二節　即時強制

文献　広岡隆「即時強制」雄川・塩野・園部編『現代行政法大系2』（昭五九・有斐閣）、藤木英雄「武器使用の正当性」法律のひろば二三巻八号（昭四五）、村山真維「警察官の拳銃使用・携帯について」ジュリスト九六八号（平二）、原野　翹「警察官による拳銃使用の法律問題」法学教室一二四号（平三）

（1）概　念

即時強制（sofortiger Zwang）とは、警察義務の成立を前提とせず、直ちに、人の身体・財産に実力を加え、警察の必要とする状態を実現する作用をいう。それは警察に特有の強制手段であり、同時に、最も強烈な強制手段である。即時強制は、人の自由に対する直接または第一次の強制であり、基本的人権に対する侵害が著しい強制手段であるから、常に直接法律の根拠を必要とし、法律がその範囲を規律し、その権限を制限している。

現行法上、即時強制は、大体において、急迫の障害を除くため予め警察下命によって義務を命ずる遑がない場合または事の性質上警察下命をもって義務を課することでは目的を達することができない場合、すなわちノーマルな手続が可能でない場合に認められており、その行使の方法には最小限度の侵害の原則が働く(2)。

（2）即時強制の法的性質

即時強制は、従来義務の存在を前提としない実力行使であると考えられてきたが、現在は何らかの意味で義務の成立が前提になっていると見られている。例えば、即時強制は受忍下命行為と実行行為との合成行為である(3)、即時強制を授権する法は同時に国民に対しこれを受忍する義務を命じており、強制執行の基礎である義務が法規または行政行為に基づく特定の義務であるのに対し、即時強制の基礎たる義務は常に直接法規に基づく国民の一般的受忍義務である(4)、即時強制の基礎たる義務には、伝染病毒汚染物の廃棄や違法駐車自動車の強制移動のように国民に作為義務がある場合と破壊消防（消防二九条二項、三項）や狂犬撲殺（狂犬病九条）のように当該実力行使を受ける国民の受忍義務がある場合がある(5)、という分析が示されている。

しかし即時強制においては警察措置の直接の執行が問題である。この場合、警察処分、強制の戒告および強制の実行行為、すなわち、実体法上の行為とそれを実現する手続法上の行為が一つの行為に集中している場合である。換言すれば、即時強制は、法律→行政処分→それを強制する執行手続という三段階のノーマルな行政過程が、その最終段階である実行行為において、すべて凝縮している場合であるということができよう。

（3）即時強制の手段

即時強制が認められている主な場合および手段は次の通りである。警察官職務執行法では、質問（二条）・保護（三条）・避難等などの措置（四条）・犯罪の予防および制止（五条）、危険な事態が発生した場合の立入（六条）、正当防衛等のための武器の使用（七条）などが定められている。

以上のほか、身体に対する強制として、伝染病患者の強制入院（伝染七条）、交通遮断（伝染八・一九条）、強制入院（精神二九条）、検診の強制（伝染一九条、性病一一・一二条）がある。財産に対するものとしては、消火対象物の使用および処分（消防二九条）、違法駐車車両の移動（道交五一条）、道路における交通の危険防止・交通妨害の排除のための工作物等の除去（同八三条）、銃砲等の一時保管（銃刀所持二四条の二第二項）、仮領置（同一一・二五条）、没収（未成年者飲食禁止二条、未成年喫煙禁止二条）、収去（薬六九条一項、麻薬五三条一項、食品一七条一項など）、狂犬の撲殺（狂犬九条）、違法広告物の除去（屋外広告七条三項・四項）などがあり、また住居・営業所等への立入り（風俗六条、興業場五条、消防三四条など）がある。

（1）　警察強制は、警察上必要な状態を実現するために実力をもって人に強制を加える作用をいう。警察強制には強制執行と即時強制との二種があり、そのうち、強制執行は警察義務の成立を前提とし、義務者がこれを履行しないときに、その履行を強制するためにする強制手段であり、その方法には代執行・執行罰・直接強制の三種がある（宮田三郎『行政法総論』三四一頁以下・平九・信山社）。

（2）　名古屋高判昭四四・三・二五判時五六〇号四〇頁は、即時強制たる破壊消防について、「無補償による破壊消防は延焼防止のための唯一の手段たる意味における不可避性を必要とし、しかもそれが火勢その他あらゆる周囲の事情を加味した事後の冷静にして厳密な『合理的判断』から是認される場合に限られるものと解しなければならない。」と判示した。

（3）　広岡隆『行政上の強制執行の研究』四〇九頁（昭三六・法律文化社）。

（4）柳瀬良幹『行政法教科書〔再訂版〕』二〇五頁（昭四四・有斐閣）、広岡　隆「即時強制」雄川・塩野・園部編『現代行政法大系2』二九六頁（昭五九・有斐閣）。
（5）兼子　仁『行政法総論』二一〇頁（昭五八・筑摩書房）。

第三節　武器の使用

（1）武　器

即時強制の特別の形式および究極の手段として武器の使用がある。警察官職務執行法七条は、警察官が一定の場合に武器を使用することができることを規定している。武器とは、けん銃等の小型銃砲、刀剣および爆薬の三種類をいい、それ以外の新しい特別の武器、例えば機関銃、手りゅう弾などの導入は特別の法律の根拠を必要とするといえよう。(1) 警棒、催涙ガスは本来の武器に当たらないが、武器に準じた取扱を要する。

（2）武器使用の要件

法律は、けん銃等の武器を使用できる場合を、「犯人の逮捕若しくは逃走の防止、自己若しくは他人に対する防護又は公務執行に対する抵抗の抑止のため必要であると認める相当な理由のある場合」（警職七条本文）に限定している。「犯人」とは、犯罪を犯した者またはその嫌疑のある者、すなわち被疑者、被告人および有罪判決が確定した者をいい、「逃走の防止」とは、犯人が身柄の拘束から離脱しようとすることを防止することであり、「防護」とは、生命・身体の現在の危険を防止することをいう。(2)

武器の使用は、「社会の安全のために個人の生命・身体に危害を加える矛盾の場合(3)」であるから、個人に対する武器使用の要件は厳格に規定されるべきである。法律が規定する「公務の執行に対する抵抗の抑止のため」という要件は、ほとんどあらゆる場合に武器の使用を許容するもので、武器使用の要件を限定したことにはならないといえよう。

（3）事前警告

警察官けん銃警棒等使用および取扱い規範一〇条は、事前警告を原則とし、「状況が急迫であって、特に警告するいとまのないとき」を例外としている。(4)

（4）人に危害を加える武器の使用

警察官は、正当防衛、緊急避難または凶悪犯人の逮捕等・逮捕状による逮捕等のいずれかに該当する場合でなければ、「人に危害を与えてはならない」（警職七条但し書）。「人に危害を与えてはならない」とは、危害を与えるような方法で武器を使用してはならないという趣旨であり、けん銃の場合であれば「相手に向かってけん銃を撃ってはならない」（けん銃規範七条）ことを意味する。

けん銃を人に向かって構え威嚇すること、威嚇射撃を行うこと、物に向けて発射することなどは、人に危害を加える武器の使用に当たらない。また武器の使用については、比例原則――必要最小限度の侵害という原則が妥当することが一般に承認されている。しかし、法律には、比例原則を具体化した武器の使用の基準ないし方法についての規定は置かれてない。

（5）致命的射撃（射殺）の許容性

致命的射撃の許容性については明文の規定がなく、明示の許容または禁止についても規定されていない。しかし、武器の使用の目的は、犯人等の殺害ではなく危険防止にあり、致命的射撃は生命・身体の重大な侵害であるから法律の留保の原則に従い、立法者は、その許容性について明確な規定をする必要がある。致命的射撃は、刑罰とは法的性格を異にするから、死刑廃止論とは矛盾しない。しかし致命的射撃は、人質を救出する場合のように、それが現在の生命の危険または身体に対する重大な侵害の防止のための唯一の手段である場合にのみ、許容されるというべきであろう。

通説によれば、「危害を加える武器の使用」にいう「危害」とは、生命・身体に対する侵害をいい、殺害を含むと解されている。(5) また、致命的射撃の正当化根拠は刑法や民法の正当防衛、緊急避難および警察緊急権に求められているが、そのような正当防衛および緊急避難の法理は、市民相互の関係において妥当し、国家権力と国民との関係に適用するのは適切ではなく、警察の措置は市民の行動よりも厳格な法的基準に服するというべきであろう。正当防衛や緊急避難の法理による権力抑制という方法は時代後れであり、警察官の過剰な権力行使に対する歯止めとはならず、憲法の比例原則――過剰禁止の原則を空洞化するおそれがある。

（6）射殺の正当化についての判例

判例では、次のような事例が正当防衛に当たるとされた。

転倒して警棒を落とし、けん銃を取り出しての警告も効果がなく、さらに棒杭で頭部に殴りかかられたため、けん銃を発射し死亡させた事例（東京高決昭三二・一一・一一東高時報八巻一一号三八八頁）、二人の酔客に暴行されてけん銃を奪取されそうになり、威嚇射撃も効果がなかったため、けん銃を発射して死亡させた事例（福岡高決昭四一・三・六下刑集九巻三号二三三頁）、半狂乱状態にあるシージャック犯人について、人質の危害を防止するため胸腹部をライフルで狙撃し、死亡させた事例（広島地決昭四六・二・二六刑裁月報三巻二号三一〇頁）、自動車の窓枠につかまって停止を命じる警察官を無視して加速を続ける公務執行妨害の現行犯人に対し、けん銃を構えて警告した上、上空、車輪、犯人の肩に順次発射し、犯人と同乗者を死傷させた事例（熊本地判昭五一・一〇・二八刑事裁判資料二一七号四〇四頁）、二人組に警棒を奪われて執拗な攻撃を受け、さらにけん銃を奪われそうになったため、けん銃を発射して死傷させた事例（東京八王子支決平四・四・三判タ八〇九号二二六頁）。

次の事例は正当防衛に当たらず違法とされた。

集会警備中に群衆に取り囲まれ、暴行を受ける等の事態になったため、けん銃を発射し、参加者を死亡させた事例（東京地判昭四五・一・二八下民集二一巻一・二号三二頁＝血のメーデー事件）。

（1）平成一四年五月、全国の機動隊や皇宮警察本部に短機関銃が配備された。警察庁は短機関銃や自動小銃、ライフル銃などの特殊銃の使用規範を定めたが、法律の根拠なしに、このような個人の身体・生命を脅かす特殊銃を導入することは問題であるといわなければならない。

（2）古谷洋一編著『注解警察官職務執行法』三四一頁（平一二・立花書房）。

（3）柳瀬良幹『行政法教科書〔再訂版〕』二〇九頁（昭四四・有斐閣）。

（4）警察官けん銃警棒等使用および取扱い規範（昭和三七年五月一〇日国家公安委員会規則第七号――最終改正平成一三年二月一九日）

（けん銃を使用することができる場合）

第七条　警察官は、犯人の逮捕もしくは逃亡の防止、自己もしくは他人に対する防護または公務執行に対する抵抗の抑止のため、警棒等を使用する等の他の手段がないと認められるときは、その事態に応じ必要な最小限度においてけん銃を構え、または撃つことができる。ただし、次の各号に掲げる場合のほかは、相手に向かってけん銃を撃ってはならない。

(1) 刑法第三六条（正当防衛）または同法第三七条（緊急避難）に該当し、自己または他人の生命または身体を防護するため必要であると認めるとき。

(2)　凶悪な罪の犯人を逮捕する際、逮捕状により逮捕する際または勾引状もしくは勾留状を執行する際、その本人が当該警察官の職務の執行に対し抵抗し、もしくは逃亡しようとする場合または第三者その者を逃がそうとして当該警察官に抵抗する場合、これを防ぎまたは逮捕するため他の手段がないと認めるとき。

（部隊組織により行動する場合）

第八条　多衆犯罪の鎮圧のため、警察官が部隊組織により行動する場合において、けん銃または警棒等を使用するときは、その場合の部隊指揮官の命令によらなければならない。ただし、状況が急迫で命令を受けるいとまがないときは、この限りでない。

（第三者に対する危害防止上の注意）

第九条　警棒等を使用するときおよびけん銃を撃つときは、いかなる場合においても相手方以外のものに危害を及ぼし、または損害を与えないよう注意しなければならない。

（けん銃を撃つ場合の予告）

第一〇条　けん銃を撃とうとするときは、状況が急迫であって、特に警告するいとまのないときを除き、あらかじめけん銃を撃つことを相手方に警告しなければならない。

（5）　田宮裕・河上和雄編『大コンメンタール警察官職務執行法』三八五頁（平五・青林書院）、古谷洋一編著『注解警察官職務執行法』三四一頁（平一二・立花書房）など。

第六章　警察の典型的な侵害的措置

文献　小谷宏三「警察官の職務執行」田中・原・柳瀬編『行政法講座六巻』（昭四一・有斐閣）、田上穣治『警察法（新版）』（昭五八・有斐閣）、田宮裕・河上和雄編『大コンメンタール警察官職務執行法』（平五・青林書院）、警察法令研究会編著『新版注解警察官職務執行法』（平一〇・立花書房）、古谷洋一編著『注釈警察官職務執行法』（平一二・立花書房）

警察が法律の具体的な権限規定に基づいて行うことのできる侵害的行為を警察の侵害的措置ということができる。警察の侵害措置には、命令、禁止または受忍を内容とする行政行為のほか、事実行為もある。以下日常的に行われる典型的な危険防止のための侵害的措置について述べる。

第一節　職務質問

文献　船田三雄「所持品検査」熊谷・松尾・田宮編『捜査法大系Ⅰ』（昭四七・日本評論社）、松尾浩也「補論Ａ　職務質問と所持品検査」同『刑事訴訟法の原理』（昭四九・東大出版会）、渡辺　修『職務質問の研究』（昭六〇）、木藤・堀籠・米田「職務質問・所持品検査・自動車検問」三井誠ほか編『刑事手続上』（昭六三・筑摩書房）、神長　勲「職務質問と所持品検査」成田編『行政法の争点（新版）』（平二）、渡辺　修「職務質問に伴う所持品検査」、坂村幸男「自動車検問」以上、松尾・井上編『刑事訴訟法の争点（新版）』（平三）、平川宗信「所持品検査」松尾・井上編『刑事訴訟法判例百選（第七版）』（平一〇）、島　伸一『捜査・差押の理論』（平六・信山社）、洲見光男「自動車検問の適法性」鈴木古稀『アメリカ刑事法の諸相』（平八・成文堂）、酒巻　匡「憲法三八条一項と行政上の供述義務」松尾古稀下（平一〇・有斐閣）、曽和俊文「警職法による所持品検査」塩野・小早川・宇賀編『行政法判例百選Ⅰ〔第四版〕』（平一一）

（1）警察法

(1) 一般的質問と職務質問

公務員が職務を行うについて関係者に一般的な質問をすることができることは当然である。警察官が、例えばパトロール中に市民に地理案内について質問をし、あるいは、犯罪について一般的な情報提供を求める「聞込み」をすることに何らの問題もない。この場合、市民が質問に応答するかどうかは全く当事者の自由である。しかし、警察官の職務質問は、警察官職務執行法の目的のために、質問の相手方の意思に拘りなく、またはその意思に反し、相手方を停止させて行うことのできる職務上の質問である。職務質問は、相手方がそれを受忍しなければならない警察の侵害的措置である。

(2) 職務質問の相手方

警察官は、異常な挙動その他周囲の事情から合理的に判断して何らかの犯罪を犯し、もしくは犯そうとしていると疑うに足りる相当な理由のある者または既に犯された犯罪について、もしくは犯罪が行われようとしていることについて知っていると認められる者を停止させて質問することができる（警職二条一項）。職務質問の相手方は、犯罪についての不審者と思われる者、また、諸事情から判断して、犯罪について有益な供述をすることができるということを正当化できる者でなければならない。

(3)　職務行為に付随する行為

①　停　止　警察官は、質問のため、歩行者・自動車等を停止させることができる。停止は、職務質問に付随して当然に認められ、相手方はそれに対する受忍義務を負う。しかし通説によれば、停止は任意手段であって、実力を行使して停止させることは原則として不適法である[(1)(2)]。

②　任意同行　その場で職務質問をすることが本人に対して不利であり、または交通の妨害になると認められる場合には、質問するため、その者に、附近の警察署、派出所または駐在所に同行することを求めることができる（同二項）。職務質問の利点は、一般的質問と違って、職務質問をしている間に心理的圧迫を加え、相手方を不安におとしめる点にある。したがって職務質問には、質問場所の非日常的雰囲気、質問事項の一方的な固定、表面に現れない威嚇などが有効であって、それによって暗黙のうちに一種の陳述強制が行われる。そのために、警察署、派出所または駐在所に同行を求めるのであって、任意同行は警察官にとって有利であるから、必ずしも、「本人に対して不利であり、又は交通の妨害になる場合」に求められるとは限らない[(3)]。任意同行は職務質問の重要な要素である。

(4)　職務質問に伴う強制連行および供述義務

職務質問に関連して、被質問者本人は、刑事訴訟法の規定によらない限り、身柄を拘束され、またはその意に反して警察署、派出所もしくは駐在所に連行され、もしくは答弁を強要されることはない（同三項）。当事者は、職務質問を受忍する義務があり、そのため停止させられるが、それ以上の義務はない。すなわちこの場合、警察官は、刑事訴訟法の規定によらなければ、強制連行をすることはできないし、また相手方には職務質問に対する供述義務はない。[4] ただ、職務質問をする警察官には黙秘権の告知義務がないが、犯罪の証拠収集を目的として質問する場合は供述拒否権の告知を要する。

(5) 所持品検査

所持品検査とは、警察官が職務質問に付随して相手方の協力に基づかないで所持品の内容の提示・開示を要求し、所持品を点検することをいう。所持品の内容の点検としては、i 所持品を外部から観察する、ii 所持品について質問する、iii 任意に提示を求める、iv 衣服または携帯品の外部に手を触れて検査する、v 所持品を警察官自ら開示し、あるいはポケットの中の所持品を取り出して検査する、といった行為がある。所持品検査に関する警察法上の明示的規定はないが、所持品の内容の任意の提示・開示の要求は、職務質問に付随する一態様として許容され、所持品検査は警察実務では定着している。すなわち、右の i～iii の行為は、任意の調査としての職務質問の範囲内にあるものと考えられている。しかし iv v の行為は、相手方の承諾がなく有形力の行使を含むため、このような所持品の検査については、法律上の根拠と点検（捜検）の限界について法的問題が生じる。

所持品検査の法的根拠については、最高裁が、それを警察官職務執行法二条一項に求めている。[5] しかしこれは法解釈論として無理がある。質問と所持品検査とは別個の措置とみるべきであり、それぞれ別個の法的根拠を要し、所持品検査については、新たな法的整備を図る必要があるといえよう。[6]

点検（捜検）の限界という問題は、質問および内容の提示・開示の要求に従わない場合に、相手方の承諾なしに、どの程度の実力を行使できるかという問題である。判例の基本線は、強制にわたらない限り、所持品検査の必要性、緊急性、相当性の判断に基づき、一定の有形力の行使を認めるということである。(7)このような考え方は警察実務の実態を追認するものであろう。しかし、強制にわたらない有形力の行使という表現は、自己矛盾を含んでおり、実践可能な納得の行く判断基準ということはできない。結局、右のⅳⅴの行為は、相手方の承諾なしに、職務質問に付随して行うことは許されず、不適法であるといえよう。(8)

(1)　松尾浩也『刑事訴訟法上・新版』四二頁（平一一・弘文堂）。

(2)　判例では、逃走しようとする者の前に立ちふさがる行為（広島高判昭五一・四・一高刑集二九巻二号二四〇頁）、職務質問中に逃げ出した者を追跡する行為（広島高判昭二九・五・一八高刑集七巻三号四八三頁）、任意同行を拒否して逃げ出した者を追跡する行為（最決昭三〇・七・一九刑集九巻九号一九〇八頁）、追跡して背後から腕に手をかけ停止させる行為（最判昭二九・七・一五刑集八巻七号一一三七頁）、胸元をつかんで歩道に押し上げる行為（最決平元・九・二六判時一三五七号一四七頁）などは適法であるとされ、止まらなければ逮捕する、逃げると撃つぞと威嚇する行為（大阪地判昭四三・九・二〇判タ二二八号二二九頁）、数分間にわたり、ズボンの後ろをベルトと一緒に持ち、首筋をつかんでパトカーに乗車させる行為（大阪地判平二・一一・九判タ七五九号二六八頁）、警察官二人で身体に触れて押し止める行為（東京地判平四・九・三判時一四五三号一七三頁）などは違法であるとされている。

(3)　例えば、市民が取り巻く状態での職務質問は、本人の名誉、プライバシー等を傷つける側面もあるが、同時に、警察官の強圧的な態度を市民がコントロールし、「本人に有利」となる側面もあることに注意する必要がある。

(4)　田宮裕・河上和雄編『大コンメンタール警察官職務執行法』一〇五頁（平五・青林書院）。

（5）　最判昭五三・六・二〇刑集三二巻四号六七〇頁（＝米子銀行強盗事件）は、「警職法は、その二条一項において同項所定の者を停止させて質問することができると規定するのみで、所持品の検査については明文の規定を設けていないが、所持品の検査は、口頭による質問と密接に関連し、かつ、職務質問の効果をあげるうえで必要性、有効性の認められる行為であるから、同条項による職務質問に付随してこれを行うことができる場合があると解するのが、相当である。」と判示した。

（6）　平川宗信「所持品検査」松尾・井上編『刑事訴訟法判例百選（第七版）』二五頁（平一〇）。なお、銃砲刀剣類所持等取締法二四条の二第一項は、警察官は一定の要件のもとで銃砲刀剣類の所持の有無を検査することができる旨を規定している。

（7）　最判昭五三・九・七刑集三二巻六号一六七二頁（＝行政判例百選Ⅰ117「警職法による所持品検査」）は、「警職法二条一項に基づく職務質問に附随して行う所持品検査は、任意手段として許容されるものであるから、所持人の承諾を得てその限度でこれを行うのが原則であるが、職務質問ないし所持品検査の目的、性格及びその作用等にかんがみると、所持人の承諾のない限り所持品検査は一切許容されないと解するのは相当でなく、捜査に至らない程度の行為は、強制にわたらない限り、たとえ所持人の承諾がなくても、所持品検査の必要性、緊急性、これによって侵害される個人の法益と保護されるべき公共の利益との権衡などを考慮し、具体的状況のもとで相当と認められる限度において許容される場合があると解すべきである」と判示した。

（8）　最判昭五三・九・七刑集三二巻六号一六七二頁（＝行政判例百選Ⅰ117「警職法による所持品検査」）は、「原判決の認定した事実によれば、A巡査がXに対し、Xの上衣左側内ポケットの所持品の提示を要求した段階においては、Xに覚醒剤の使用ないし所持の容疑がかなり濃厚に認められ、また、同巡査らの職務質問に妨害が入りかねない状況もあったから、右所持品を検査する必要性ないし緊急性はこれを肯認しうるところであるが、Xの承諾がないのに、その上衣左側内ポケットに手を差し入れて所持品を取り出したうえ検査した同巡査の行為は、一般にプライバシー侵害の程度の高い行為であり、かつ、その態様において捜査に類するものであるから、上記のような本件の具体的な状況のもとにおいては、相当な行為とは認めがたいところであつて、職務質問に附随する所持品検査の許容限度を逸脱したものと解するのが相当である。」と判示した。

最判昭六三・九・一六刑集四二巻七号一〇五一頁は、「甲署への被告人の同行は、被告人が渋々ながら手の力を抜いて後部座席に自ら乗車した点をいかに解しても、その前後の被告人の抵抗状況に徴すれば、同行について承諾があったものとは認められない。次に、甲署での所持品検査についても、被告人がふてくされた態度で上衣を脱いで投げ出したからといって、被告人がその意思に反して警察署に連行されたことなどを考えれば、黙示の承諾があったものとは認められない。本件所持品検査は、被告人の承諾がなく、かつ、違法な連行の影響の下でそれを直接利用してなされたものであり、しかもその態様が被告人の左足首付近の靴下の張らんだ部分から当該物件を取り出したものであることからすれば、違法な所持品検査といわざるを得ない。」と判示した。

最決平七・五・三〇刑集四九巻五号七〇三頁は、「警察官が本件自動車内を調べた行為は、被告人の承諾がない限り、職務質問に付随して行う所持品検査として許容される限度を超えたものというべきところ、右行為に対し被告人の任意の承諾はなかったとする原判断に誤りがあるとは認められないから、右行為が違法であることは否定し難いが、警察官は、停止の求めを無視して自動車で逃走するなどの不審な挙動を示した被告人について、覚せい剤の所持又は使用の嫌疑があり、その所持品を検査する必要性、緊急性が認められる状況の下で、覚せい剤の存在する可能性の高い本件自動車内を調べたものであり、また、被告人は、これに対し明示的に異議を唱えるなどの言動を示していないのであって、これらの事情に徴すると、右違法性の程度は大きいとはいえない。」と判示した。

（2）刑事訴訟法

(1)　取調べ（事情聴取）

捜査に当たる警察官は、いわゆる聞込みにより広い範囲にわたり情報収集を行っているが、刑事訴訟法上、

「捜査については、その目的を達するため必要な取り調べをすることができる。」（刑訴一九七条一項）し、検察官、検察事務官または司法警察職員は、「犯罪の捜査について必要があるときは、被疑者の出頭を求め、これを取り調べることができる。ただし、被疑者は、逮捕または勾留されている場合を除いては、出頭を拒み、または出頭後、何時でも退去することができる。」（同一九八条一項）。したがって、この取調べ（事情聴取）は、法的拘束力のない出頭の依頼・取調べであって、刑事訴訟法上の任意取調べということができる。この場合、警察は執行力のある出頭命令を発動する権限を有しない。取調べに際しては、被疑者に対し、あらかじめ、自己の意思に反して供述する必要がない旨を告げなければならない（同二項）。

また、検察官、検察事務官または司法警察職員は、「犯罪の捜査をするについて必要があるときは、被疑者以外の者の出頭を求め、これを取り調べ、……ることができる。」（同二二三条一項）。「被疑者以外の者」は、実務用語では「参考人」と呼ばれている。出頭を求められた参考人は出頭の義務も取調べに応ずる供述義務もない。黙秘権について告知の必要はない。ただし、参考人と見られていた者が被疑者となり得る場合がある。

(2)　任意同行と取調べ（事情聴取）の関係

任意同行による職務質問と取調べによる事情聴取の関係については、二つの見方がある。一つは、警察官職務執行法上の任意同行は、犯罪の予防鎮圧という行政目的のための警察措置であり、刑事訴訟法上の任意同行は、犯罪の捜査の目的のための司法作用であるから、この二種は明確に区別され、実際上も区別が可能であるという見解である。他は、警察官職務執行法上の任意同行から刑事訴訟法上の捜査へ移行した警察官の行為を一体的に見て、どの時点から逮捕状態に入ったのかを判断すべきであるが、実際上は、警察官職務執行法上の任意同行・職務質問と刑事訴訟法上の任意同行・任意取調べを区別するのは困難であるという。

判例は、任意捜査における一定の実力行使について、これを「強制」と区別して、適法とする傾向にある。(9)

(9)　田上穣治『警察法（新版）』一三四頁（昭五八・有斐閣）。
　最決昭五一・三・一六刑集三〇巻二号一八七頁は、任意捜査における実力の行使について、「捜査において強制手段を用いることは、法律の根拠規定がある場合に限り許容されるものである。しかしながら、ここにいう強制手段とは、有形力の行使を伴う手段を意味するものではなく、個人の意思を圧迫し、身体、住居、財産等に制約を加えて強制的に捜査目的を実現する行為など、特別の根拠規定がなければ許容することが相当でない手段を意味するものであって、右の程度に至らない有形力の行使は、任意捜査においても許容される場合があるといわなければならない。ただ、強制手段にあたらない有形力の行使であっても、何らかの法益を侵害し又は侵害するおそれがあるから、状況のいかんを問わず常に許容されるものと解するのは相当でなく、必要性、緊急性なども考慮したうえで、具体的状況のもとで相当と認められる限度において許容されるものと解すべきである。」と判示して、有形力行使の許容基準を示している。

（3）自動車検問

自動車検問とは、複数の警察官が一定の場所で走行する自動車を停止させて行う質問、点検である。自動車検問は、職務質問の一変形であり、その目的に従って、道路交通法違反の取締りを目的とする交通検問、犯罪一般の予防・摘発を目的とする警戒検問および特定の犯罪の発生後の犯人の逮捕ないし情報収集を目的とする緊急配備検問の三種類に区別することができる。自動車検問は走行中の自動車を無差別・一斉に停止させて、質問を行う点で、通常の職務質問と異なり、とくに交通検問および警戒検問の法的根拠が問題となる。

⑴　法的根拠

①　交通検問　交通検問は、部分的には、道路交通取締法の定める停止権等の行使と見ることができる（道

交六一条――危険防止の措置、同六三条一項――整備不良車両、同六七条――無免許運転、酒酔い運転、過労運転等）。しかし、道路交通取締法上、全車両の一斉検問を根拠づける規定はない。

②　警戒検問　警戒検問は、警察官職務執行法二条一項の要件を満たし、当該車両に不審事由が認められる場合、自動車の停止を求めることができるし、また刑事訴訟法一九九条一項により被疑者の車両を停止させることもできる。盗難車両の場合、手配車両と似た車両である場合、犯罪現場の方向から走行してきたと思われる場合、その車両の外形・走行方法に不審な点がある場合などがこれに当たる。しかし、これらの規定は全車両の一斉検問を根拠づけるものではない。

③　一斉検問の法的根拠　一斉検問の法的根拠については、三つの見解がある。

i　警察官職務執行法二条一項　職務質問の前提要件の充足の有無を調べるため通過自動車の無差別・一斉停止が認められる。(10)

ii　警察法二条一項　警察の責務である「交通の取締」を遂行するに必要かつ合理的な範囲内で一斉自動車検問が許される。(11)

iii　全車両の検問や警戒検問には直接の法的根拠がなく、もっぱら相手方の任意の協力を前提として実施すべきものである。(12)

(2)　自動車の停止と実力行使の関係

自動車の停止行為は任意手段でなければならない。これは学説・判例の一致して認めるところである。判例は、次のような行為は停止行為として適法であるとする。

i　赤色灯を振り、警笛を鳴らすこと（最決昭五五・九・二二刑集三四巻五号二七二頁）、ii　自動車の前後に或る程度の間隔を置いて捜査用自動車を接近させる「はさみうち」検問（名古屋高金沢支判昭五二・六・三〇判時八七八号五一一八頁）、iii 左側運転手席ドアーを両手で掴えること（東京高判昭三四・六・二九高刑集一二巻六号六五三頁）、iv ハンドルを握ること（東京高判昭四五・一一・一二東高刑時報二一巻一一号三九〇頁、仙台高秋田支判昭四六・八・二刑裁月報三巻八号一〇七六頁）、v エンジンキーをひねること（東京高判昭四八・四・二三高刑集二六巻二号一八〇頁、最決昭五三・九・二二刑集三二巻六号一七七四頁）、vi エンジンのスイッチを切ろうとしたり、発進した自動車のハンドルを左手でつかんで自動車を路端に寄せようとすること（東京高判昭五四・七・九判時九四八号一二六頁）、vii エンジンキーを取り上げる行為（最決平六・九・一六刑集四八巻六号四二〇頁）など。しかし。ii～xii の行為を純粋な任意手段と見ることは疑問であるといえよう。

(10)　荘子邦雄「自動車検問と公務執行妨害罪の成否」法時三四巻六号五〇頁（昭三七）。

大阪高判昭三八・九・六高刑集一六巻七号五二六頁は、「疾走する自動車は、これを停止させなければ、乗員について警職法所定の職務質問をすべき要件があるかどうかの判断をすることができない。したがって警職法二条一項は、警察官に対して、職務質問の要件の存否を確認するため自動車の停止を求められる権限を合わせ与えていると解釈することができる。」と判示した。

(11)　出射義夫「自動車検問の法的根拠」日沖還暦『過失犯2』三五九頁（昭四一・有斐閣）、宍戸・渋谷・小谷・宮崎『新版警察官権限法注解上』四三頁（昭五六・立花書房）、小早川光郎「交通検問と法律の根拠」法学教室四三号一四四頁（昭五九）。

最判昭五五・九・二二刑集三四巻五号二七二頁（＝行政判例百選Ⅰ118「自動車の一斉検問」）は、「警察法二条一項が『交通の取締』を警察の責務として定めていることに照らすと、交通の安全及び交通秩序の維持などに必要な警察の諸活動は、強制力を伴わない任意手段による限り、一般的に許容されるべきものであるが、それが国民の権利、自由の干渉にわたるおそれのある事項にかかる場合には、任意手段によるからといって無制限に許されるべきものでないことも同条二項及び警察官職務執行法一条などの趣旨にかんがみ明らかである。しかしながら、自動車の運転手は、公道において自動車を利用することを許されていることに伴う当然の負担として、合理的に必要な限度で行われる交通の取締に協力すべきものであること、その他現時における交通違反、交通事故の状況なども考慮すると、警察官が、交通取締の一環として交通違反の多発する地域等の適当な場所において、交通違反の予防、検挙のための自動車検問を実施し、同所を通過する自動車に対して走行の外観上の不審な点の有無にかかわりなく短時分の停止を求めて、運転者などに対し必要な事項についての質問などをすることは、それが相手方の任意の協力を求める形で行われ、自動車の利用者の自由を不当に制約することにならない方法、態様で行われる限り、適法なもの解すべきである」と判示した。この判例は、交通検問の法的根拠を「警察の責務」に求め、検問の手段の任意性と行動制約の軽微性を要求したものといえよう。

(12)　松尾浩也『刑事訴訟法（上）［補正版］』四四頁（昭五九・弘文堂）。

大阪地判昭三七・二・二八判時二九六号六頁は、「（判決要旨）警察官が犯罪の予防・検挙の目的で自動車検問を行うことを許すべき法的根拠はなく、個々の自動車に対する検問が、本条［＝警職法二条］一項の要件を備えている限りにおいて、職務質問として適法と見ることができるが、そうでない場合には、自動車検問として自動車に停止を命ずる権限は警察官にはない。」と判示した。

第二節　保　　護

(1)　保護の意義

保護とは、警察権をもって人の身体を拘束し、警察署その他一定の場所に留置することをいう。保護は予防的理由による警察の自由剥奪である。したがって保護の実態は、勾留（刑訴六〇条、二〇四条、二〇五条）および拘留（同一六条）と同じであるが、犯罪の捜査または犯罪に対する制裁として行われるものでない点で、これらと区別される。保護は自由な意思形成ができない状態または無力で頼る者がない状態にある場合に許され、保護の目的は個人の生命、身体などの法益の保護に限られる。自由な意思により警察の世話になることを求める場合は保護に当たらない。(1)

（2）保護の要件

保護を要するのは、警察官が、異常な挙動その他周囲の事情から合理的に判断して左の①または②に該当することが明らかであり、かつ、応急の救護を要すると信ずるに足りる相当な理由のある者を発見した場合である（警職三条一項）。

① 精神錯乱またはでい酔のため、自己または他人の生命、身体または財産に危害を及ぼす虞のある者（一号）

② 迷い子、病人、負傷者等で適当な保護者を伴わず、応急の救護を要すると認められる者、本人がこれを拒んだ場合を除く（二号）。(2)

（3）保護の対象

(1) 精神錯乱者・でい酔者

精神錯乱とは精神が社会通念上明らかに正常でない状態・正常な判断能力や意思能力を欠いた状態にあることをいう。判例では、酒酔いや警察官に制止されたことによる異常な興奮（高知地判昭四八・一一・一四下民集二四巻九―一二号八三六頁）、覚せい剤の使用に起因する幻覚、被害妄想、感情鈍麻および異常行動（岡山地判昭五四・九・二八ジュリスト七一二号判例カード九七）、覚せい剤の影響による異常な精神状態（札幌高判平四・七・二一高検速報一四四号）などが精神錯乱に当たるとされ、精神に不安定な面があった（大阪地判昭六一・五・八判時一二一九号一四三頁）、精神にやや変調を来していた（浦和地判平三・九・二六判時一四一〇号一二二頁）、覚せい剤取締法違反での検挙を免れるため大きな声を出したり抵抗した（千葉地松戸支判平五・二・八判時一四五八号一五六頁）などは精神錯乱とは認められていない。

でい酔とは、アルコールの影響により社会通念上深酔いし、正常な判断力や意思能力を欠く程度に酔った状態をいう（大阪地判平五・七・一二判時一四七八号一四六頁）。判例では、でい酔とは心神喪失の状態に達していることを要しない（福岡高判昭三六・七・一四高検速報八五一号）とされ、いささか飲酒酩酊していたにすぎない（福岡高判昭三〇・六・九高刑集八巻五号六四三頁）、飲酒のため粗暴で反発的態度である（広島地判昭四一・一〇・二七判時四七二号六〇頁）などは、でい酔に当たらないとされている。

(2)　迷い子、病人、負傷者等

捨て子、家出少年・浮浪少年、行方不明者、遭難者等は、「迷子、病人、負傷者等」に当たる。

（4）保護の実施

警察官は、保護の要件に該当する者を発見したときは、とりあえず警察署、病院、精神病者収容施設、救護施設等の適当な場所において、これを保護しなければならない（同三条一項）。「適当な場所」とは、保護を要する具体的状況により、公民館、民家等であっても良い。

応急的な救護の措置は即時強制であり、相手方に受忍の義務がある。本人が拒む場合でも、法律の規定を画一的に適用することなく、十分な意思能力や判断能力を欠くと認められる場合には、抵抗を排除して強制的に保護することができると解すべきである。(3) 判例では、暴言を吐き、唾を吐きかける等をしたでい酔者の両足に手錠をかけて制圧した行為（岡山地判平六・四・二一判例自治一二七号九五頁）を適法とし、後ろ手錠の使用（高知地判昭四八・一一・一四下民集二四巻九―一二号八三六頁、大阪地判昭和六一・五・八判時一二一九号一四三頁）は違法とされている。

（５）事後の措置

警察官が保護の措置をとった場合は、できるだけすみやかに、その者の家族、知人その他の関係者にこれを通知し、その者の引取方について必要な手配をしなければならない。責任ある家族、知人等が見つからないときは、すみやかにその事件を適当な公衆保健もしくは公共福祉のための機関またはこの種の者の処置について法令により責任を負う他の公の機関に、その事件を引き継がなければならない（同二項）。一般に保護されるべき者については、生活保護法、児童福祉法等が保護にあたるべき機関を定めている。福祉事務所（生活保護一九条、児福二五条）、児童相談所（児福二五条）などがそれである。警察官は、警察で保護した者の氏名、住所、保護の理由、保護および引き渡しの時日ならびに引渡先を毎週簡易裁判所に通知しなければならない（警職三条五項）。

警察の保護は二十四時間をこえてはならない。ただし、やむを得ない事情があると認めて、引き続き保護することを承認する簡易裁判所の裁判官の許可状がある場合は、この限りでない（同三項）。この場合にも、五日をこえて保護の期間を延長することはできない（同四項）。二四時間以内でも保護の要件がなくなった場合には、その時点以後は保護を継続することができない。判例は、でい酔状態を脱した後における保護の継続は必要以上の身体の拘束で違法である（大阪地判平五・七・一二判時一四七八号一四六頁）、また被保護者の状態からみて家族等に引き渡すことが適当でない場合には、身柄拘束から二四時間以内の限度で、親族等の面会・引渡し要求を拒絶できる（福岡地判昭五六・一一・二〇判タ四六〇号一二三頁）としている。

（6）犯罪捜査との関係

保護は、これを犯罪の予防や捜査のために用いることは許されない。しかし判例は、保護中の精神錯乱者からの強制採尿が犯罪の捜査上やむを得ない場合は違法でないとしている。(4)

（1）旧行政執行法（明治三三・六・二）の第一条（検束、仮領置）は、「①当該行政官廰ハ泥酔者、瘋癲者自殺ヲ企ツル者其ノ他救護ヲ要スルト認ムル者ニ対シ必要ナル検束ヲ加ヘ戎器、凶器其ノ他危険ノ虞アル物件ノ仮領置ヲ為スコトヲ得暴行、闘争其ノ他公安ヲ害スルノ虞アル者ニ対シ之ヲ予防スル為必要ナルトキ亦同シ②前項ノ検束ハ翌日ノ日没後ニ至ルコトヲ得ス又仮領置ハ三十日以内ニ於テ其ノ期間ヲ定ムヘシ」と規定していた。

この規定は、第二次世界大戦中に、保護検束（前段）または予防検束（後段）という名称で、政治・労働・思想運動の弾圧のため、濫用された。期間の制限規定は完全に無視され、検束された者は、刑事裁判なしで、警察署の留置場（＝代用監獄）をタライ回しされた。警察官職務執行法の「保護」の制度は、戦前の「検束」制度の反省の上にたって定められたものである。

また、違警罪即決令（明治一八年太政官布告三一号、昭和二二年廃止）では、一定の軽い罪の類型について、裁判によらず、警察署長等が即決手続で、最大限二九日の拘留または科料を言い渡すことができるとされ、思想犯の弾圧や被疑者の拘束・取調べに濫用された。

（2）自殺の虞ある者については、戦前、行政執行法一条により「自殺ヲ企ツル者」が保護検束の対象とされ、これが濫用されたことから、現行法では保護の対象として取り上げることが避けられた。しかし、自殺の防止は、その必要性および緊急性が高いことから、継続的な身体拘束はできないが、状況によっては、極めて強い態様での説得や実力による制止が許されるとされている（古谷洋一編著『注釈警察官職務執行法』一八六頁・平一三・立花書房）。また、自殺の防止は、警職法によるのではなく、警察法二条の責務の遂行であるという見解もある（警察法令研究会編著『新版注解警察官職務執行法〔全訂版〕』八〇頁・平一〇・立花書房）。

（3）古谷洋一編著・注（2）二〇六頁、田村正博『四訂版警察行政法解説』二〇九頁（平一三・東京法令出版）。

（４）　最決平三・七・一六刑集四五巻六号二〇一頁は、「被告人は、錯乱状態に陥っていて任意の尿の提出が期待できない状況にあつたものと認められるのであって、本件被疑事実の重大性、嫌疑の存在、当該証拠の重要性とその取得の必要性、適当な代替手段の不存在等の事情に照らせば、本件強制採尿は、犯罪の捜査上真にやむを得ない場合に実施されたものということができるから、右手続に違法はない」と判示した。

第三節　避難強制

（１）避難強制の意義

避難強制とは、人の生命・身体または財産に危害を及ぼす恐れのある危険な事態がある場合において、特に急を要するとき、危害を受ける者に対し、これを引き留めもしくは避難せしめ、または自ら危害防止のため必要な措置をとることをいう。

（２）避難強制の措置の要件

措置の要件は、①「人の生命・身体または財産に損害を及ぼす虞れのある天災、事変、工作物の損壊、交通事故、危険物の爆発、狂犬、奔馬の類等の出現、極端な雑踏等危険な事態がある場合」および②「特に急を要する場合」である（警職四条一項）。

（３）措置の種類

(1)　警　告

右の（２）の①の場合には、その場に居合わせた者、その事物の管理者その他の関係者に必要な警告を発することができる（同一項前段）。この場合の警告は、危険防止のため必要な措置等について注意、指導、勧告等を行うことをいう。警告は、通知行為であって、行政行為ではない。したがって特別の法的効果は生じない。

⑵　避　難　等

右の（2）の②の場合には、危害を受ける虞のある者に対し、これを引き留め、避難させ、あるいは、その場に居合わせた者、その事物の管理者その他関係者に対し、危害防止のため通常必要と認められる措置をとることを命じ、または自らその措置をとることができる（同一項後段）。危害防止のための通常必要な措置は、例えば、危険区域に入ることを禁止し、または危険区域からの立ち退きを強制することである。これらの措置は、いずれも一時的な指示・禁止あるいは命令である。また警察官が自らとる措置は即時強制である。判例では、過激派の行動による危害を避けるため一般交通を遮断する行為（長崎地決昭四七・九・二九刑裁月報四巻九号一五七八頁）は「引留め」に当たるとしている。

（4）「……することができる。」規定

「……することができる。」規定には、裁量の授権（Ermessen-Kann）を意味する場合と権限行使の指示（Kompetenz-Kann）を意味する場合がある。とくに危険防止のための法規は、法律の趣旨・目的の合理的解釈により、「……しなければならない。」というように解釈しなければならない場合が多い。権限行使の指示規定は、行政裁量が認められる場合に、特別の具体的事情により、裁量が収縮し権限行使を義務づけられる場合とは異なる。警職法四条一項は、権限行使の指示を意味する規定である。この場合、権限不行使は行為義務違反として違法となる。(1)

（5）事後手続

警察官がとった警告、避難等の措置については、順序を経て公安委員会に報告しなければならない。この場合、公安委員会は、他の公の機関に対し、その後の処置について必要と認める協力を求めるため適当な措置をとらなければならない（同二項）。

「順序を経て」とは、個々の警察官が直接に公安委員会に報告をするのではなく、職務上の指揮命令系統を通じて報告することを意味する。また「他の公の機関」とは、危険防止に対する処置について権限と責任を有する国の行政機関、地方公共団体の機関、水防団、消防団等である。(2)

（1）　宮田三郎『行政法総論』一四七頁（平九・信山社）。

最判昭五九・三・二三民集三八巻五号四七五頁（＝新島漂着砲弾爆発事件）は、警察官職務執行法四条一項を「警察の責務を達成するために警察官に与えられた権限である」と解し、「（判決要旨）終戦後新島近くの海中に大量に投棄された旧陸軍の砲弾類の一部が海浜に打ち上げられ、たき火の最中に爆発して人身事故が生じた場合において、投棄された砲弾類が島民等によって広く利用されていた海浜に毎年のように打ち上げられ、島民等は絶えず爆発による人身事故等の発生の危険にさらされていたが、この危険を通常の手段では除去することができず、放置すれば島民等の生命、身体の安全が確保されないことが相当の蓋然性を持って予測されうる状況のもとにおいて、警察官がこれを容易に知りうる場合には、警察官において自ら又は他の機関に依頼して、積極的に砲弾類を回収するなどの措置を講じ、砲弾類の爆発による人身事故等の発生を未然に防止する措置をとらなかったことは、その職務上の義務に違背し、違法である。」と判示した。

なお、権限行使の指示規定と裁量収縮の関係については、森田寛二「裁量零収縮論と〝結合空間の費消的否定論〟」小嶋退職記念『憲法と行政法』八一二頁注⒄（昭六二・良書普及会）および芝池義一「公権力の行使と国家賠償責任」杉村編『行政救済法２』一二七頁注⑹（平元・有斐閣）を見よ。

（2）　田宮裕・河上和雄編『大コンメンタール警察官職務執行法』二九一頁以下（平五・青林書院）。

第四節　犯罪の予防および制止

（1）犯罪の予防・制止

警察官は、犯罪がまさに行われようとしたときは、その予防のため関係者に警告を発し、また、それによって人の生命・身体または財産に危害が及ぶ虞があつて、急を要する場合には、その行為を制止することができる（警職五条）。

（2）警　告

「関係者」には、犯罪を犯そうとする者のほか、犯罪の被害を受けるおそれのある者、保護者、建物の管理者等が含まれる。警告は、注意、勧告、指示など事実上の通知行為であって、その方法としては、例えば交通違反者に対し、口頭、警笛、拡声器などによつて行う。

（3）制　止

制止は実力の行使による強制である。制止の手段・方法は多種多様である。最も一般的なものとして、警棒の使用がある。

判例は、ピケ隊やデモ隊に対する制止の方法として、スクラムを引き離し、ピケラインを崩す行為（福岡高判昭二八・一〇・一四高刑集六巻一〇号一三六六頁）、不法滞留するデモ隊を圧縮した上、引っ張り、押し出して順送りに排除する行為（福岡高判昭四五・一〇・三〇刑裁月報二巻一〇号一〇六八頁）、許可条件違反の先導車両に車止めを掛け、同違反のデモに対して並進規制を行い、座り込んだデモ隊員をごぼう抜きする行為（浦和地判平三・五・

一五判時一四〇〇号一〇六頁)、暴徒化したデモを実力で解散させる行為(名古屋高判昭五〇・三・二七判時七七五号二一一頁)、放水車による放水(東京地判昭四〇・八・九下民集七巻八号一六〇三頁)などを適法な行為であるとし、違法ピケの排除に際し、警棒で胸や頭を殴って障害を負わせる行為(横浜地判昭三四・九・三〇下民集一〇巻九号二〇六五頁)、気勢を示す酔客の腕をねじ上げて店外に連れ出し、パトカーまで連行する行為(広島地判昭五〇・一二・九判タ三四九号二八四頁)などを違法な行為であるとしている。

第五節　立入り

(1) 立入り

立入り(Durchsuchung)とは、公務員が土地または建物の管理者の同意なしに、またはその意思に反し、人の生命、身体または自由に対する現実の危険を防止するため、または物件の検査・調査など情報収集のために、個人や事業所の土地や建物に立ち入ることをいう。立入りは事実行為で実力行使によって強制することができる。立入りをせず、家屋の見張り、盗聴、赤外線カメラによる監視は、プライベートを侵害するものとして許されない。立入りは、危険防止のための立入りと検査・調査のための立入りに区別することができる。

(2) 危険防止のための立入り

警察官は、危険な事態が発生し、人の生命、身体または財産に対し危害が切迫した場合に、その危害を予防し、損害の拡大を防ぎ、または被害者を救助するため、已むをえないと認めるときは、他人の土地、建物または船車の中に立ち入ることができる(警職六条一項)。警察の目的のための立入りは、原則として、やむを得ないときに限るが、例外として興行場、旅館、料理屋、駅その他多数の客の来集する場所の公開時間中は、犯罪の予防または人の生命、身体もしくは財産に対する危害予防のために、その場所に立ち入ることを要求した場合には、管理者は、正当の理由なくして、立入りを拒むことができない（同二項）。管理者が、これを拒んだときは、警察官は実力を行使して立ち入ることができる。(1) したがって罰則の規定がない。

（3）調査・検査のための立入り

立入調査は主として警察目的を達成するための情報収集活動である。立入調査をするかどうかは警察機関の裁量にあり、ただ裁判官の許可（出入国三一条）、居住者の承諾（消防四条四項、建基一二条四項但書）を立入りの要件とする場合がある。警察上の立入調査は、犯罪捜査のために用いてはならず（例、火薬四三条五項、薬六九条三項、麻薬五二条三項、風俗三七条四項など）、調査結果については守秘義務が課せられる（消防四条六項）。立入調査はほとんどが罰則で担保された間接強制調査である。立入調査については、相手方の明示の承諾は必要ないが、調査に対する抵抗を実力で排除し、強制的に立ち入ることは認められないとするのが通説である。しかし立入りには実力行使が伴うというべきである。実力行使を認める要件としては、緊急の必要性、食品・薬品・健康・防災など調査目的による強制の必要性などが考えられよう。(2)

調査のための立入りが認められる主な場合は次の通りである。

⑴　消防法など

消防法による消防職員の立入検査（消防四条一項）。立入、検査を拒み、妨げ、忌避した者は、二〇万円以下の罰金または拘留（同四四条二号）。

火薬類取締法による警察職員の立入、検査（火薬四三条二項）。検査を拒み、妨げもしくは忌避した者は、二〇万円以下の罰金（同六一条五号）。

無差別大量殺人行為を行った団体の規制に関する法律による警察職員の立入検査（無差別殺人団規一四条）。立入または検査を拒み、妨げ、忌避したものは、一年以下の懲役または五〇万円以下の罰金（同三九条）。

(2)　営業法

風営適正化法による警察職員の立入（風俗三七条二項）。立入を拒み、妨げ、忌避した者は、二〇万円以下の罰金（同四九条六項八号）。

古物・質屋営業法による警察官の立入、検査（古物二二条、質屋二四条）。立入、検査を拒み、妨げ、忌避した者は、古物営業法の場合一〇万円以下の罰金（三五条三号）、質屋営業法の場合一万円以下の罰金（三三条二号）。

(3)　環境法

個別的な環境法には、それぞれ、立入調査に関する規定、それに対応する罰則規定が置かれている（自然環境二九条・五六条、自然環境三一条・五六条、自園二二条・五二条、自園三三条・五二条、自然環境四七条・自園四三条、ダイオキシン三四条・四七条、大気汚染二六条・三五条、悪臭防止二〇条・二九条、廃棄物一八、一九条・三〇条、資源有効利用三七条・四三条、容器包装四〇条・五九条、建材再資源三七、四三条・五一条、食品循環資源二三条・二七、二八条など）。

（1）　田上穰治『警察法〔新版〕』一四頁（昭五八・有斐閣）。反対：田宮裕・河上和雄編『大コンメンタール警察官職務執行法』三六〇頁（平五・青林書院）、古谷洋一編著『注釈警察官職務執行法』三〇九頁（平一二・立花書房）、田村正博『四版警察行政法解説』二五七頁注二五七（平一三・東京法令）など。

（2）　宮田三郎『行政法総論』三三〇頁（平九・信山社）。

第六節　一時保管・仮領置

(1) 警察法

一時保管・仮領置（Beschlagnahme）は、警察により一時的に物の占有を奪い、これを警察官署に保管する処分である。一時保管・仮領置は現在の危険の防止のために許容される。危険が、物そのもの（狂犬）、物の使用の抽象的な危険可能性（ピストル）あるいは具体的な危険可能性（泥酔者が使用しようとしている自動車の鍵）から発するかどうかは重要でない。現行法は、次の場合に一時保管・仮領置を認めている。

(1)　一時保管

①　逮捕者について凶器捜検を認める警職法二条四項の規定は、凶器を発見したときの措置については規定していないが、凶器を取り上げてこれを一時保管することを認める趣旨であると解されている(1)。

②　警察官は、銃砲刀剣類等を携帯し、または運搬している者が、異常な挙動その他周囲の事情から合理的に判断して他人の生命または身体に危害を及ぼすおそれがあると認められる場合には、その危害を防止するため必要があるときは、これを提出させて一時保管することができる（銃刀所持二四条の二第二項）(2)。

(2)　仮領置

都道府県公安委員会は、銃砲等の授受・運搬および携帯を禁止または制限した場合、あるいは銃砲等の所持の許可を取消すべき事由が発生し、かつ人の生命または財産に対する危害の防止のため必要がある場合、銃砲等の提出を命じ、これを仮領置することができる（銃刀所持一一条、二六条）。

（2）刑事訴訟法

司法警察職員は、犯罪の捜査をするについて必要があるときは、裁判官の発する令状により、差押、捜索または検証をすることができ（刑訴二一八条）、現行犯逮捕、緊急逮捕の場合には令状によらない差押、捜索または検証をすることができる（同二二〇条）。司法警察職員は、被疑者その他の者が遺留した物または所有者、所持者もしくは保管者が任意に提出した物は、これを領置することができる（同二二一条）。

（1）田宮裕・河上和雄『大コンメンタール警察官職務執行法』二三二頁（平五・青林書院）、古谷洋一編著『注釈警察官職務執行法』一八三頁（平一二・立花書房）、田村正博『四訂版警察行政法解説』一九三頁（平一三・東京法令）。

（2）最判昭五七・一・一九民集三六巻一号一九頁（＝行政判例百選Ⅱ［第三版］131「警察官の危険防止措置の不作為」＝ナイフ一時保管懈怠事件）は、「Aに本件ナイフを携帯したまま帰宅することを許せば、帰宅途中右ナイフで他人の生命又は身体に危害を及ぼすおそれが著しい状況にあったというべきであるから、同人に帰宅を許す以上少なくとも同法［＝銃刀所持法――筆者注］二四条の二第二項の規定により本件ナイフを提出させて一時保管の措置をとるべき義務があったものと解するのが相当であって、前記警察官が、かかる措置をとらなかったことは、その職務上の義務に違背し違法であるほかはない。」と判示した。これは、銃刀所持法二四条の二第二項の規定を、裁量授権（Ermessen-Kann）の規定ではなく、権限行使指示（Kompetenz-Kann）の規定と解したものであり、裁量収縮論に立つものと解すべきではない。

第七章　警察責任

文献　渡辺宗太郎「警察責任の限界」同『行政法に於ける全体と個人』（昭一五・有斐閣）、柳瀬良幹「警察責任」警察研究二五巻一一号（昭二九）、東平好史「警察責任の研究」神戸法学雑誌一六巻三号・四号（昭四一・四二）

第一節　序　説

(1)　警察責任の意義

警察責任とは、警察権を発動し得る要件が存在する場合に、誰に対して警察権を発動することができるかという問題である。警察責任は、警察措置の発動要件であって、警察措置と関係のない独自の警察法上の義務をいうのではない。警察権は、公共の安全に対する障害または危険（警察違反状態）を惹起した者に対してのみ発動することができる。すなわち、警察責任とは警察権の発動を受けるべき地位をいい、警察権の発動の対象となるような障害または危険を惹起した者を警察責任者または（警察）障害者という。

警察責任は、障害または危険を惹起した者だけが警察権の発動の対象となり、他の第三者は警察権の発動を受けないことを保障するという意味で、法治国的警察法の核心である。その内容は、人はその行動および物から危険を発生させないようにすることであるが、最近の立法は、これを事業者や国民の責務として規定する傾向にあるといえよう。

わが国では、警察の具体的権限についての一般条項の規定はなく、通常、警察の権限は法律に具体的に規定されている。しかし、権限の名宛人の範囲については、十分具体的に規定されていない場合がある。したがって、誰が警察責任者であるかの問題は、法解釈論としても、重要であるということができる。

（2）警察責任の内容

警察の措置は、通常、警察責任を有する障害者（Störer）に対して行われ、その内容は危険を除去すべき負担であるが、次のような態様を示す。

① 警察により危険除去のために課せられる行為・不行為または除去義務

② 通常、危険除去のために必要な措置については、補償なしにこれを受忍しなければならない受忍義務

③ 警察により危険除去のために要求される費用負担義務

警察責任は、人の行為または物の状態に基づくから、警察責任は、基本的に、行為責任と状態責任とに区別することができる。

第二節　行為責任

（1）意　義

行為責任は、障害または危険が人の行為によって直接惹起した場合に、生じる。人の行為とは作為または不作

為である。行為責任は人の行為と障害または危険との間に因果関係が存在しなければならないという意味で、惹起責任（Verursachungshaftung）であるが、行為者の故意・過失を必要としない。

（2）種　類

行為責任は二つの種類に分類できる。

① 行為者の責任

行為者とは、公共の安全に対し障害または危険を惹き起こした人（自然人・法人）をいう。障害または危険を惹起した者を障害者といい、障害者は原則として自己の行為について行為責任を負う。障害者は、公共の安全を構成するあらゆる法規範に違反する者であり、換言すれば、公法上の行為義務または不作為義務に違反する者である。

② 監督者の責任

監督者とは、行為者に対し事実上の支配力を保持している者をいう。事実上の支配力を継承した者も監督者に属する。監督者は、直接危険を惹き起こした者でないから、危険についての行為責任を問うためには、保護、監督、業務上の委託等の特別の理由が必要である。監督者は、保護または監督関係などに基づき自己の生活範囲、すなわち自己の支配力の及ぶ範囲内にある家族、使用人、従業員などについて行為責任を負う。

（3）原因（惹起）の概念

行為責任者は誰かという問題に対する答は、危険の惹起（Verursachung）という基準による。行為者責任は、客観的に障害または危険を惹き起こしたことによってのみ生じる。この責任は、その本質上、故意・過失を要件としない因果関係責任である。したがって、いかなる基準により、行為と結果との因果関係が規定されるかという問題が生じる。因果関係については、いろいろの考え方がある。

(1) 条件説

条件説は、結果に対して、それがなかったならば結果は発生しなかったであろうという条件は、すべて一般的に因果関係があるとする考え方である。刑法上の因果関係について多くの判例が採用しているが、警察法では、故意・過失を問題にしないから、広すぎるといえよう。

(2) 相当因果関係説

相当因果関係説は、生活経験により、その行為からその結果たる損害が発生するのが一般的に相当または予測可能と考えられる条件のみを法的意味において因果関係ありと認める考え方で、民法で採用されている。しかし警察法では、しばしば例外的な状況で、非典型的な危険の防止が問題になるから、相当因果関係説は警察法の要請を適切に評価することができないといえよう。

（4） 原因(惹起)の直接性

警察法では、原則として、直接原因（unmittelbar Ursachung）または直接的惹起（unmittelbare Verursachung）の理論が通説的見解である。[1] それによれば、責任を有する者は、自己の行為または自己の物により当該危険を直接惹き起こした者、すなわち危険発生について時間的に最後の行為を行った者である。例えば、AがBの自動車運転に注意をせず、そのためBが衝突を避けるため無理な運転をしたので、自動車が横転し、後に続く自動車が危険に陥ったときは、Bの運転手が危険の直接の原因者である。この場合、過失または予測可能性は重要でない。しかし、直接原因の理論がすべての問題を解決するものでもない。なぜなら、違法な運転手が責任を問われないのに、適法に運転していた者が警察上の責任を問われることがあるからである。

（5）原因の違法性の理論——社会的妥当性の理論

直接惹起の理論を修正する一つとして、原因の違法性の理論がある。原因の違法性の理論は、自然的基準ではなく法的基準により、障害原因者の責任を定めようとする。それによれば、適法に行動している者は、警察責任者たりえない。障害原因者が法に従った行動をしない場合に責任を負うべきである。換言すれば、障害原因者とは法的作為または不作為義務に違反する者をいう。(2) この理論は、行動基準を定める規範が存在しない場合には機能しないという弱点をもっている。

他は、社会的妥当性（Sozaladäquenz）の理論である。社会的妥当性の理論は、法的に規制されていない行為について展開された。それは、社会的に妥当でない行為は警察法上の責任を根拠づけるという考え方である。この場合、妥当性は警察違反状態というべき「危険」と一般的生活リスクを区別する基準である。それは、法的に規制されていないケースを把握できることによって、原因の違法性の理論の弱点を回避できるとされているが、(3) 社会的妥当性についての実施可能な基準は提示されていない。

（6）意図的誘因者

直接原因者の理論が有効な危険防止とならない場合がある。人の行為が他人の危険の誘因となる場合、すなわち間接的惹起の場合である。例えば、商店主が、ショーウインドーにバスを設置し、モデルにボデーシャンプーの実演宣伝をさせた。多くの通行人がショーウインドーの前でひしめき合い、歩道にあふれた。そこで他の通行人は、車道を通らざるを得なかったので、自動車による危険にさらされることになった。この場合、危険の直接の原因者は立ち止まっている通行人である。通行人に対してショーウインドーの前に立ち止まるなという警察の命令は有効ではない。

そこで、このような状況のために、意図的誘因者（Zweckveranlasser）の理論が展開された。それによれば、自己の行為に基づき他人の行為によって警察違反の状態の発生を予測しまたは予測できるに違いない場合、すなわち他人が直接に危険を惹起することを意図している場合は、その者は既に警察違反を目的とした誘因者であり、警察責任を負うべきである。しかしこの理論について伝統的学説は批判的である。(4)

（7）不作為による原因者

直接的原因者の理論は不作為の場合にも行為責任となり得るというように拡大される。そのためには二つの要件が具備されなければならない。危険発生の直接性と公法の規定に基づく具体的な行為義務、すなわち危険回避の行為をすべき法的義務が存在しなければならない。このような法的義務が存在しない場合には、単なる不作為であって警察法上問題にならない。この場合、危険防止の措置をとらなかったとしても、不作為者が警察責任を負うべき障害者となるわけではない。

（1）Drews/Wacke/Vogel/Martens, Gefahrenabwehr, 9. Aufl., 1986, S. 313ff.; Schoch, JuS, 1994, S. 932.
（2）R. Schnur, DVBl, 1962, S. 1ff.; J. Vollmuth, VerwA, 1977, S. 45ff.; J. Pietzcker, DVBl. 1984, S. 458.
（3）Drews/Wacke/Vogel/Martens, Gefahrenabwehr, 9. Aufl., 1986, S. 312f.; C. Gusy, Polizeirecht, 4. Aufl. 2000, S. 181ff.
（4）伝統的学説は、「屋内の催物のため道路の群衆が停止するとき、警官のなし得ることは群衆を退散せしめることに限り、催物を中止せしめることを得（ない）」という（柳瀬良幹『行政法教科書［再訂版］』一九七頁・昭四四・有斐閣）。

第三節　状態責任

(1) 意　義

状態責任は、障害または危険が人の行為からではなく物の状態から発生するときに、生じる。物とは不動産および動産である（建基九、一〇条、食品二〇条など）。動物は物と同様に扱われる。物の状態とは物の性質よび空間における状況をいう。状態責任は、物によって危険が惹起（Verursachung）していることが必要である。状態責任は、物の状態と危険の間に因果関係が存在しなければならないという意味で、惹起責任であるということができる。状態責任の成立にとって物がどのようにして危険を惹起する状態に置かれるかは重要でない。また、行為責任と同様に、故意・過失を要件としない。

(2) 種　類

状態責任については二種類を区別することができる。この場合、区別の基準は人が危険な物に対していかなる関係にあるか、あるいはあったかである。関係として、事実上の関係と法律上の関係を区別することができる。

⑴ 事実上の関係

物に関する事実上の支配力を有する者は、その物から発生する危険について責任を有する。物に関する支配力を有する者は通常物から発生する危険自体を支配することができるからである。土地の占有者、物の保管者がこれに当たる。事実上の支配力が民法上保護されているかどうかは重要でない。この場合、警察は、物の所有権関係を探究する必要がなく直に物の保有者に対し警察の措置をとることができるという利点がある。

(2) 法律上の関係

事実上の支配力を有する者がまず責任があるが、彼に対する措置が不適法、不能または実行不可能であるときは、それと並んで、所有権者その他の権利者も状態責任を負う。責任は所有権の取得と共に始まり、原則として所有権の喪失をもって終わる。事実上の支配者が所有者の意思に反して事実上の支配力を行使し、所有者の処分権が排除されているときは、所有権者の責任は成立しない。とくに、窃盗、押収、差押、強制管理などの場合である。

(3) 潜在的責任

危険はしばしば複数の行為または物の状態が競合して現実のものとなる。初めは全く危険のない状況でも後に外部的事情が加わって突然危険を惹起することがある。例えばドイツの有名な養豚事件では、養豚業者が養豚畜舎を建設したときは環境に有害な危険を惹き起こすものではなかったが、その後、住宅建設が進み住宅が養豚畜舎に接近するにつれ、近隣居住者が悪臭・害虫などにより健康を害される危険があると訴えた。判例は、この危険は畜舎の建設の際にすでに潜在的にあったもので、養豚業に内在しており、養豚業に対する停止処分は適法で補償を要しないとし、養豚業者の警察責任を肯定したのである。このような問題が伝統的に「潜在的危険」の問題であるとされる。[1] しかし、このような場合には障害の状態の発生を予防的に阻止すべき計画措置が必要であって、むしろ計画瑕疵の問題であるとされ、判例の立場は次第に批判されてきている。[2] また、次のケースでは潜在的危険が否認されている。すなわち、当初適法に設置され経営されていたガソリンスタンドが、その後の道路交通量の増加の結果、ガソリンスタンドに乗り入れる自動車により、交通の障害となるに至った。そこでガソリンスタンドの経営は拒否されることになったが、ガソリンスタンド経営は適法であつたし適法であるから、その経営者には損失補償請求権が帰属するとされた。[3][4]

（１）　OVG Münster, OVGE11, 250ff.
（２）　K. H. Friauf, Polizei- und Ordnungsrecht, in : Schmidt-Aßmann, BesVerwR, 11. Aufl., 1999, S. 160.
（３）　OVG Lüneburg, OVGE14, 396ff.
（４）　わが国では同様のケースについて、最判昭五八・二・一八民集三七巻一号五九頁（＝行政判例百選Ⅱ167「地下道新設に伴う石油貯蔵タンクの移転と補償」）は、「警察法規が一定の危険物の保管場所等につき保安物件との間に一定の隔離距離を保持すべきことなどを内容とする技術上の基準を定めている場合において、道路工事の施行の結果、警察違反の状態を生じ、危険物保有者が右技術上の基準に適合するように工作物の移転等を余儀なくされ、これによって損失を被ったとしても、それは道路工事の施行によって警察規制に基づく損失がたまたま現実化するに至ったものにすぎず、このような損失は、道路法七〇条一項の定める補償の対象には属しないものというべきである。

これを本件についてみると、原審の適法に確定したところによれば、Yは、その経営する石油給油所においてガソリン等の地下貯蔵タンクを埋設していたところ、Xを道路管理者とする道路工事の施行にともない、右地下貯蔵タンクの設置状況が消防法一〇条、一二条、危険物の規制に関する政令一三条、危険物の規制に関する規則二三条の定める技術上の基準に適合しなくなって警察違反の状態が生じたため、右地下貯蔵タンクを別の場所に移設せざるを得なくなったというのであって、これによってYが被った損失は、まさしく先にみた警察規制に基づく損失にほかならず、道路法七〇条一項の定める補償の対象には属しないといわなければならない。」と判示した。

しかし本件の場合は、いわゆる「潜在的な危険」が顕在化した場合ではなく、当初から適法であった地下貯蔵タンクであり、状態責任を負うべき場合には当たらないというべきであろう。

第四節　複数の警察責任

複数の警察責任が存在する場合、誰に対して警察の措置をとるべきかについては、法律上明文で規定されていない。一つの警察違反状態について、複数の行為責任が競合している場合（例えば、複数の者による自転車の放置）、複数の支配者が関係する状態責任、または行為責任と状態責任が競合している場合（例えば、廃棄物の不法投棄、違反建築の建設者と建物の所有者）などがある。

通説によれば、複数の責任者の間の選択は警察の裁量である。しかし、裁量行使については比例原則による制約があるといえよう。すなわち、できるだけ小さい侵害による最も効果的な危険除去という原則が働く。さしあたり時間的に最後の責任が問題となり、状態責任よりも行為責任を先に考慮すべきであるが、ただ実際には、危険防止のための最も有効な手段は何かという視点に基づいて、選択することになろう。例えば、違法駐車の乗用車が牽引された場合、乗用車の所有者の状態責任と運転者の行為責任が競合することがある。この場合、警察に運転者を捜す義務を負わせることができないときは、さしあたり所有者の警察責任が選択されることになろう。選択に当たっては、責任者の危険源への場所的近さおよび経済的能力も考慮されるべきである。

第五節　特別の義務による第三者（非障害者）の責任：警察緊急状態

危険について責任のある者以外の第三者（非障害者）は、原則として警察責任を有せず、ただ例外的に警察緊急状態といわれる状況が存在するときにのみ、通常の場合には許されない警察措置の対象とされることがある。このような場合を警察緊急状態といい、この場合に発動される警察権を警察緊急権（polizeiliches Notstandsrecht, Polizainotrecht）という。警察緊急状態は、次の要件が存在する場合である。

① 公共の安全についての重大な障害が既に生じ、または危険が直接切迫している。

② 障害の除去または危険の防止は、警察機関によっても警察責任者によっても、可能でない、または成功の見込みがない。

③ 非障害者は、重大な危険なしに、その義務を尽くすことができる。

④ 非障害者に対する警察権の発動は、客観的かつ時間的に無制約ではなく、その範囲および期間が限定される。

非障害者に対する警察緊急権の発動は、犠牲補償思想（Aufopferungsgedanke）を基礎とする。この場合、非障害者は一般公共ためにその権利および自由についての特別の犠牲を課せられているから、補償が与えられる。警察緊急権は最後の手段（ultima ratio）として許容されるが、比例原則の制約を受ける。右に述べた①②③④の要件が比例原則の具体化であり、警察緊急権が許容される具体的場合は個別的に法律により認められた場合でなければならない。現行法における実例は次の通りである。

(1) 警察上の援助強制

警察上の障害と関係のない第三者に対し警察の行動を援助することを強制することができる（例、警職四条一項＝その場に居合わせた者、水防一七条＝区域内に居住する者、または水防の現場にある者、水害予防組合五〇条二項＝区域内ノ総居住者、消防二九条五項＝現場付近にある者、軽犯罪一条八号）。

(2)　土地物件の使用・処分および使用の制限

警察上の障害の除去のため、障害とは関係のない第三者の土地物件を使用・処分し、またはその使用を制限することができる場合がある。いわゆる破壊消防がその例であるが（消防二九条三項前段＝前二項に規定する消防対象物および土地以外の消防対象物および土地）、その他の法令においても認められている（例、水防二一条一項、水害予防組合五〇条一項本文）。

(3)　武器の使用

武器の使用については、第五章第三節（八二頁以下）を見よ。

第八章　補償請求権

(1) 概　説

一般的補償請求権とは、行政の適法な作用により特定の者に損失を及ぼした場合において、それが特別の犠牲に当たるときは、これを調節するために補償を請求することができる権利をいう。しかし、適法な警察作用に基づく損失については損失補償請求権は成立しないものとされている。通説によれば、警察作用が、消極的に社会の秩序の維持を目的とし、その目的に必要な限度において、障害または危険の原因をなした者に対して行われる限り、それによる損失は「特別の犠牲」に当たらないのであって、それはその者の当然負担すべき損失であり、補償を与える必要がない。これを損失を受けた側から見れば、社会の秩序に障害または危険を与える者は、その者が有する権利の範囲を逸脱し、権利の内容に含まれない行動をしているのであって、このような行動に対して禁止制限などの警察作用がなされた場合、その者は自己の権利の本来の範囲内に立ち戻ることになり、既存の権利の内容に新たな侵害を課せられることにはならない。したがって、警察作用に基づいて生ずる損失があっても、それは本来有すべき利益の損失ではないから、その塡補を請求できないのは当然である、というのである(1)。

警察作用に基づく損失は当然受忍すべきものであるという法思想は、結局、人は社会の一員として本来社会の秩序に障害ないし危険を与えてはならないという一般的な条理上の義務を負うているということに尽きる。このような考え方は、治安の維持のみが国家本来の目的であるとする一九世紀的な自由主義的個人主義的国家観に基づくものである。したがって現代国家においては、立法ないし司法がこの点についての見解を変更し、警察作用に基づく損失に対しても、法政策的理由により、積極的に補償を認めることがあるとしても、それを否認すべき理由はないことになろう。(2)

(2) 適法な侵害の場合の補償

(1) 障害者の補償請求権

① 原　則

国民が適法な警察作用により特別の犠牲を課せられたときは、国民に補償請求権が帰属する。しかし、危険防止のための警察作用が、障害ないし危険を与える障害者(=警察責任者)に対し損失をもたらしたとしても、それは特別の犠牲に当たらないから、原則として、補償を与えないことはすでに述べた。その行為により、またはその支配領域にある物の状態により、障害または危険を惹起した者は、警察の措置を補償なしに受忍しなければならないのである。(3) これは、同時に、危険防止の財政的負担について、障害者と納税者全体(=国民)との配分を定めるものであるということができる。例えば、延焼の虞がある消防対象物に対する処分については消防法上、また汚染食品の廃棄につては食品衛生法上、補償の規定はない。

② 例　外

特別の犠牲が存在しない場合にも、補償請求権が成立するかどうかは、立法者の立法裁量にかかっている。立法者は特別の法政策的理由から原則に反して障害者にも損失補償請求権を認めることがある。建築基準法第三章の規定に適合しない建築物に対する除却、使用禁止または使用制限等による損害の補償(建基一一条一項)、感染症の病原体に汚染された建物に係る措置の費用負担(感染症五八条六号)などがこれに当たる。また例えば、特別の法律に基づき、狂牛病(BSE)の牛に対する焼却命令による損失に対して補償請求権を認めることも可能である。

(2) 警察緊急状態における非障害者

法律は、警察緊急状態において適法に危険防止のために警察作用の対象になった非障害者に補償を求める請求権を承認している。この補償は、警察緊急権の行使により、障害ないし危険について責任のない非障害者に特別の犠牲が生じた場合である。したがって危険防止の財政的負担は納税者全体によって負担しなければならない。いわゆる破壊消防の措置（消防法二九条三項）、災害時における交通規制の処分（災害基八二条）、水防のための措置（水防二一条二項）、水害予防のための措置（水害予防五〇条但シ書）などについて、補償が認められている。(4)

(3) 事実行為による特別の犠牲

適法な事実上の警察作用によっても関係者に特別の犠牲が生じることが考えられる。例えば、逃走する犯人に対するけん銃の使用により死傷した関係のない通行人、確証のないO-157やBSEの嫌疑に基づく行政機関の警告により重大な損失を受けた農産物または畜産物の生産者・販売業者などである。このような場合には特別の犠牲が課せられているといえるから、法律による補償規定がなくても、条理上、補償請求権を認めるべきであるといえよう。

(3) 警察許可の撤回の場合の補償請求権

事後的に撤回を正当化できる事実が生じ、かつ撤回が危険防止のため必要である場合に、警察許可が撤回されたときは、警察許可の存続を信頼したことによって被った財産的損失は、その信頼が保護に値するものである限り、補償しなければならない。(5)

(4) 障害者に対する警察の費用請求権

障害者（警察責任者）は、原則として、自己の手段をもって危険を除去しなければならない。したがって、障害者（警察責任者）は危険除去の費用も負担しなければならない。これに対して、危険除去が警察の費用で行われたときは、その費用を障害者に転嫁し負担させることができるかどうかは、問題である。警察が必要な措置を法律の直接執行または即時強制として行った場合については、通常、法律に規定がない。この場合は、代執行のように費用を義務者から徴収することはないといえよう。ただ道路交通法は、違法駐車車両の強制的移動措置に係る費用について、車両の移動、保管および公示その他の費用は、当該車両の運転者等または所有者等の負担とする（五一条一四項）と規定し、その手続を定めている（同一五項～一八項）。

（5）その他の場合

例えばサッカー競技、ポップミュージックなどのような大催物の場合およびデモや家屋の不法占拠の場合における非常に高いコストと結びついている警察投入について、主催者などに費用を転嫁することが可能かどうかという問題がある。しかし警察法には、この点についての特別の規定がない。

（1）柳瀬良幹『行政法教科書〔再訂版〕』二〇一頁（昭四四・有斐閣）、小高　剛『損失補償研究』一五頁（平一二・成文堂）。

（2）柳瀬良幹「警察と補償」『行政法の基礎理論（二）』一八一頁以下（昭三三・弘文堂）。

（3）最判昭三八・六・二六刑集一七巻五号五二一頁（＝行政判例百選Ⅱ171「公用制限と損失補償」＝奈良ため池条例事件）は、「本条例は、災害を防止し公共の福祉を保持するためのものであり、その四条二号は、ため池の堤とうを使用する財産上の権利の行使を著しく制限するものではあるが、結局それは、災害を防止し公共の福祉を保持する上に社会生活上已むを得ないものであり、そのような制約は、ため池の提とうを使用し得る財産権を有する者が当然に受忍しなければならない責務というべきものであって、憲法二九条三項の損失補償はこれを必要としないと解するのが相当である」と判示した。

　本判決は、災害防止を目的にため池の耕地としての利用規制がなされた事例であるとして、補償は必要ないものとしたが、学説では、耕地としての利用が全面的に禁止された侵害強度の高い事例であるとして、補償を要するという批判が多い。

（4）　最判昭四七・五・三〇民集二六巻四号八五一頁（＝行政判例百選Ⅱ166「破壊消防に伴う損失補償の要件」）は、「火災の際の消防活動により損害を受けた者がその損失の補償を請求しうるためには、当該処分等が、火災が発生しようとし、もしくは発生し、または延焼のおそれがある消防対象物およびこれらのもののある土地以外の消防対象物および土地に対しなされたものであり、かつ、右処分等が消火もしくは延焼の防止または人命の救助のために緊急の必要があるときになされたものであることを要するものといわなければならない。……消防団長が右建物を破壊したことは消防法二九条三項による適法な行為ではあるが、そのために損害を受けたXらは右法条によりその損失の補償を請求することができるものといわなければならない。」と判示した。

（5）　宮田三郎『行政法総論』二八三頁（平九・信山社）。

第二篇　個別領域における警察法

第九章 「集会・結社」に関する警察法

憲法二一条は、「集会、結社……の自由は、これを保障する。」と規定している。集会・結社の自由については、公安上および治安上の規制がある。公安上の規制としては、地方公共団体の公安条例および破壊活動防止法などがあり、治安上の規制としては、暴力団員による不当な行為の防止等に関する法律および無差別大量殺人行為を行った団体の規制に関する法律などがある。

文献　法律時報臨時増刊『公安条例』(昭四二・日本評論社)、田上穣治『警察法(新版)』(昭五八・有斐閣)

第一節　公安条例

(1) 意　義

公安条例とは、公安を維持するため、集会、集団行進、集団示威運動を取り締まることを目的とする地方公共団体の条例をいう。それは、公共の安全のための条例の形式による特殊な警察法上の権限規範である。公安条例は、昭和二三年以来、アメリカ占領軍の指令に基づき、大阪市を初めとして静岡県、宇都宮市、下関市、新潟県等の各地で制定されたが、その後、三重県、滋賀県以東は原則として都道府県単位により、京都府、奈良県、大阪府、和歌山県以西は市町村単位により制定された。また、公安条例が制定されなかった地方では、道路交通法七七条の道路の使用の許可制により集団行進等の規制が行われている。

（2）条例の目的および対象

(1) 目　的

東京都公安条例および大阪市公安条例には条例の目的規定がなく、京都市公安条例は「この条例は、集会、集団行進又は集団示威運動が公衆の生命、身体、自由又は財産に対して直接の危険を及ぼすことなく行われるようにすることを目的とする。」（一条）と規定している。

(2) 対　象

① 運動の態様

東京都条例は、集会、集団行進・集団示威運動の三態様を規制の対象とし、岩手県、山形県、茨城県、福井県、札幌市、京都市、神戸市、広島市等がこれに倣っているが、その他の県や大阪市等の条例は、集会を除いている。

ⅰ 集　会　多数の人が共同の目的をもって一定の場所に集合することをいう。共同の目的を有しない偶然の集合ないし群衆とは区別される。

ⅱ 集団行進　多数の人が共同の目的をもって道路その他公衆の自由に通行できる場所を行列を作って通過することをいう。動く集会ともいわれ、デモ行進、音楽行進、祝賀行進のほか、祭葬の行列、駅伝・マラソン等の体育競技なども含まれる。

iii　集団示威運動　多数の人が共同の目的をもって公然と意思を表明し、気勢・威力を示して公衆の意見に影響を及ぼそうとする行動をいう。公共の場所での集団示威運動が問題で、積極的動作を伴わないハンストもこれに含まれる。

集会、集団行進および集団示威運動は、共同の目的の追求のための多数の人の集合によって行われる。多数の人とは、通常三人以上でなければならない。したがって、一人デモは規制の対象にならない。

②　場所的制限

東京都条例は、道路その他公共の場所での集会もしくは集団行進、または場所のいかんを問わない集団示威運動（一条）を規制する。他の自治体の条例は東京都の条例をモデルにするものが多いが、大阪市条例は、規制の対象を「街路の占拠又は行進」（一条）をする集団示威運動に限定している。(1)

③　除外例

東京都条例（一条）は、規制の対象から、「i学生、生徒その他の遠足、修学旅行、体育、競技（一号）、ii通常の冠婚、葬祭等慣例による行事（二号）」を除外している。大阪市条例は、規制の除外例を規定しておらず、また京都市条例のように、除外例を規定するほか、公安委員会の指定による除外例を認めるもの（二条三号）もある。

（3）　規制の措置

規制の措置としては、集会等について届出制をとるものと許可制をとるものとに大別できる。届出制は、群馬県、千葉県、埼玉県、佐賀県等の条例およびドイツ集会法で採用されているが、その他の大部分の条例は許可制をとっている。届出制といっても、集会等の事実についての単なるインフォーメーションに尽きるものではなく、公安委員会に危険予防措置をとる可能性を認める届出制である。したがって、届出制と許可制とでは実質的に大差はない。しかし届出および許可申請によって、警察は、集会、集団示威運動に対する必要な予防措置ないし規制をすることのみならず、集会、集団示威運動の自由の実現を保護しなければならない状態に置かれていることに注意する必要があるといえよう。

(1)　届　出　制

京都市条例が、届出制と許可制を併用し、屋内集会について届出制をとっている。

屋内の公共の場所で集会を行おうとするときは公安委員会に届け出なければならない（京都市条例三条一項）。届出をしないで行われた屋内集会の主催者、指導者または煽動者は、三月以下の懲役もしくは一万円以下の罰金（同九条三項）。主催者とは、集会等の成立および実施に関する発起人である。

公安委員会は、届出があったときは届出要件を具備しないと認められる場合の外は届出を受理しなければならない（同七条一項）。公安委員会は、届出を受理した場合において、屋内集会の実施が公衆の生命、身体、自由または財産に対する直接の危険を防止するためにやむを得ないと認めるときは、その危険を防止するため必要かつ相当な限度において遵守すべき事項を具体的に定め特別の事由のない限り屋内集会を行う二四時間前までに主催者または連絡責任者および参加者に対し指示することができる（同二項）。

(2)　許　可　制

①　許可要件　　公安委員会は、集会、集団行進または集団示威運動の実施が公共の安寧を保持する上に直接危険を及ぼすと明らかに認められる場合の外は、これを許可しなければならない（東京都条例三条一項本文）。不

許可処分の要件は、東京都条例の直接危険を及ぼすことが明らかである場合というように、厳格に規定するのが一般的である（大阪市、京都市など）。

②　許可（届出）申請の時間的制約　許可申請は、主催者から、集会、集団行進または集団示威運動を行う日時の七二時間前までにしなければならない（東京都条例三条、大阪市条例二条、京都市条例四条など）。二四時間（下関市）、四八時間（秋田県、福島県など）、九六時間（倉敷市）前までの制限をするものもある。届出制の場合、七二時間（千葉県、佐賀県）と四八時間（群馬県、埼玉県、京都市など）前の制限をするものがある。

③　許可につける条件　許可には、次のような事項について、条件をつけることができる（東京都条例三条）。ⅰ官公庁の事務の妨害防止に関する事項、ⅱじゅう器、きょう凶その他の危険物携帯の制限等危害防止に関する事項、ⅲ交通秩序維持に関する事項、ⅳ集会、集団行進または集団示威運動の秩序保持に関する事項、ⅴ夜間の静ひつ保持に関する事項、ⅵ公共の秩序または公衆の衛生を保持するためやむを得ない場合の進路、場所または日時の変更に関する事項（東京都条例三条項但し書、京都市条例六条但し書など）。

また、大阪市条例は、「許可には、群衆の無秩序、又は暴行から一般公衆を保護するため、公安委員会が必要と認める適当な条件を附することができる。」（四条三項）と規定している。

（4）違反行為に対する措置

(1)　警察本部長（警視総監）または警察署長の権限

東京都条例四条によれば、警視総監は、集会等の許可、許可申請の記載事項、許可に付された条件等に違反して行われた集会、集団行進、集団示威運動の参加者に対して、公共の秩序を保持するため、警告を発しその行為を制止しその他その違反行為を是正するにつき必要な限度において所要の措置をとることができる。

京都市条例八条によれば、公安委員会は、警察本部長に、屋外集会等の許可制による許可申請、屋内集会の届出制による届出の記載事項、指示事項に違反して行われ、または行われようとする集会の主催者、指導者もしくは参加者に対し警告を発し、その行動を制止し、その他違反行為を是正または防止するにつき必要な限度において所要の措置をとらせることができる。

警察署長にこのような権限を与える条例もあり（千葉県、埼玉県）、警察本部長または警察署長にこれらの権限を認めない条例もある（大阪市など）。

(2)　罰　則

東京都条例（五条）では、許可申請書に虚偽の記載をして提出した主催者、集会等の許可を受けない行進もしくは集団示威運動をし、または許可条件に従わない主催者、指導者または煽動者は、一年以下の懲役もしくは禁錮または三〇万円以下の罰金。大阪市条例（五条）は一年以下の懲役または五万円以下の罰金。愛知県、岐阜県、滋賀県等の条例では参加者も処罰の対象とされ、千葉県、埼玉県、静岡県等の条例では六月以下の懲役もしくは禁錮または三〇万円以下の罰金である。

（5）合憲性の判断

公安条例は、公共の福祉のため必要かつやむを得ない最小限度の規制である限り、違憲でないことは最高裁および下級審の多数の判例が示しているが[2]、下級審の判例には公安条例を違憲とし、あるいは厳しい運用に批判的で、運用違憲とした判決もある[3]。

（6）警察による「集会・結社の自由」の保護

公安条例は、一つの団体の集会、集団行進および集団示威運動と、他の団体や集会、集団行進、集団示威運動の参加者以外の公衆との利益調整の必要性から、主として、集会、集団行進、集団示威運動に対する規制に重点を置いている。しかし、多元的な利益が対立する複雑な現代社会においては、集会、集団行進および集団示威運動に対する第三者たる他の団体や群衆の不当な妨害が行われることも見逃すことはできない。このような場合には、基本的人権の正当な行使は、警察による保護の対象となるというべきであろう。

（1） 大阪市条例は、「警察公共の原則の適用を制限することになるから、立法論としては都条例のモデルがまさっている。」という見解がある（田上穣治『警察法〔新版〕』二二三頁・昭五八・有斐閣）。しかし公安条例は、基本的人権に対する必要最小限の規制の原則という視点から評価すべきものといえよう。

（2） 最判昭二九・一一・二四刑集八巻一一号一八六六頁（＝新潟県公安条例事件）は、「行列行進又は公衆の示威運動（以下単にこれらの行動という）は、公共の福祉に反するような不当な目的又は方法によらないかぎり、本来国民の自由とするところであるから、条例においてこれらの行動につき単なる届出制を定めることは格別、そうでなく一般的な許可制を定めてこれを事前に抑制することは、憲法の趣旨に反し許されないと解するを相当とする。しかしこれらの行動といえども公共の秩序を保持し、又は公共の福祉が著しく侵されることを防止するため、特定の場所又は方法につき、合理的かつ明確な基準の下に、予め許可を受けしめ、又は届出をなさしめてこのような場合にはこれを禁止することができる旨の規定を条例に設けても、これをもって直ちに憲法の保障する国民の自由を不当に制限するものと解することはできない。……さらにまた、これらの行動について公共の安全に対し明らかな差迫った危険を及ぼすことが予見されるときは、これを許可せず又は禁止することができる旨の規定を設けることも、これをもって直ちに憲法の保障する国民の自由を不当に制限することにはならないと解すべきである。」と判示した。

藤田裁判官の反対意見は、「多数説が……本件条例をもって違憲にあらずとする所以のものは、右条例は如上集団行動を一般的に許可制によって抑制する趣旨ではなく『特定の場所又は方法についてのみ制限する場合であること』を定めたものに過ぎないからであるというに帰する。そうして、その『特定の場所、方法』というは、本件条例一条中括弧内に『徒歩又は車輛で道路公園その他公衆の自由に交通することができる場所を行進し、又は占拠しようとするもの』とあることを指すものであることは明瞭である。

しかしながら、およそ問題となるべき行列行進又は公衆の集団示威運動のほとんどすべては徒歩又は車輛で道路公園その他公衆の自由に交通することができる場所を行進し、又は占拠しようとするものであって、それ以外の場所方法による集団行動は、ほとんど、ここで問題にするに足りないと言って過言ではあるまい。右条例掲示のような場所方法による集団行動のすべてを許可制にかかるとすることは、とりもなおさず、この種の行動に対する一般的、抽象的な抑制に外ならないのであって、これをしも、場所と方法とを特定してする極限的の抑制とするがごときは、ことさら、顧みて他をいうのそしりを免れないであろう。」と述べた。

最判昭三五・七・二〇刑集一四巻九号一二四三頁（＝東京都公安条例事件）は、「集団行動による思想等の表現は、単なる言論、出版等によるものとはことなって、現在する多数人の集合体自体の力、つまり潜在する一種の物理的力によって支持されていることを特徴とする。……平穏静粛な集団であっても、時に興奮、激昂の渦中に巻き込まれ、甚だしい場合には一瞬にして暴徒と化し、勢いの赴くところ実力によって法と秩序を蹂躙［する］……ような事態に発展する危険が存在すること、群集心理の法則と現実の経験に徴して明らかである。従って地方公共団体が、……法と秩序を維持するに必要かつ最小限度の措置を事前に講ずることは、けだし止むを得ない次第である。

本条例を検討するに、集団示威運動に関しては、公安委員会の許可が要求されている（一条）。しかし公安委員会は集団行動の実施が『公共の安寧を保持する上に直接危険を及ぼすと明らかに認められる場合』の外はこれを許可しなければならない（三条）。すなわち許可が義務づけられており、不許可の場合が厳格に制限されている。従って本条例は規定の文面上では許可制を採用しているが、この許可制は実質において届出制とことなるところがない。もちろん『公共の安寧を保持する上に直接危険を及ぼすと明らかに認められる場合』には、許可が与えられないことになる。しかし……許可または不許可の処分をするについて、かような場合に該当する事情が存するかどうかの認定が公安委員会の裁量に属することは、それが諸般の状況を具体的に検討、考慮して判断すべき性質の事項であることから見て当然である。」と判示し、新潟県条例に関する最高裁判例を変更した。

最判昭四一・三・三刑集二〇巻三号五七頁（＝無許可集会等の煽動事件）は、「条例の対象とする集団行動は、本来平穏に、秩序を重んじてなさるべき純粋なる表現の自由の行使の範囲を逸脱し、静ひつを乱し、暴力に発展する危険性のある物理的力を内包しているものである。されぱこそ、これに対しある程度の法的規制が必要とされるゆえんであって、決して、所論のように、主催者の許可申請義務違反は、主催者だけの責任であり、右義務違反のもとでなされた集会、集団行進または集団示威運動が、それ自体として何ら危険性はなく実質的違法性を欠くようなものでないこと、したがって所論違憲の主張の理由のないことは、当裁判所の判例の趣旨とするところである。」と判示した。

最判昭五〇・九・一〇刑集二九巻八号四八九頁（＝徳島市公安条例事件）は、「（判決要旨）集団行進及び集団示威運動に関する条例三条三号が、集団行進等についての遵守事項の一として『交通秩序を維持すること』を掲げているのは、道路における集団行進等が一般的に秩序正しく平穏に行われる場合にこれに随伴する交通秩序阻害の程度を超えた、殊更な交通秩序の阻害をもたらすような行為を避止すべきことを命じているものと解され、このように解釈した場合、右規定は右条例五条の犯罪構成要件の内容をなすものとして憲法三一条に違反するような不明確性を有するものではない。」と判示した。

（3） 京都地判昭四二・二・二三下刑集九巻二号一四一頁（＝京都市公安条例事件）は、「市条例第二条、第六条第一項等の規定は屋外集会、集団示威行進、集団示威運動について、これらの行動をほとんど一般的に禁止し、その実施を、抽象的で不明確な基準に従う公安委員会の許可にかからせ、且つ、公安委員会の恣意的な怠慢の危険性に対し、これが実施を可能ならしめるための有効な救済手段が市条例に欠如していることが明らかであるから、このような規制方法は、憲法上特に重要視されるべき表現の自由に対するものとしては、必要にしてやむをえない最小限度を超えたものと解すべきである。したつて、市条例が第九条第一項において、第二条の規定による公安委員会の許可なくして行われた屋外集会、集団行進又は集団示威運動の主催者、指導者又は煽動者を処罰する旨を規定したことは、その限りにおいて、憲法第二一条に違反し無効というべく、また、市条例第九条第二項は、第六条第一項但書による許可条件に違反して行われた集団的行動の主催者らを処罰する旨規定するが、右許可条件違反は、その基本となるべき市条例第二条、第六条第一項の許可制が有効であることを前提とするところ、前記のように市条例第二条、第六条第一項の許可制が憲法第二一条に違反して無効であるから、右許可条件に違反して行われた屋外集会、集団行進又は集団示威運動の主催者、指導者又は煽動者を処罰する市条例第九条第二項もまた前同様憲法第二一条に違反した無効というべきである。」と判示した。

東京地判昭四二・五・一〇下刑集九巻五号六三八頁（＝東京都公安条例事件）は、「条件付許可処分に関する都公安委員会の運用は、総括的にみて手続及び内容において著しく取締の便宜に傾斜し、憲法の保障する集団行動としての表現の自由を事前に抑制するものとして最小限度の域を超えており、かかる運用の一環として流出したものというべき本件条件付許可処分は憲法第二一条に違反してその瑕疵が重大かつ明白であって違憲、無効であると認めざるをえない。」と判示した。

文献　渡辺　治「破防法はなぜできたか、いかに使われようとしたか」、右崎正博「破壊活動防止法団体規制の違憲性」、小田中総樹「破防法のしくみと問題点」以上、法律時報六六巻九号（平八）

第二節　破壊活動防止法（＝破防法）

（1）法律の構成

破壊活動防止法（昭和二七・七・二一――最終改正平成七・五・一二）は、六つの章により構成されている。第一章は総則、第二章は破壊的団体の規制、第三章は破壊的団体の規制の手続、第四章は調査、第五章は雑則、第六章は罰則について規定している。

付属法令

破壊活動防止法施行規則（昭和二七・七・二一）

公安調査庁設置法（昭和二七・七・二一）

公安審査委員会設置法（昭和二七・七・二一）

（2）法律の目的

破壊活動防止法（以下、「破防法」という。）は、「団体の活動として暴力主義的破壊活動を行った団体に対する必要な規制措置を定めるとともに、暴力主義的破壊活動に関する刑罰規定を補整し、もって、公共の安全の確保に寄与することを目的とする。」（一条）と規定している。破防法は、政治目的で刑法上の諸犯罪を行った個人を特別に重く罰する特別刑法の側面と「破壊的団体」に対する団体規制的側面をもつ法律である。

（3）概念規定

(1)「暴力主義的破壊活動」とは、次に掲げる行為をいう（破防四条一項）。

① i 刑法七七条（内乱）、七八条（予備および陰謀）、七九条（内乱等幇助）、八一条（外患誘致）、八二条（外患援助）、八七条（未遂罪）または八八条（予備および陰謀）に規定する行為を行うこと。ii i に規定する行為の教唆を行うこと。iii 刑法七七条、八一条または八二条に規定する行為を実行させる目的をもって、その行為のせん動をなすこと。iv 刑法七七条、八一条または八二条に規定する行為を実行させる目的をもって、その実行の

正当性または必要性を主張した文書または図画を印刷し、頒布し、または公然掲示すること。v刑法七七条、八一条または八二条に規定する行為を実行させる目的をもって、無線通信または有線放送により、その実行の正当性または必要性を主張する通信をなすこと（一号）。

② 政治上の主義もしくは施策を推進し、支持し、またはこれに反対する目的をもって、次に掲げる行為の一をなすこと。i刑法一〇六条（騒乱）に規定する行為、ii刑法一〇八条（現住建造物等放火）または一〇九条一項（非現住建造物放火）に規定する行為、iii刑法一一七条一項前段（激発物破裂）に規定する行為、iv刑法一二五条（往来危険）に規定する行為、v刑法一二六条一項または二項（汽車転覆等）に規定する行為、vi刑法一九九条（殺人）に規定する行為、vii刑法二三六条一項（強盗）に規定する行為、viii爆発物取締規則一条（爆発物使用）に規定する行為、ix検察もしくは警察の職務を行い、もしくはこれを補助する者、法令により拘禁された者を看取し、もしくは護送する者またはこの法律の規定により調査に従事する者に対し、凶器または毒劇物を携え、多衆共同してなす刑法九五条（公務執行妨害および職務強要）に規定する行為、x iからixまでに規定する行為の一の予備、陰謀もしくは教唆をなし、またはiからixまでに規定する行為の一を実行させる目的をもってその行為のせん動をなすこと（二号）。

(2)「せん動」とは、特定の行為を実行させる目的をもって、文書もしくは図書または言動により、人に対し、その行為を実行する決意を生ぜしめまたは既に生じている決意を助長させるような勢のある刺激を与えることをいう（破防四条二項）。

(3)「団体」とは、特定の共同目的を達成するための多数人の継続的結合体またはその連合体をいう。ただし、ある団体の支部、分会その他の下部組織も、この要件に該当する場合には、これに対してこの法律による規制を行うことができるものとする（同三項）。

（４）破壊的団体の規制

破壊的団体の規制に関する行政組織として、公安審査委員会および公安調査庁がある（本書第二章「警察の組織」第六節（４）を見よ。）。

(1) 団体活動の制限

公安審査委員会は、団体の活動として暴力主義的破壊活動を行った団体に対して、当該団体が継続または反復して将来さらに団体の活動として暴力主義的破壊活動を行う明らかなおそれがあると認めるに足りる十分な理由があるときは、次の処分を行うことができる。ただし、その処分は、そのおそれを除去するために必要かつ相当な程度をこえてはならない（同五条一項）。

①　当該暴力主義的破壊活動が集団示威運動、集団行進または公開の集会において行われたものである場合には、六月をこえない期間および地域を定めて、それぞれ、集団示威運動、集団行進または公開の集会を行うことを禁止すること（一号）。

②　当該暴力主義的破壊活動が機関紙（団体がその目的、主義、方針等を主張し、通報し、または宣伝するために継続的に刊行する出版物をいう。）によって行われたものである場合には、六月をこえない期間を定めて、当該機関紙を続けて印刷し、または頒布することを禁止すること（二号）。

③　六月をこえない期間を定めて、当該暴力主義的破壊活動に関与した特定の役職員または構成員に当該団体のためにする行為をさせることを禁止すること（三号）。

右の処分が効力を生じた後は、何人も、当該団体の役職員または構成員として、その処分の趣旨に反する行為をしてはならない。ただし、五条一項三号の処分が効力を生じた場合には、当該役職員または構成員が当該処分の効力に関する訴訟に通常必要とされる行為をすることは、この限りでない（同五条二項）。五条一項の処分を受けた団体の役職員または構成員は、いかなる名義においても、五条二項の規定による脱法行為の禁止規定を免れる行為をしてはならない（同六条）。

五条二項（団体活動の制限）または六条（脱法行為の禁止）の規定に違反した者は、二年以下の懲役または三万円以下の罰金（同四三条）。

(2)　解散の指定

公安審査委員会は、次に掲げる団体が継続または反復して将来さらに団体の活動として暴力主義的破壊活動を行う明らかなおそれがあると認めるに足りる十分な理由があり、かつ、五条一項の処分によっては、そのおそれを有効に除去することができないと認められるときは、当該団体に対して、解散の指定を行うことができる（同七条）。

①　団体の活動として四条一項一号に掲げる暴力主義的破壊活動を行った団体（一号）

②　団体の活動として四条一項二号ⅰからⅸまでに掲げる暴力主義的破壊活動を行い、もしくはその実行に着手してこれを遂げず、または人を教唆し、もしくはこれを実行させる目的をもって人をせん動して、これを行わせた団体（二号）

③　五条一項の処分を受け、さらに団体の活動として暴力主義的破壊活動を行った団体（三号）

(3)　団体のためにする行為の禁止

七条（解散の指定）の処分の効力が生じた後は、当該処分の原因となった暴力主義的破壊活動が行われた日以後当該団体の役職員または構成員であった者は、当該団体のためにするいかなる行為もしてはならない。ただし、その処分の効力に関する訴訟または当該団体の財産もしくは事務の整理に通常必要とされる行為は、この限りでない（同八条）。八条に規定する者は、いかなる名義においても、同条の規定による禁止を免れる行為をしてはならない（同九条）。

八条（団体のためにする行為の禁止）または九条（脱法行為の禁止）の規定に違反した者は、三年以下の懲役または五万円以下の罰金（同四二条）。

(4)　財産の整理

法人について、七条の処分が訴訟手続によってその取消を求めることのできないことが確定したときは、その法人は解散し、当該団体は速やかにその財産を整理し、財産整理が完了したときはそのてん末を公安調査庁長官に届け出なければならない（同一〇条）。

（5）　規制の手続

(1)　処分の請求

五条一項（団体活動の制限）および七条（解散の指定）の処分は、公安調査庁長官の請求があった場合にのみ行う（同一一条）。

(2)　通　知

公安調査庁長官は。処分の請求をしようとするときは、あらかじめ、当該団体が事件につき弁明をなすべき期日および場所を定め、その期日の七日前までに、当該団体に対し、処分の請求をしようとする事由の要旨ならびに弁明の期日および場所を通知しなければならない。通知は、官報で公示して行う。この場合、公示した日から七日を経過した時に、通知があったものとする。当該団体の代表者または主幹者の住所または居所が知れているときは、官報による公示のほか、通知書を送付しなければならない（同一二条）。

(3) 意見の陳述および証拠の提出

当該団体の役職員、構成員および代理人は、五人以内に限り、弁明の期日に出頭して、公安調査庁長官の指定する公安調査庁の職員（以下「受命職員」という。）に対し、事実および証拠につき意見を述べ、ならびに有利な証拠を提出することができる（同一四条）。

(4) 傍　聴

当該団体は、五人以内の立会人を選定することができ、この場合、公安調査庁長官にその氏名を届け出なければならない。弁明の期日には、立会人および新聞、通信または放送の事業の取材業務に従事する者は、手続を傍聴することができる。受命職員は、立会人等が弁明の聴取を妨げる行為をしたときは、その者に退去を命ずることができる（同一五条）。退去命令に違反した者は、三万円以下の罰金（同四四条）。

(5) 調　書

受命職員は、弁明の期日における経過について調書を作成しなければならない（同一七条）。

(6) 処分の請求をしない旨の通知

公安調査庁長官は、処分の請求をしないものと決定したときは、すみやかに、当該団体に対しその旨を通知するとともに、これを官報で公示しなければならない（同一九条）。

(7) 処分請求の通知および意見書

公安調査庁長官は、処分請求書を公安審査委員会に提出した場合には、当該団体に対し、その請求の内容を通知しなければならない。通知は、官報で公示して行う。この場合、公示した日から七日を経過した時に、通知があったものとする。当該団体の代表者または主幹者の住所または居所が知れているときは、官報による公示のほか、これに処分請求書の謄本を送付しなければならない。当該団体は、通知があった日から一四日以内に、処分の請求に対する意見書を公安審査委員会に提出することができる（同二一条）。

(8)　公安審査委員会の決定

公安審査委員会は、公安調査庁長官が提出した処分請求書、証拠および調書ならびに当該団体が提出した意見書につき審査を行わなければならない。この場合、審査のため必要な取調をすることができる（同二二条一項）。公安審査委員会は、取り調べをするため、次の処分をすることができる（同二項）。

①　関係人もしくは参考人の出頭を求めて取り調べ、またはこれらの者から意見もしくは報告を徴すること（一号）

②　帳簿書類その他の物件の所有者、所持者もしくは保管者に対し、当該物件の任意の提出を求め、または任意に提出した物件を留めおくこと（二号）

③　看守者もしくは住居主またはこれらの者に代わるべき者の承諾を得て、当該団体の事務所その他必要な場所に臨み、業務の状況または帳簿書類その他の物件を検査すること（三号）

④　公務所または公私の団体に対し、必要な報告または資料の提出を求めること（四号）

公安審査委員会は、審査の結果に基づいて、事件につき、次の区別に従い、決定をしなければならない（同二二条五項）。ⅰ処分の請求が不適法であるときは、これを却下する決定（一号）、ⅱ処分の請求が理由がないときは、これを棄却する決定（二号）、ⅲ処分の請求が理由があるときは、それぞれその処分を行う決定（三号）。

(9) 決定の方式、通知および公示

決定は、文書をもって行い、かつ、理由を附して、委員長および決定に関与した委員がこれに署名捺印をしなければならない（同二三条）。決定は、公安調査庁長官および当該団体に通知しなければならない（同二四条一項）。決定は、官報で公示しなければならない（同二項）。

(6) 調　査

① 公安調査官の調査権　公安調査官は、この法律による規制に関し、必要な調査をすることができる（同二七条）。

② 書類および証拠物の閲覧　公安調査官は、この法律による規制に関し、調査のため必要があるときは、検察官または司法警察員に対して当該規制に関係のある事件に関する書類および証拠物の閲覧を求めることができる（同二八条）。

③ 公安調査庁と警察との情報交換　公安調査庁と警察庁および都道府県警察とは、相互に、この法律の実施に関し、情報または資料を交換しなければならない（同二九条）。

④ 公安調査官の職権濫用の罪　公安調査官がその職権を濫用し、人をして義務のないことを行わせ、または行うべき権利を妨害したときは、三年以下の懲役または禁こ（同四五条）。

(7) そ の 他

① 裁判の公示　破壊的団体活動の制限または団体の解散の指定の処分を行う公安審査委員会の決定が裁判所で取り消されたときは、公安調査庁長官は、その裁判を官報で公示しなければならない（同三五条）。

② 国会への報告　法務大臣は、毎年一回、内閣総理大臣を経由して、国会に対し、この法律による団体規

制の状況を報告しなければならない（同三六条）。

③ 行政手続法の適用除外　公安審査委員会がこの法律に基づいてする処分については、行政手続法第三章の規定は、適用しない（同三六条の二）。

④ 不服申立ての制限　公安審査委員会がこの法律に基づいてした処分については、行政不服審査法による不服申立てをすることができない（同三六条の三）。

(8) 罰　則

(1) 内乱、外患の罪の教唆等

① 刑法七七条（内乱）、八一条（外患誘致）もしくは八二条（外患援助）の罪の教唆をなし、またはこれらの罪を実行させる目的をもって、その罪のせん動をなした者は、七年以下の懲役または禁こ（同三八条一項）。

② 次の一に該当する者は、五年以下の懲役または禁こ（同二項）。ⅰ刑法七八条（予備および陰謀）、七九条（内乱等幇助）または八八条（予備および陰謀）の罪の教唆をなした者（一号）、ⅱ刑法七七条（内乱）、八一条（外患誘致）または八二条（外患援助）に規定する罪を実行させる目的をもって、その実行の正当性または必要性を主張した文書または図画を印刷し、頒布し、または公然掲示した者（二号）、ⅲ刑法七七条、八一条または八二条に規定する行為を実行させる目的をもって、無線通信または有線放送により、その実行の正当性または必要性を主張する通信をなした者（三号）。

③ 刑法七七条、七八条項または七九条に係る前二項の罪を犯し、未だ暴動にならない前に自首した者は、その刑を減軽し、または免除する（同三八条三項）。

(2) 政治目的のための放火の罪の予備等

政治上の主義もしくは施策を推進し、支持し、またはこれに反対する目的をもって、刑法一〇八条（現住建造物等放火）、一〇九条一項（非現住建造物放火）、一一七条一項前段（激発物破裂）、一二六条一項もしくは二項（汽車転覆等）、一九九条（殺人）もしくは二三六条一項（強盗）の罪の予備、陰謀もしくは教唆をなし、またはこれらの罪を実行させる目的をもってするその罪のせん動をなした者は、五年以下の懲役または禁こ（同三九条）。

(3)　政治目的のための騒乱の罪の予備等

政治上の主義もしくは施策を推進し、支持し、またはこれに反対する目的をもって、次の各号の罪の予備、陰謀もしくは教唆をなし、またはこれらの罪を実行させる目的をもってするその罪のせん動をなした者は、三年以下の懲役または禁こ（同四〇条）。ⅰ刑法一〇六条（騒乱）の罪（一号）、ⅱ刑法一二五条（往来危険）の罪（二号）、ⅲ検察もしくは警察の職を行い、もしくはこれを補助する者、法令により拘禁された者を看取し、もしくは護送する者またはこの法律により調査に従事する者に対し、凶器または毒劇物を携え、多衆共同してなす刑法九五条（公務執行妨害および職務強要）の罪（三号）。

(4)　教　唆

この法律に定める教唆の罪は、教唆された者が教唆に係る犯罪を実行したときは、刑法総則に定める教唆の規定の適用を排除するものではない。この場合においては、その刑を比較し、重い刑をもって処断する（同四一条）。

第三節　暴力団員による不当な行為の防止等に関する法律（＝暴力団対策法）

文献　吉田英法「暴力団員不当行為防止法の概要と要点」ジュリスト九八五

号（平二）、日本弁護士連合会民事介入暴力対策委員会編『注解暴力団対策法』（平九・民事法研究会）

（1）法律の構成

暴力団員による不当な行為の防止等に関する法律（平成三・五・一五、最終改正平成一二・五・三一）は、七つの章により構成されている。第一章は総則、第二章は暴力的要求行為の規制等、第三章は対立抗争時の事務所の使用制限、第四章は加入の強要の規制その他の規制等、第五章は暴力追放運動推進センター、第六章は雑則、第七章は罰則について規定している。

付属法令

暴力団員による不当な行為の防止等に関する法律施行令（平成三・一〇・二五）

暴力団員による不当な行為の防止等に関する法律施行規則（平成三・一〇・二五）

暴力団員による不当な行為の防止等に関する法律の規定に基づく意見聴取の実施に関する規則（平成三・一〇・二五）

審査専門委員に関する規則（平成三・一〇・二五）

暴力追放運動推進センターに関する規則（平成三・一〇・二五）

（2）法律の目的

暴力団員による不当な行為の防止等に関する法律（以下、「暴力団対策法」という。）は、「暴力団員の行う暴力的要求行為等について必要な規制を行い、及び暴力団の対立抗争等による市民生活に対する危険を防止するために必要な措置を講ずるとともに、暴力団員の活動による被害の予防等に資するための民間の公益的団体の活動を促進する措置等を講ずることにより、市民生活の安全と平穏の確保を図り、もって国民の自由と権利を保護することを目的とする。」（一条）と規定している。暴力団対策法は、一定の行政手続で指定された「指定暴力団」の反社会性を明らかにするが、破防法のように、団体の活動の制限、団体の解散というような団体の規制を行わず、当該指定された暴力団の構成員の暴力的要求行為等について法的規制を行う点にその特徴がある。(1)

（3）概念規定

(1)　暴力団　その団体の構成員（その団体の構成団体の構成員を含む。）が集団的にまたは常習的に暴力的不法行為等を行うことを助長するおそれがある団体をいう（暴力団二条二号）。暴力団は、昭和三〇年代後半頃から警察やマスコミで用いられていたものが一般化した用語で、従前は、やくざ、博徒、的屋、極道などと呼ばれていた。

(2)　指定暴力団　暴力団対策法三条の規定により指定された暴力団をいう（三号）。

(3)　指定暴力団連合　暴力団対策法四条の規定により指定された暴力団をいう（四号）。現在まで指定暴力団連合の指定は、なされていない。

(4)　暴力団員　暴力団の構成員をいう（六号）。

(5)　暴力的要求行為　暴力団対策法九条の規定に違反する行為をいう（七号）。

(6)　準暴力的要求行為　一の指定暴力団等の暴力団員以外の者が当該指定暴力団または暴力団対策法九条に規定する系列上位指定暴力団等の威力を示して暴力団対策法九条各号に掲げる行為をすることをいう（八号）。

巨大指定暴力団は、一次団体、二次団体、三次団体などのように階層的構造をとっているものが多く、通常、暴力団には系列上位暴力団が存在するが、公安委員会は、実際には、一次団体のみを指定暴力団として指定し、二次団体以下の暴力団については指定を行っていないから、現在「系列上位暴力団」は存在しない。

（4） 指 定

(1) 指定の要件

都道府県公安委員会（以下、「公安委員会」という。）は、暴力団が次のいずれにも該当すると認めるときは、当該暴力団を、その暴力団員が集団的にまたは常習的に暴力的不法行為等を行うことを助長するおそれが大きい暴力団として指定するものとする（同三条）。

① 名目上の目的のいかんを問わず、当該暴力団の暴力団員が当該暴力団の威力を利用して生計の維持、財産の形成または事業の遂行のための資金を得ることができるようにするため、当該暴力団の威力をその暴力団員に利用させ、または利用することを容認することを実質上の目的とすること（一号）。これは団体の活動目的について規定するもので、これを指定の実質目的要件という。暴力団員の生計の維持、財産の形成または事業の遂行のための稼業、資金獲得活動をいわゆるシノギという。

② 当該暴力団の幹部または全暴力団員のうちに占める犯罪経歴保有者の人数の比率が、暴力団以外の集団一般におけるその集団の人数のうちに占める占める犯罪保有者の人数の比率を超えることが確実であるものとして政令で定める集団の人数の区分ごとに政令で定める比率を超えるものであること（二号）。これは、犯罪経歴保有者の比率の要件である。

③ 当該暴力団を代表する者またはその運営を支配する地位にある者の統制の下に階層的に構成されている団体であること（三号）。これは階層的構成の要件である。暴力団は、いわゆる擬制的血縁関係（親分子分、兄貴分

弟分の関係）による指示命令の上下関係といわゆる上納金制度（資金は下から上へ）による資金調達という制度を通して階層的に構成されているということができる。

以上三つの要件をすべて備えた団体が反社会性のある暴力団として指定され、指定暴力団といわれる（同二条三号）。「指定暴力団」については、表ix-1を見よ。

(2)　指定の手続要件

公安委員会は、「指定」をしようとするときは、公開による意見聴取を行わなければならない。ただし、個人の秘密の保護のためやむを得ないと認めるときは、公開しないことができる（同五条一項）。意見聴取を行う場合には、指定に係る暴力団を代表する者またはこれに代わるべき者に対し、指定しようとする理由ならびに意見聴取の期日および場所を相当の期間において通知し、かつ、意見聴取の期日および場所を公示しなければならない（同二項）。意見聴取に際しては、指定に係る暴力団を代表する者またはこれに代わるべき者またはこれらの代理人は、当該指定について意見を述べ、かつ、有利な証拠を提出することができる（同三項）。右の者が、正当な理由なくして出頭しないとき、または指定に係る暴力団を代表する者またはこれに代わるべき者の所在が不明であるため「通知」をすることができず、かつ、「公示」をした日から三〇日を経過しても所在が判明しないときは、意見聴取を行わないで指定をすることができる（同四項）。

(3)　国家公安委員会の確認

①　公安委員会は、指定をしようとするときは、あらかじめ、当該暴力団が指定の要件に該当すると認める旨を証する書類および指定に係る意見聴取書またはその写しを添えて、当該暴力団が指定の要件に該当するかどうかについての国家公安委員会の確認を求めなければならない（同六条一項）。

表 ix-1 指定暴力団の指定の状況（平成 13 年 6 月 30 日）

番号	名　　称	主たる事務所の所在地	代表する者	勢力範囲	暴力団員数	指定年月日	効力発生年月日	代　紋
1	五代目山口組	兵庫県神戸市灘区篠原本町4－3－1	渡邊　芳則	1都1道2府41県	約17,900人	平成13年6月15日	平成13年6月23日	
2	稲川会	東京都港区六本木7－8－4	稲川　角二	1都1道21県	約5,100人	平成13年6月15日	平成13年6月23日	
3	住吉会	東京都港区赤坂6－4－21	西口　茂男	1都1道1府17県	約6,300人	平成13年6月15日	平成13年6月23日	
4	四代目工藤會	福岡県北九州市小倉北区神岳1－1－12	野村　悟	3県	約530人	平成13年6月19日	平成13年6月26日	
5	三代目旭琉会	沖縄県那覇市首里石嶺町4－301－6	翁長　良宏	県内	約270人	平成13年6月19日	平成13年6月26日	
6	沖縄旭琉会	沖縄県那覇市辻2－6－19	富永　清	県内	約410人	平成13年6月19日	平成13年6月26日	
7	五代目会津小鉄会	京都府京都市下京区東高瀬川筋上ノ口上る岩滝町176－1	圓越　利次	1道1府1県	約1,100人	平成10年7月24日	平成10年7月27日	
8	四代目共政会	広島県広島市南区仁保新町2－6－5	沖本　勲	県内	約280人	平成10年7月24日	平成10年7月27日	
9	六代目合田一家	山口県下関市竹崎町3－14－12	温井　完治	4県	約190人	平成10年7月24日	平成10年7月27日	
10	四代目小桜一家	鹿児島県鹿児島市甲突町9－1	平岡　喜榮	県内	約120人	平成10年7月24日	平成10年7月27日	
11	三代目浅野組	岡山県笠岡市笠岡61511	串田　芳明	2県	約120人	平成10年12月11日	平成10年12月14日	
12	道仁会	福岡県久留米市通東町6－9	松尾誠次郎	4県	約530人	平成10年12月11日	平成10年12月14日	
13	親和会	香川県高松市塩上町2－14－4	細谷　國彦	2県	約70人	平成10年12月11日	平成10年12月16日	
14	双愛会	千葉県市原市辰巳台西5－9－9	申　明雨	3県	約460人	平成10年12月21日	平成10年12月24日	
15	三代目山野会	熊本県熊本市本荘町721－14	池田　鉄雄	県内	約70人	平成10年12月21日	平成10年12月24日	
16	三代目侠道会	広島県尾道市新高山3－1170－221	渡邊　望	6県	約180人	平成11年3月1日	平成11年3月4日	
17	三代目太州会	福岡県田川市大字弓削田1314－1	大馬雷太郎	県内	約130人	平成11年3月1日	平成11年3月4日	
18	七代目酒梅組	大阪府大阪市中央区東心斎橋2－6－23	金　在鶴	2府2県	約280人	平成11年5月21日	平成11年5月26日	
19	極東桜井總家連合会	静岡県沼津市原字東沖1767－1	芹澤　保行	6県	約360人	平成11年7月1日	平成11年7月8日	
20	極東会	東京都豊島区西池袋1－29－5	曹　圭化	1都1道13県	約1,700人	平成11年7月14日	平成11年7月21日	
21	東組	大阪府大阪市西成区山王1－11－8	岸田　清	府内	約170人	平成11年7月30日	平成11年8月4日	
22	松葉会	東京都台東区西浅草2－9－8	李　春星	1都1道8県	約1,500人	平成12年2月3日	平成12年2月10日	
23	國粹会	東京都台東区千束4－3－1	工藤　和義	1都7県	約520人	平成12年5月2日	平成12年5月13日	
24	中野会	大阪府大阪市天王寺区生玉町12－4	中野　太郎	1道2府5県	約170人	平成11年7月1日	平成11年7月1日	
25	二代目福博会	福岡県福岡市博多区千代5－18－15	和田万亀男	4県	約340人	平成12年2月10日	平成12年2月10日	

注：1　本表に計上した数値は，最新の指定の基準日における勢力範囲，暴力団員数を示している。
　　2　資料：警察白書

②国家公安委員会は、右の「確認」をしようとするときは、当該暴力団が「指定」の要件に該当することについて、審査専門委員の意見を聴かなければならない（同二項）。国家公安委員会の「確認」は、審査専門委員の意見に基づいたものでなければならない（同三項）。国家公安委員会は、「確認」をしたときは、確認の結果を速やかに当該公安委員会に通知するものとする（同四項）。

(4)　指定の公示

公安委員会は、指定をするときは、指定に係る暴力団の名称その他の事項を官報により公示しなければならない（同七条一項）。指定は、公示によってその効力を生ずる（同二項）。

(5)　指定の有効期間および取消し

指定は、三年間その効力を有する（同八条一項）。三年間を経過して、なお指定の要件に該当し、指定の必要がある暴力団については、更新は認められず、再度指定の手続を践まなければならない。

公安委員会は、指定暴力団が次のいずれかに該当することとなったときは、当該指定暴力団に係る指定を取り消さなければならない。ｉ解散その他の事由により消滅したとき、ⅱ指定の要件のいずれかに該当しなくなったと明らかに認められるとき（同二項）。

なお、平成六年四月七日兵庫県公安委員会指定の二代目大日本平和会は、構成員の激減などにより再指定が行われず、平成九年四月六日指定の効力が失われた。また佐賀県の石川一家は、五代目山口組の傘下組織となったため、平成七年一〇月一六日に指定を取り消された。

（5）暴力的要求行為の規制等

暴力団の資金獲得活動など暴力的要求行為を規制するためには、ｉ行為者が指定暴力団の構成員であること、

ⅱ当該指定暴力団の「威力を示して」行う行為であること、ⅲ当該行為が暴力団対策法九条各号に掲げる行為に該当する行為であることの三要件を充足することを要する。

「威力を示す」とは、「人の意志を制圧するに足りる勢力」を相手方に表示し認識させる一切の行為を指し、現実に相手方の意志が制圧されることを要しない（最判昭二八・一・三〇刑集七巻一号一二八頁）。具体的には、次のようなものがあげられている。ⅰ指定暴力団等に所属していることを告げる行為、ⅱ指定暴力団等の名称入りの名刺を示す行為、ⅲ指定暴力団等のバッジ、代紋をことさらに示す行為、ⅳ指定暴力団等の事務所内で、ことさらに指定暴力団等の事務所内にいることを強調すること、ⅴ指定暴力団等の事務所に来訪すべきことを要求する行為、ⅵ指定暴力団員であることを知悉している相手方に対して、ことさらに自己が暴力団員であることを再認識させる行為、ⅶ指定暴力団等が付近一帯を縄張りとしていることが公知に近い状態である場合に、「このあたりを仕切っとるもんや」というように、指定暴力団員であることを相手方に推知させる行為。

(1)　暴力的要求行為の禁止

指定暴力団等の暴力団員は、その者の所属する暴力団等またはその系列上位指定暴力団等の威力を示して次の一五類型の暴力的要求行為をしてはならない（同九条）。ⅰ人の弱みにつけ込む金品等要求る行為（一号）。いわゆる口止め料の要求行為である。ⅱ不当贈与要求行為（二号）、ⅲ不当下請け参入等要求行為（三号）、ⅳみかじめ料要求行為（四号）。縄張りとは、正当な権原がないにもかかわらず自己の権益の対象範囲として設定していると認められる区域をいう（四号カッコ書）。ⅴ用心棒代要求行為（五号）。飲食店、バー、スナック等に、しめ飾り、門松、装飾用の生花、造花、ツマミ等の購入要求・リースを受けることの要求などがこれに当たる。ⅵ高利債権取立行為（六号）。ⅶ不当な態様による債権取立行為（六号の二）。ⅷ不当債務免除要求行為（七号）。

難癖をつけて代金の「踏み倒し」をする行為がこれに当たる。ix 不当な貸付要求する行為（八号）、x 不当信用取引要求行為（九号）、xi 不当自己株式買取要求行為（一〇号）、xii 不当地上げ行為（一一号）、xiii 競売等妨害行為（同一二号）、xiv 不当示談介入行為（一三号）、xv 因縁をつけての金品等要求行為（一四号）。

(2) 暴力的要求行為の要求等の禁止

何人も、指定暴力団員に対し、暴力的要求行為をすることを要求し、依頼し、または唆してはならない。何人も、指定暴力団員が暴力的要求行為をしている現場に立ち会い、当該暴力的要求をすること助けてはならない（同一〇条）。

(3) 暴力的要求行為に対する措置

① 中止命令

公安委員会は、指定暴力団員が暴力的要求行為をしており、その相手方の生活の平穏または業務の遂行が害されていると認める場合には、当該指定暴力団員に対し、当該暴力的要求行為を中止することを命じ、または当該暴力的要求行為が中止されることを確保するために必要な事項を命ずることができる（同一一条一項）。中止命令は、現に暴力的要求行為が行われている場合を対象とする。したがって、暴力的要求行為が完了し再発のおそれがある場合には再発防止命令が発せられ（同二項）、暴力的要求行為が完了し被害が生じているときは「不当な要求による被害の回復等のための援助」（同一三条以下）が行われる。公安委員会は、中止命令を警察署長に行わせることができる（同四二条三項）。中止命令に違反した者は、一年以下の懲役もしくは百万円以下の罰金、またはこれを併科（同四六条）。

平成四年から平成八年一二月までの中止命令の発令の総件数は、四、八四〇件である。そのうち、暴力的要求行為に対する中止命令が二、七六八件、加入の強要等に対する中止命令が一、七〇五件であり、暴力的要求行為に対する再発防止命令は一三六件、暴力的要求行為の要求等の再発防止命令は九件であった。また暴力的要求行為に対する中止命令のうち、用心棒料等要求行為が八八六件（三二・〇％）、不当贈与要求行為五八四件（二一・一％）、不当債務免除要求行為四七一件（一七・〇％）、みかじめ料要求行為三七九件（一三・七％）、因縁をつけての金品等要求行為二一六件（七・八％）である。なお、表ix-2を見よ。

② 再発防止命令

公安委員会は、当該指定暴力団員が更に反復して当該暴力要求行為と類似の暴力的要求行為をするおそれがあると認めるときは、当該指定暴力団員に対し、一年を超えない範囲内で期間を定めて、暴力的要求行為が行われることを防止するために必要な事項を命ずることができる（同一二条一項）。再発防止命令に違反した者は、一年以下の懲役もしくは五〇万円以下の罰金、またはこれを併科（同四六条）。

公安委員会は、再発防止命令をしようとするときは、公開による意見聴取を行わなければならない（同三四条一項）。緊急の必要がある場合には、意見聴取を行わないで、仮に、再発防止命令をすることができる（同三五条一項）。この仮の命令の効力は仮の命令をした日から起算して一五日であり（同二項）、仮の命令をした日から起算して一五日以内に、公開による意見聴取を行わなければならない（同三項）。公安委員会は、仮の命令について命令に関する事務を警視総監または道府県警本部長、方面本部長に行わせることができる（同四二条一項・二項）。

③ 暴力的要求行為の要求等に対する措置命令

公安委員会は、暴力的要求行為の要求や依頼等の禁止規定の違反者に対し、再発防止命令を発し、現場での幇助行為禁止規定の違反者に対し、中止命令を発することができる（同一二条二項）。命令に違反した者は、一年以

表 ix-2　暴力団対策法に基づく中止命令及び再発防止命令件数（平成 8 ～ 12 年）

区分		年次	8	9	10	11	12
総数			1, 456(43)	1, 737(60)	1, 900(43)	2, 275(25)	2, 185(95)
形態別	9条	不当贈与要求行為	224	347	483(3)	540(1)	514(2)
		みかじめ料要求行為	127(4)	150(9)	147(3)	144	203(7)
		用心棒料等要求行為	267(36)	290(40)	244(24)	340(18)	315(62)
		高利債権取立等行為	7	10	16	23	15(1)
		不当債権取立行為	−	2	12	12	19
		不当債務免除要求行為	165	193	243(1)	175	177
		不当貸付等要求行為	15	18	27	24	27
		競売等妨害行為	1	1		2	
		不当示談介入行為		1	1	10	1
		因縁をつけての金品等要求行為	66	76	39	52	42
		その他	21	37(1)	23	35(1)	39(3)
	10条	暴力的要求行為の要求行為等	(2)	(2)		(1)	
		暴力的要求行為の現場に立会い助ける行為	90	148	178	372	347
	12条の2	指定暴力団等の業務に関し行われる暴力的要求行為	−	(2)	(3)		
	12条の3	準暴力的要求行為の要求行為等	−		(1)	(1)	
	12条の5	準暴力的要求行為	−		1	1(1)	
	16条	少年に対する加入強要・脱退妨害	58	35(1)	43(3)〈5〉	50〈1〉	47(3)
		威迫による加入強要・脱退妨害	344(1)	366(5)	377(5)	424(2)	387(15)
		密接関係者の親族等に対する加入強要・脱退妨害	71	61	64	68	48(2)
	17条	加入の強要の命令等					
	20条	指詰めの強要等		1		1	2
	24条	少年に対する入れ墨の強要等					2
	29条	事務所における禁止行為等		1		2	
団体別		五代目山口組	577(17)	740(19)	846(16)〈5〉	965〈13〉	996〈43〉
		稲川会	268(13)	278(9)	347(10)	363(5)(1)	339(16)
		住吉会	244(5)	291(10)	243(10)	298	272(16)
		四代目工藤會	22	13(1)	9	6	14
		六代目合田一家	5	4	3	3	14(3)
		五代目会津小鉄会	25(2)	26	33(1)	38	27(3)
		四代目共政会	5	4	11	8	7
		四代目小桜一家	4	3	3	1	8
		二代目道仁会	17	18	25	33	39(1)
		三代目旭琉会	1	7	1	9	10
		沖縄旭琉会	4	6	6	7(1)	14
		三代目浅野組	2	7	1	3	9
		親和会	2	3	4	6	1
		双愛会	29(1)	19(4)	29(2)	20(2)	12
		三代目山野会	1	5	12	1	5
		二代目侠道会	4	5	4	7	5
		三代目太州会	4	11(2)		5	1(1)
		七代目酒梅組	20(1)	13(1)	14	4	9
		極東桜井總家連合会	19(1)	3(2)	18(1)	33	5
		極東会	53	55	66	58(1)	51(2)
		東組	9(1)	10	9	19	15(2)
		松葉会	50(1)	76(7)	62(2)	60	43(6)
		國粋会	29(1)	22(5)	29(1)	54(2)	39(2)
		中野会	−	−	−	3	1
		二代目福博会					5

注：　数字は，中止命令の件数であり，（　）内は再発防止命令，〈　〉内は少年脱退措置命令のそれぞれの外数である。
　団体名は，平成11年12月31日現在のものである。
　資料：警察白書

下の懲役または五〇万円以下の罰金（同四七条一号）。

④　準暴力的要求行為の規制等

i　指定暴力団等の業務等に関し行われる暴力的要求行為の防止　公安委員会は、指定暴力団の業務に関し暴力的要求行為をした場合、再発防止命令を発することができる（同一二条の二）。指定暴力団の業務の具体例としては、ア組織的に用心棒料を徴収する業務（一号）、イ指定暴力団が代表者である会社の物品販売業務（二号）、ウ指定暴力団員が設定している縄張内で営業を営む者に対し、みかじめ料を徴収し、縄張の維持を図る業務（三号）、エ指定暴力団員が配下指定暴力団員を使って新聞、雑誌類を頒布し、賛助金等を徴収する業務（四号）等が考えられる。

ii　準暴力的要求行為の要求等の禁止　指定暴力団員は、人に対し、当該指定暴力団員が所属する指定暴力団等またはその系列上位指定暴力団等に係る準暴力的要求行為をすることを要求し、依頼し、または唆してはならない（同一二条の三）。

iii　準暴力的要求行為の要求等に対する措置　公安委員会は、指定暴力団員が準暴力的要求行為の要求等の禁止規定に違反する行為をした場合には、再発防止命令を発することができ、準暴力的要求行為をしてはならない旨の指示をするものとする（同一二条の四）。

iv　準暴力的要求行為の禁止　次のいずれかに該当する者は、指定暴力団等またはその系列上位指定暴力団等に係る準暴力的要求行為をしてはならない（一二条の五第一項）。ア指定暴力団員に対し、暴力的要求行為をすること等の要求等をして再発防止命令を受けた者（一号＝法一二条一項）、イ指定暴力団員が暴力的要求行為をしている現場に立ち会い、これを助けて中止命令を受けた者（二号＝法一二条二項）、ウ準暴力的要求行為を行って、中止命令または再発防止命令を受けた者（三号＝法一二条の六）、エ準暴力的要求行為を行うおそれがあると認められて法一二条の五第二項の指示を受けた者（四号）、オ指定暴力団との間で、その所属する指定暴力団等の威力を示すことが容認されることの対償として金品等を支払うことを合意している者（五号）。

また、一の指定暴力団等の威力を示すことを常習とする者で次のいずれかに該当する者は、当該指定暴力団等またはその系列上位指定暴力団等に係る準暴力的要求行為をしてはならない（同一二条の五第二項）。ア特定の指定暴力団員が行った暴力的不法行為（法二条一号に定められた犯罪行為）もしくは暴力団対策法第七章の罰則規定に該当する違法行為の共犯者、または暴力的不法行為に係る罪のうち当該指定暴力団員を相手方として譲渡しもしくは譲受けもしくはこれらに類する形態として国家公安委員会規則で定める犯罪を犯した者（一号）、イ特定の指定暴力団員が経営する法人その他の団体（暴力団フロント企業）の役員・従業員または指定暴力団の使用人・従業員（二号）。

v　準暴力的要求行為に対する措置　公安委員会は、準暴力的要求行為を中止することを命ずることができ（同一二条の六第一項）、これを警察署長に行わせることができる（同四二条二項）。また、公安委員会は、準暴力的要求行為が行われた場合、再発防止命令を発することができ（同一二条の六第二項）、この場合事前に意見聴取を行わなければならない（同三四条一項）。命令に違反した者は、一年以下の懲役または五〇万円以下の罰金（同四七条一号の四）。

vi　被害者等に対する援助　公安委員会は、暴力的要求行為または準暴力的要求行為の相手方（被害者）となった一般市民や企業が被害を回復しようとする際に援助を行い（同一三条）、事業者が不当要求による被害の発生を未然に防止するための対策を構ずるに当たって援助を行う（同一四条）。

（6） 対立抗争時の暴力団事務所の使用制限

指定暴力団等の相互間に対立が生じ、一連の凶器を使用しての暴力行為が発生した場合、公安委員会は、当該暴力団等の事務所を現に管理している指定暴力団員に対し、三月以内の期限を定めて、当該事務所の使用の禁止を命ずることができる。さらに命令の必要があると認めるときは、一回に限り、三月以内の期間を定めてその命令の期限を延長することができる（同一五条）。

（7） 加入の強要の規制その他の規制等

(1) 加入の強要の規制等

① 加入の強要等の禁止　指定暴力団員は、少年（二〇歳未満の者をいう。）および成人に対し指定暴力団等に加入することを強要し、もしくは勧誘し、または少年が指定暴力団から脱退することを妨害してはならない（同一六条）。

② 加入の強要の命令等の禁止　指定暴力団員は、その配下指定暴力団員に対し加入強要等の禁止規定に違反する行為を命じ、または助長し、依頼し、もしくは唆し、または助けてはならない（同一七条）。

③ 加入の強要等に対する中止命令　公安委員会は、指定暴力団員が加入強要等の禁止規定に違反する行為をしており、その相手方が困惑していると認める場合には、当該指定暴力団員に対し、当該行為を中止することを命じ、または必要な事項を命ずることができる（同一八条一項）。中止命令に違反したものは、一年以下の懲役または五〇万円以下の罰金（同四七条三号）。

④ 加入の強要等に対する再発防止命令　公安委員会は、加入の強要等の禁止規定に違反する行為をした場合、再発防止命令を発することができる（同一八条二項）。再発防止命令をしようとするときは、公開による意見聴取

を行わなければならない（同三四条一項）。緊急の必要がある場合には、仮の命令を発することができる（同三五条一項）。再発防止命令に違反したものは、一年以下の懲役または五〇万円以下の罰金（同四七条三号）。

⑤　少年脱退措置命令　　公安委員会は、指定暴力団員が加入の強要等の禁止規定に違反する行為をし、かつ、当該行為に係る少年が当該指定暴力団等に加入し、または脱退しなかった場合において、加入し、もしくは脱退しなかったことが当該少年の意思に反していると認められ、または当該少年の保護者が脱退を求めているときは、当該指定暴力団員に対し、当該少年を当該指定暴力団から脱退させるために必要な事項を命ずることができる（同一八条三項）。公開の意見聴取（同三四条一項）、仮の命令（同三五条）については、再発防止命令（同一一条二項）の場合と同様である。この少年脱退措置命令に違反した者は、一年以下の懲役または五〇万円以下の罰金（同四七条三号）。

⑥　加入の強要の命令等に対する再発防止命令　　公安委員会は、指定暴力団員が加入の強要の命令等の禁止規定に違反する行為をした場合、再発防止命令を発することができる（同一九条）。緊急の必要が場合は、仮の命令を発することができる（同三五条一項）。

⑦　指詰めの強要に対する規制　　指詰めの強要に対する規制として、指詰めの強要等の禁止（同二〇条）、指詰めの強要の命令等の禁止（同二一条）、指詰めの強要等に対する措置（同二二条）、指詰めの強要の命令等に対する再発防止命令（同二三条）などの規定が置かれている。

⑧　少年に対する入れ墨に関する規制　　少年に対する入れ墨の強要等の禁止（同二四条）、少年に対する入れ墨の強要の要求等の禁止（同二五条）、少年に対する入れ墨の強要等に対する措置（同二六条）、少年に対する入れ墨の強要の要求等に対する再発防止命令（同二七条）などの規定がある。

⑨　離脱の意志を有する者に対する援護（同二八条）　暴力団対策法施行規則二七条は、具体的な措置として一一の援護措置を規定している。ⅰ離脱者を雇用する事業者の募集および離脱者の採用面接への同道（一号）、ⅱ離脱者または離脱希望者の就業を援助する民間の組織活動の支援（二号）、ⅲ離脱希望者の離脱を妨げる行為の防止のための警告（三号）、ⅳ離脱希望者、離脱者その他の関係者の保護（四号）、ⅴ離脱希望者に対する補導（五号）、ⅵ離脱希望者の生活環境を調整改善するための離脱希望者の親族に対する助言または連絡（六号）、ⅶ離脱希望者の離脱のための交渉の援助（七号）、ⅷ離脱希望者の離脱のための交渉の仲介（八号）、ⅸ離脱者が手指の再生手術等の施術を受けるために必要な事項の教示（九号）、ⅹ都道府県センターが行う離脱者援助事業の教示および関係機関・団体との連絡（一〇号）、離脱希望者または離脱者の生活環境の調整改善のための関係公安委員会との連絡（一一号）。

(2)　暴力団組事務所等における禁止行為等

①　事務所等における禁止行為

指定暴力団員は、次の行為をしてはならない（暴力団二九条）。ⅰ指定暴力団等の事務所の外周に、または外部から見通すことができる状態にしてその内部に、付近の住民または通行人に不安を覚えさせるおそれのある表示または物品として公安委員会規則で定めるものを掲示し、または設置すること（一号）。当該指定暴力団等の名称を示す文字、代紋および組名を記載した看板や文字板、代紋が掲載されている額、盾、旗、提灯、バッジ等がこれに当たる。ⅱ事務所またはその周辺において、著しく粗野もしくは乱暴な言動を行い、また威勢を示すことにより、付近の住民または通行人に不安を覚えさせること（二号）。ⅲ人に対し、債務の履行その他の国家公安委員会規則で定める用務を行う場所として、事務所を用いることを強要すること（三号）。「用務」について、暴力団対策法施行規則三一条は、次の通り定める。ア債務の履行（一号）、イ債務者の求めに応じて行う債務の内容等の変更に関する交渉（二号）、ウ債務不履行による賠償を名目としての金品等の供与に関する交渉（三号）、エ損害に係る示談の交渉（四号）、オ所持する手形について振出人の求めに応じて行う譲渡に関する交渉（五号）、カ株式の買取りに関する交渉（六号）、キ土地等について支配の誇示をやめる対償として作為または不作為を要求する用務（七号）、ク事実の宣伝または公表しないことの対償として作為または不作為を要求する用務（八号）、ケ指定暴力団等からの脱退の防止またはその容認の代償として作為または不作為を要求する用務（九号）。

② 事務所等における禁止行為に対する措置

公安委員会は、指定暴力団員が事務所等における禁止行為の規定に違反する行為が行われており、かつ、付近の住民等または当該行為の相手方の生活の平穏または業務の遂行の平穏が害されていると認める場合には、中止命令を発することができる（暴力団三〇条）。公安委員会は中止命令を警察署長に行わせることができる（同四二条三項）。中止命令に違反した者は、一年以下の懲役または五〇万円以下の罰金（同四七条九号）。

(3) 暴力団追放運動推進センター

暴力団および暴力追放のために、都道府県暴力追放運動推進センター（同三一条）および全国暴力追放運動推進センター（同三二条）が指定され、設置される。

(4) 審査専門委員

暴力団対策法三条および四条の規定による指定暴力団等の確認および不服申立てについて、三条一号または四条二号の要件に関する専門の事項を調査審議し、意見を提出させるため、国家公安委員会に、審査専門委員若干名を置く。審査専門委員は、人格が高潔であって、指定暴力団等の指定に関し公正な判断をすることができ、かつ、法律または社会に関する学識経験を有する者のうちから、国家公安委員会が任命する。（同三八条）。

（1）　京都地判平七・九・二九判タ九〇〇号一八二頁（＝四代目会津小鉄暴力団指定処分取消訴訟）は「暴対法は、広域暴力団の拡大と寡占化、民事介入暴力行為の増加、対立抗争事件の多発と巻き添えの危険性等暴力団情勢の変化、変質にかんがみ、……その目的を達成するため、暴力団自体ではなく、暴力団員の行う民事介入暴力行為について行政的規制を行い、対立抗争時には暴力団事務所の使用制限や事務所周辺における迷惑行為を規制することとしており、これら立法目的、規制措置の内容等に照らすと、暴対法は、暴力団の壊滅を目的として制定されたとは認められず、原告の主張は、その前提を欠き、失当というべきである。」

「暴対法の立法目的は前示のとうりであって、その目的自体必要かつ合理的なものということができる。そして、暴力団の実態は、……原告主張の暴力団員の自由自体、一般市民の人権を侵害して成り立っているもので、反社会的で不当な権利、自由といわざるをえないうえに、規制措置の内容も、前示のとうり、民事介入暴力行為や対立抗争時の事務所の使用制限等、暴力団の活動による市民の安全と平穏の確保を図るための規制であって、これらの制限の様態及び程度も必要かつ合理的なものと認められる。したがって、暴対法による規制は、公共の利益のための必要からなされた合理的でやむをえないものと認められ」、憲法一三条・一四条・二一条には違反しないと判示した。

第四節　無差別大量殺人行為を行った団体の規制に関する法律（＝団体規制法）

文献　牧野　忠「団体規制法」時の法令一六一八号（平一二）

（1）法律の構成

無差別大量殺人行為を行った団体の規制に関する法律（平成一一・一二・七）は、六つの章により構成されている。第一章は総則、第二章は規制措置、第三章は規制措置の手続、第四章は調査、第五章は雑則、第六章は罰則について規定している。

付属法令

無差別大量殺人行為を行った団体の規制に関する法律施行令（平成一一・一二・一五）

無差別大量殺人行為を行った団体の規制に関する法律施行規則（平成一一・一二・二四）

無差別大量殺人行為を行った団体の規制に関する法律の規定に基づく規制措置の手続等に関する規則（公安審査委員会規則）（平成一一・一二・二四）

無差別大量殺人行為を行った団体の規制に関する法律の規定に基づく警察庁長官の意見の陳述等の実施に関する規則（平成一一・一二・二四）

（２）法律の目的

無差別大量殺人行為を行った団体の規制に関する法律（以下、「団体規制法」という。）は、「団体の活動として役職員（代表者、主幹者その他いかなる名称であるかを問わず当該団体の事務に従事する者をいう。）又は構成員が、例えばサリンを使用するなどして、無差別大量殺人行為を行った団体につき、その活動状況を明らかにし、又は当該行為の再発を防止するために必要な規制措置を定め、もって国民の生活の平穏を含む公共の安全の確保に寄与することを目的とする。」（一条）と規定している。

（３）概念規定

(1)「無差別大量殺人行為」とは、破壊活動防止法四条一項第二号へに掲げる暴力主義的破壊活動であつて、不特定かつ多数の者を殺害し、またはその実行に着手してこれを遂げないものをいう（無差別殺人団規四条一項）。

(2)「団体」とは、特定の共同目的を達成するための多数人の継続的結合体またはその連合体をいう。ただし、ある団体の支部、分会その他の下部組織も、この要件に該当する場合には、これに対して、この法律による規制を行うことができるものとする（同二項）。

（4） 規制措置

(1) 観察処分

① 要 件 公安審査委員会は、その団体の役職員または構成員が当該団体の活動として無差別大量殺人行為を行った団体が、次に掲げる事項のいずれかに該当し、その活動状況を継続して明らかにする必要があると認められる場合には、当該団体に対し、三年を超えない期間を定めて、公安調査庁長官の観察に付する処分を行うことができる（同五条一項）。

ⅰ当該無差別大量殺人行為の首謀者が、当該団体の活動に影響力を有していること（一号）。ⅱ当該無差別大量殺人行為に関与した者が当該団体の役職員または構成員であること（二号）。ⅲ当該無差別大量殺人行為が行われた時に当該団体の役員（団体の意思決定に関与し得る者であって、当該団体の事務に従事するものをいう。）であった者が当該団体の役員であること（三号）。ⅳ当該団体が殺人を明示的にまたは暗示的に勧める綱領を保持していること（四号）。ⅴ以上に掲げるもののほか、当該団体に無差別大量殺人行為に及ぶ危険性があると認めるに足りる事実があること（五号）。

② 内 容 ⅰ報告義務 観察処分を受けた団体は、当該処分が効力を生じた日から起算して三〇日以内に、当該処分が効力を生じた日における次に掲げる事項を公安調査庁長官に報告しなければならない（同二項）。

ア当該団体の役職員の氏名、住所および役職名ならびに構成員の氏名および住所（一号）、イ当該団体の活動の用に供されている土地の所在、地積および用途（二号）、ウ当該団体の活動の用に供されている建物の所在、規模および用途（三号）、エ当該団体の資産および負債のうち政令で定めるもの（四号）、オその他観察処分に際し公安審査委員会が特に必要と認める事項（五号）。観察処分を受けた団体は、当該処分が効力を生じた日からその効力を失う日の前日までの期間を三月ごとに区分した各期間ごとに、当該各期間の経過後一五日以内に、当該各期間の末日における前記と同様の事項を、公安調査調長官に報告しなければならない（同三項）。公安審査委員会は、引き続き当該団体の活動状況を継続して明らかにする必要があると認められるときは、その期間を更新することができる（同四項）。ⅱ　調査・立入・検査　公安審査委員会は、観察処分を受けた団体の活動状況を明らかにするため、公安調査官に調査させ（同七条一項）、当該団体の土地建物に立ち入らせ、設備、帳簿書類その他必要な物件を検査させることができる（同二項）。立入または検査を拒み、妨げ、または忌避した者は、一年以下の懲役または五〇万円以下の罰金（同三九条）。この立入検査の権限は、犯罪捜査のために認められたものと解釈してはならない（同七条三項）。

③　取消し　公安審査委員会は、観察処分（同処分の更新を含む。）について、当該団体の活動状況を継続して明らかにする必要がなくなったと認められるときは、これを取り消さなければならない（同六条一項）。観察処分を受けた団体は、公安審査委員会に対し、処分の取消を促すことができる（同二項）。公安審査委員会が処分を取り消そうとするときは、公安調査庁長官の意見を聴くものとする（公安規則一九条一項）。

(2)　再発防止処分

①　要　件　再発防止処分は次の二つの場合に行うことができる。第一に、公安審査委員会は、その団体の役職員または構成員が当該団体の活動として無差別大量殺人行為を行った団体が、観察処分の要件（(1)①ⅰ～ⅴ

郵　便　は　が　き

料金受取人払

本郷局承認

1526

差出有効期間
平成15年２月
20日まで

(切手不要)

１１３-００３３

東京都文京区
本郷６－２－９－102

信　山　社　行

※本書以外の小社の出版物を購入申込みする場合に御使用下さい。(500559)

購入申込書	書名をご記入の上お買いつけの書店にお渡し下さい。	
〔書　名〕	部数	部
〔書　名〕	部数	部

◎書店様へ　取次番線をご記入の上ご投函下さい。(2002.05.35000)

愛読者カード

本書の書名をご記入ください。

(　　　　　　　　　　)

フリガナ ご芳名	年齢 歳	男 女

フリガナ
ご住所　　(郵便番号)

TEL　　　　　　(　　)

ご職業	本書の発行を何でお知りになりましたか。 A書店店頭　B新聞・雑誌の広告　C小社ご案内 D書評や紹介記事　E知人・先生の紹介　Fその他

本書のほかに小社の出版物をお持ちでしたら、その書名をお書き下さい。

本書についてのご感想・ご希望

今後どのような図書の刊行をお望みですか。

＝五条一項各号）のいずれかに該当する場合であって、次のいずれかに該当するときは、当該団体に対し、六月を超えない期間を定めて、再発防止処分を処分を行うことができる（無差別殺人団規八条一項前段）。

再発防止処分を発動できる場合は、次の通りである。当該団体の役職員または構成員が、団体の活動として、ⅰ人の殺害、身体の傷害、人に対する暴行（一号）、ⅱ人の略取、誘拐（二号）、ⅲ人の監禁（三号）、ⅳ爆発物、毒性物質、これらの原材料、銃砲、その部品の保有、またはこれらの製造に用いられる設備の保有（四号）、ⅴ当該団体への加入強要（五号）、ⅵ殺人を勧める綱領に従った構成員に対する指導（六号）、ⅶ構成員の総数または土地、建物、設備その他資産の急激な増加（七号）、ⅷ以上の実行または準備行為のほか、当該団体の無差別大量殺人行為に及ぶ危険性の増大を防止する必要があるとき（八号）。

第二に、観察処分または更新処分を受けている団体について、報告がされず、もしくは虚偽の報告がされた場合、または立入検査が拒まれ、妨げられ、もしくは忌避された場合であって、当該団体の無差別大量殺人行為に及ぶ危険性の程度を把握することが困難であると認められるときも、同様とする（同後段）。

② 内　容　再発防止処分の具体的内容は、次の通りである（同二項）。

ⅰ土地または建物の新規取得の禁止（一号）、ⅱ既存の土地または建物（専ら居住の用に供しているものを除く。）の全部または一部の使用の禁止（二号）、この場合、公安審査委員会は、当該団体が土地または建物の使用禁止処分を受けている旨を告知する標章を掲示するものとする。ⅲ当該無差別大量殺人行為の関与者等に一定の団体活動に参加させることの禁止（三号）、ⅳ加入強要、勧誘または脱退妨害の禁止（四号）、ⅴ金品等の財産上の利益の贈与を受けることの禁止または制限（五号）。

③ 取消し　公安審査委員会は、再発防止処分について、当該処分に基づく禁止または制限をする必要がな

くなったと認められるときは、これを取り消さなければならない（同一〇条一項）。再発防止処分を受けた団体は、公安審査委員会に対し、処分の取消を促すことができる（同二項）。公安審査委員会が処分を取り消そうとするときは、公安調査庁長官の意見を聴くものとする（公安規則一九条二項）。

(3)　役職員または構成員等の禁止行為

再発防止処分を受けている団体の役職員または構成員は、団体の活動として、当該処分に違反する行為をしてはならない（無差別殺人団規九条）。違反した者は、二年以下の懲役または百万円以下の罰金（同三八条）。

（5）　規制措置の手続

(1)　処分の請求

観察処分（更新処分）および再発防止処分は、公安調査庁長官の請求があった場合にのみ行う（同一二条）。この場合、公安調査庁長官は、あらかじめ、警察庁長官の意見を聴くものとし、また警察庁長官は、公安調査庁長官に対し、処分を請求することが必要である旨の意見を述べることができる（同二項、三項）。

(2)　観察処分に係る団体の所有または管理する土地・建物に関する書面の提出

公安調査庁長官は、観察処分を請求するときまたはその後において、当該処分に係る団体が所有しまたは管理すると認める土地または建物について、これを特定するに足りる事項を記載した書面を公安審査委員会に提出しなければならない（同一三条）。

(3)　立入検査等

警察庁長官は、再発防止処分の請求に関して意見を述べるために必要があると認めるときは、観察処分を受けている団体について、相当と認める都道府県警察に必要な調査を行うことを指示することができる（同一四条一項）。なお、都道府県警察の職員が立入検査をする場合には、あらかじめ警察庁長官の承認が必要であり（同二項）、さらにこの承認については、あらかじめ、公安調査庁長官に協議しなければならない（同三項）。都道府県警察本部長等は、立入検査をさせたときは、その結果を警察庁長官に報告し、警察庁長官はその内容を速やかに文書で公安調査庁長官に通報する（同五項・六項）。かくして、観察処分または再発防止処分の対象となる団体に関する十分な情報が公安審査委員会に集約されることが担保される。なお、立入または検査を拒み、妨げ、または忌避した者は、一年以下の懲役または五〇万円以下の罰金（同三九条）。

(4) 処分請求の方式

処分請求、意見聴取ならびに審査および決定の手続について、次のような規定が置かれている。

① 処分の請求は、次に掲げる事項その他公安審査委員会規則で定める事項を記載した請求書を公安審査委員会に提出して行わなければならない（同一五条一項）。ⅰ請求に係る処分の内容および根拠となる法令の条項（一号）、ⅱ請求の原因となる事実（二号）。処分請求書には証拠書類等を添付しなければならない（同二項）。

② 公安審査委員会は、処分の請求があったときは、公開による意見聴取を行わなければならない（同一六条）。

③ 公安審査委員会からの意見聴取を行う旨の通知を受けた団体は、代理人を選任することができる（同一八条）。

④ 意見聴取の手続においては、冒頭において、公安調査庁の職員が請求に係る処分の内容、請求の原因となる事実を意見聴取の手続に出頭した団体側役職員等に対し説明しなければならない（同一九条二項）。

⑤ 意見聴取の手続に出頭した団体側役職員等は、意見を述べ、証拠書類等を提出することができるほか、指名委員等（公安審査委員会が指名する同委員会の委員長または委員で、意見聴取手続を指揮する）の許可を得て公安調査庁の職員に対し質問を発することができる（同二〇条）。指名委員等は、意見聴取の手続を妨げる行為をした者

に退去を命ずることができる（同一九条三項）。退去命令に違反した者は、三〇万円以下の罰金（同四一条）。

⑥　公安審査委員会は、公安調査庁長官が提出した処分請求書および証拠書類等ならびに当該団体の意見および当該団体が提出した証拠書類等について審査し、決定をしなければならない（同二二条一項）。この場合、意見聴取の官報公示の日から三〇日以内に決定をするように努めなければならない（同二項）。

（6）調　査

公安調査官は、この法律の規制に関し、必要な調査をすることができる（同二九条）。公安調査官がこの法律に定める職権を濫用して、人に義務のないことを行わせ、または権利の行使を妨害したときは、三年以下の懲役または禁錮（同四二条）。警察職員が職権濫用した場合も、同様（同四三条）。

（7）その他

政府は、毎年一回、国会に対し、この法律の施行状況を報告しなければならない（同三一条）。公安審査委員会は、関係都道府県または関係市町村の長から請求があったときは、当該請求を行った者に対し、個人の秘密または公共の安全を害するおそれがあると認める事項を除き、観察処分に基づく調査の結果を提供することができる（同三二条）。公安審査委員会がこの法律の規定に基づいてする処分については、行政手続法第三章の規定は適用せず（同三三条）、行政不服審査法による不服申立てをすることができない（同三四条）。

第五節　ストーカー行為等の規制等に関する法律

（1）法律の目的等

(1) 法律の目的

ストーカー行為等の規制等に関する法律（平成一二・五・二四）は、一六か条により構成されているが、その目的を、「ストーカー行為を処罰する等ストーカー行為等について必要な規制を行うとともに、その相手方に対する援助の措置等を定めることにより、個人の身体、自由及び名誉に対する危害の発生を防止し、あわせて国民の生活の安全と平穏に資することを目的とする。」（一条）と規定している。

(2) 適用上の注意

この法律の適用に当たっては、国民の権利を不当に侵害しないように留意し、その本来の目的を逸脱して他の目的のためにこれを濫用するようなことがあってはならない（ストーカー一八条）。

付属法令

ストーカー行為等の規制等に関する法律施行令（平成一二・一一・六）

ストーカー行為等の規制等に関する法律施行規則（平成一二・一一・二二）

ストーカー行為等の規制等に関する法律の規定に基づく意見の聴取の実施に関する規則（平成一二・一一・二二）

（2）概念規定

(1)「つきまとい等」とは、特定の者に対する恋愛感情その他の好意の感情またはそれが満たされなかったことに対する怨恨の感情を充足する目的で、当該特定の者またはその配偶者、直系もしくは同居の親族その他当該特定の者と社会生活において密接な関係を有する者に対し、次のいずれかの行為をすることをいう（同二条一項）。

① つきまとい、待ち伏せし、進路に立ちふさがり、住居、通勤先、学校その他その通常所在する場所（以下

「住居等」という。）の付近において見張りをし、または住居等に押しかけること（一号）。

②　その行動を監視していると思わせるような事項を告げ、またはその知り得る状態に置くこと（二号）。

③　面会、交際その他の義務のないことを行うことを要求すること（三号）。

④　著しく粗野ま乱暴な言動をすること（四号）。

⑤　電話をかけて何も告げず、または拒まれたにもかかわらず、連続して、電話をかけもしくはファクシミリ装置を用いて送信すること（五号）。

⑥　汚物、動物の死体その他の著しく不快または嫌悪の情を催させるような物を送付し、またはその知り得る状態に置くこと（六号）。

⑦　その名誉を害する事項を告げ、またはその知り得る状態の置くこと（七号）。

⑧　その性的羞恥心を害する事項を告げもしくはその知り得る状態に置き、またはその性的羞恥心を害する文書、図書その他の物を送付しもしくはその知り得る状態に置くこと（八号）。

(2)　「ストーカー行為」とは、同一の者に対し、つきまとい等（右の①から④までの行為については、身体の安全、住居等の平穏もしくは名誉が害され、または行動の自由が著しく害される不安を覚えさせるような方法により行われる場合に限る。）を反復してすることをいう（同二項）。ストーカー行為をした者は、六月以下の懲役または五〇万円以下の罰金。この罪は、告訴がなければ公訴を提起できない（同一三条）。

（3）　規制措置

(1)　つきまとい等をして不安を覚えさせることの禁止

何人も、つきまとい等をして、その相手方に身体の安全、住居等の平穏もしくは名誉が害され、または行動の自由が著しく害される不安を覚えさせてはならない（同三条）。

(2)　警　告

①　警視総監もしくは道府県警察本部長または警察署長（以下「警察本部長等」という。）は、つきまとい等をされたとして当該つきまとい等に係る警告を求める旨の申出を受けた場合、当該申出に係るストーカー行為禁止規定に違反する行為があり、かつ、当該行為をした者が更に反復して当該行為をするおそれがあると認めるときは、当該行為をした者に対し、更に反復して当該行為をしてはならない旨を警告することができる（同四条一項）[(1)]。

②　一の警察本部長等が警告をした場合には、他の警察本部長等は、当該警告を受けた者に対し、さらに警告または仮の命令をすることができない（同四条二項）。

(3)　禁止命令等

公安委員会は、警告を受けた者が当該警告に従わずに当該警告に係るストーカー行為禁止規定に違反する行為をした場合、当該行為をした者が更に反復して当該行為をするおそれがあると認めるときは、当該行為をした者に対し、次の事項を命ずることができる（同五条一項）。

①　更に反復して当該行為をしてはならないこと（一号）。

②　更に反復してて該行為が行われることを防止するため必要な事項（二号）。

公安委員会は、禁止命令等をしようとするときは、行政手続法一三条一項の規定による意見陳述のための区分にかかわらず、聴聞を行わなければならない（同二項）。

禁止命令に違反してストーカー行為をした者は、一年以下の懲役または百万円以下の罰金（同一四条）。そのほか、禁止命令等に違反した者は、五〇万円以下の罰金（同一五条）。

(4) 仮の命令

① 警察本部長等は、警告を求める旨の申出を受けた場合、当該申出に係るストーカー禁止規定に違反する行為があり、かつ、当該行為をした者が更に反復して当該行為をするおそれがあると認めるとともに、当該申出をした者の身体の安全、住居等の平穏もしくは名誉が害され、または行動の自由が著しく害されることを防止するために緊急の必要があると認めるときは、当該行為をした者に対し、行政手続法一三条一項の規定にかかわらず、聴聞または弁明の機会の付与を行わないで、更に反復して当該行為をしてはならない旨を命ずることができる(同六条一項)。

② 一の警察本部長等が仮の命令をした場合には、他の警察本部長等は、当該仮の命令を受けた者に対し、当該仮の命令の係るストーカー禁止規定に違反する行為について、警告または仮の命令をすることができない(同二項)。

③ 仮の命令の効力は仮の命令をした日から起算して一五日とする(同三項)。

④ 警察本部長等は、仮の命令をしたときは、直ちに、当該仮の命令の内容および日時その他の事項を公安委員会に報告し、公安委員会は、報告を受けたときは、仮の命令があった日から起算して一五日以内に、意見の聴取を行わなければならない(同四項、五項)。この場合、行政手続法第三章第二節(二八条を除く。)の規定を準用する(同六項)。

(4) 相手方に対する援助等

(1) 警察本部長等の援助

警察本部長等は、ストーカー行為等の相手方からストーカー行為等に係る被害を自ら防止するための援助を受けたい旨の申出があり、その申出を相当と認めるときは、当該相手方に対し、当該ストーカー行為等に係る被害を自ら防止するための措置の教示その他必要な援助を行うものとする（同七条一項）。

(2) 国、地方公共団体、関係事業者等の支援

国および地方公共団体は、ストーカー行為等の防止に関する啓発および知識の普及、ストーカー行為等の相手方に対する支援ならびにストーカー行為等の防止に関する活動を行っている民間の自主的な組織活動の支援に努めなければならない（同八条一項）。

その他、関係事業者および地域の住民も、それぞれ、ストーカー行為等の相手方に対する支援、援助に努めることが求められている（同二項、三項）。

（5） 報告徴収等

(1) 警察本部長等は、警告または仮の命令をするために必要があると認めるときは、ストーカー行為等をしたと認められる者その他の関係者に対し、報告もしくは資料の提出を求め、または警察職員に当該行為をしたと認められる者その他の関係者に質問させることができる（同九条一項）。

(2) 公安委員会は、禁止命令等をするために必要があると認めるときは、警告もしくは仮の命令を受けた者その他の関係者に対し、報告もしくは資料の提出を求め、または警察職員に警告もしくは仮の命令を受けた者その他の関係者に質問させることができる（同二項）。

（1） 平成一一年一〇月の桶川ストーカー殺人事件では、ストーカー行為の相手方から再三にわたるストーカー行為の防止について警察の措置を求める申出があったにもかかわらず、警察がこれを無視し規制措置を懈怠したこともあって、事件は殺人事件にまでにいたった。このような場合、警察当局は謝罪しただけではすまされず、

法的責任を負わなければならないといえよう。

第一〇章　営業に関する警察法

営業の自由の保障は憲法の規定に明記されていないが、職業選択の自由（憲二二条一項）に含まれる（最判昭四七・一一・二二刑集二六巻九号五八六頁＝小売市場開設許可制事件）。しかし職業選択の自由、したがって営業の自由が「公共の福祉」によつて制約されることは憲法二二条一項が明言している。

とくに警察法における営業の規制は、公共の安全と秩序の維持という消極的な視点からの規制を中心とし、営業開始の自由を事前に予防的なコントロールに服せしめる許可制と営業遂行の自由の制限、すなわち営業活動の場所・時・方法等の自由を制限する手法をとっている。ただ営業に対する警察規制は、同時に、既存業者の権益を擁護し、新規業者の市場参入を制限する機能も有することに注意しなければならない。

営業とは、営利の目的を以てする業たる行為をいう。業たる行為とは、同種の行為を反復継続する意思をもってする行為であり、現実に反復したことを要せず、右の意思に基づく場合には一回の行為でも業たる行為にあたり（最決昭三一・三・二九裁判集刑事一一二号八五一頁）、本業ないし本職の場合に限らず副業もしくは内職という場合も含まれる（東京高判昭和二九・六・一一高刑集七号一〇一六頁）。

第一節　古物営業法

文献　保安警察研究会『質屋・古物営業法』（昭六〇・東京法会出版）、松村

裕子「古物営業法の改正」警察学論集四八巻七号（平七）、越智　浩「改正後の古物営業法の構造と基本概念について」、松村裕子「改正古物営業法及び関係法令の概要」以上、警察学論集四八巻一二号（平七）

第一款　基　礎

（1）法律の構成

古物営業法（昭和二四・七・一、最終改正平成一一・七・一六）は、六つの章により構成されている。第一章は総則、第二章は古物商の許可等、第三章は古物商等の遵守事項等、第四章は監督、第五章は雑則、第六章は罰則について規定している。

付属法令

古物営業法施行令（平成七・九・八）

古物営業法施行規則（平成七・九・二〇）

（2）法律の目的

古物営業法は、「盗品等の売買の防止、速やかな発見等を図るため、古物営業に係る業務について必要な規制等を行い、もって窃盗その他の犯罪の防止を図り、及びその被害の迅速な回復に資することを目的とする。」（一条）と規定している。

（3）概念規定

(1)「古物」とは、一度使用された物品もしくは使用されない物品で使用のため取引されたもの、またはこれらの物品に幾分の手入れをしたものをいう。ここにいう「物品」には、鑑賞的美術品および商品券、乗車券、郵便切手その他政令で定めるこれらに類する証票その他の物が含まれ、大型機械類（船舶、航空機、工作機械その他これに類する物）で政令で定めるものが除かれる（古物二条一項）。

(2)「古物営業」とは、次の営業をいう（同二項）。

① 古物を売買し、もしくは交換し、または委託を受けて売買し、もしくは交換する営業（古物を売却することまたは自己が売却した物品を当該売却の相手方から買い受けることのみを行う営業は除かれる。）（一号）

② 古物市場（古物商間の古物の売買または交換のための市場をいう。）を経営する営業（二号）

(3)「古物商」とは、古物営業の許可を受けて古物営業（一号営業）を営む者をいう（同三項）。古物営業は、昭和三七年末には、最小の二三万三、五八六業者であったが、その後、自動車や家電製品の古物商が漸増し、平成三年末には、五七万六、四八四業者（平成三年の新規許可は三万三、〇四三、廃業は一万六、四一九）に達した。

(4)「古物市場主」とは、古物営業の許可を受けて古物営業（二号営業）を営むものをいう（同四項）。

第二款　古物営業の許可等

(1) 古物営業の許可

古物営業を営もうとする者は、営業所（営業所のない者にあっては、住所または居所）または古物市場の所在地を管轄する都道府県公安委員会の許可を受けなければならない（同三条）。許可を受けないで古物営業を営んだ者および偽りその他不正の手段により許可を受けた者は、三年以下の懲役または百万円以下の罰金（同三一条一号、二号）。

古物営業の許可の単位は都道府県単位とされているから、同一都道府県内に複数の営業所等を有する場合には、営業所ごとに営業許可を取得する必要はない。また、古物営業（一号営業）を営もうとする者で行商をしようとする者は、許可申請書にその旨を記載しなければならない（同五条一項五号）。許可申請書に虚偽の記載をして提出した者は、二〇万円以下の罰金（同三四条一号）。古物商は、その代理人、使用人その他の従業者に行商をさせるときは、当該代理人等に行商従業者証を携帯させなければならない（同一一条二項）。

(1)　許可の基準

公安委員会は、次のいずれかに該当する場合においては、許可をしてはならない（同四条）。

①　成年被後見人もしくは被保佐人または破産者で復権を得ないもの（一号）

②　禁錮刑以上の刑に処せられ、または一定の罪を犯して罰金の刑に処せられ、その執行を終わり、または執行を受けることのなくなった日から起算して五年を経過しない者（二号）

③　住居の定まらない者（三号）

④　古物営業の許可を取り消され、当該取消しの日から起算して五年を経過しない者。法人の場合は、当該取消しに係る聴聞の期日および場所が公示された日前六〇日以内に当該法人の役員であった者で当該取消しの日から起算して五年を経過しないものを含む（四号）。許可の取消しに係る聴聞に関する事項が公示された日から現実に取り消される日までの間に古物営業の廃止の届出をした場合（いわゆる「取消し逃れ」）でも、欠格事由になる。

⑤　許可の取消しに係る聴聞の期日および場所が公示された日から当該取消しをする日または当該取消しをしないことを決定する日までの間に許可証の返納をした者で、当該返納の日から起算して五年を経過しないもの（五号）

⑥ 営業に関し成年者と同一の能力を有しない未成年者。ただし、その者が古物商または古物市場主の相続人であって、その法定代理人が前記の欠格事由に該当しない場合を除くものとする（六号）。
⑦ 営業所または古物市場ごとに管理者を選任すると認められないことについて相当な理由がある者（七号）
⑧ 法人で、その役員のうち前記の欠格事由のいずれかに該当する者があるもの（八号）
公安委員会は、古物営業の許可をしたときは、許可証を交付しなければならない（同五条三項）。
(2) 許可の取消し
公安委員会は、次に掲げるいずれかの事実が判明したときは、古物営業の許可を取り消すことができる（同六条）。
① 偽りその他不正の手段により許可を受けたこと（一号）。
② 四条の各号（七号を除く。）に掲げる者（欠格事由に該当する者）のいずれかに該当していること（二号）。
③ 許可を受けてから六月以内に営業を開始せず、または引き続き六月以上営業を休止し、現に営業を営んでいないこと（三号）。
④ 三月以上所在不明であること（四号）。
③④は、長期休業者および所在不明者に対する「死に許可」に対処する規定である。
(3) 営業内容等の変更の届出
古物商または古物市場主は、営業内容等に変更があったときは、届出書を提出しなければならない（同七条）。届出書を提出せず、または虚偽の記載をして提出した者は、一〇万円以下の罰金（同三五条一号）。

古物商は、古物市場主の経営する古物市場以外において競り売りをしようとするときはあらかじめ、その日時および場所を、公安委員会に届け出なければならない（同一〇条）。届出をせず、または虚偽の届出をした者は、二〇万円以下の罰金（同三四条二号）。「競り売り」とは、複数の買い手に価格の競争をさせて取り引きを行う営業形態をいう。

(4) 名義貸しの禁止

古物商または古物市場主は、自己の名義をもって、他人にその古物営業を営ませてはならない（同九条）。違反した者は、三年以下の懲役または百万円以下の罰金（同三一条）。

第三款　古物商等の遵守事項等

（1）許可証等の携帯等

古物商は、行商をし、または競り売りをするときは、許可証を携帯していなければならない。また、古物商は、その代理人、使用人その他の従業者に行商をさせるときは、当該代理人等に、行商従業者証を携帯させなければならない（同一一条）。違反した者は、一〇万円以下の罰金（同三五条二号）。

（2）標識の掲示

古物商または古物市場主は、それぞれ営業所もしくは露店または古物市場ごとに、公衆の見やすい場所に、標識を掲示しなければならない（同一二条）。違反した者は、一〇万円以下のの罰金（同三五条二号）。

（3）管理者の選任

古物商または古物市場主は、営業所または古物市場ごとに、当該営業所または古物市場に係る業務を適正に実施するための責任者として、管理者一人を選任しなければならない（同一三条一項）。次のいずれかに該当する者は、管理者となることができない。ⅰ未成年者、ⅱ古物営業許可の欠格事由のいずれかに該当する者（同二項）。古物商または古物市場主は、管理者に、取り扱う古物が不正品であるかどうかを判断するために必要なものとして国家公安委員会規則で定める知識、技術または経験を得させるよう努めなければならない（同三項）。施行規則は、「知識技術または経験」として、「不正品の疑いある自動車の車体、車台番号打刻部分等における改造等の有無並びに改造等がある場合にはその態様及び程度を判定するために必要とされる知識、技術または経験であって、当該知識、技術または経験を必要とする古物営業の業務に三年以上従事したものが通常有し、民法法人その他の団体が行う講習の受講等により得ることができるもの」と規定している（施行規則一四条）。公安委員会は、管理者がその職務に関し法令の規定に違反した場合において、その情状により管理者として不適当であると認めたときは、古物商または古物市場主に対し、当該管理者の解任を勧告することができる（古物一三条四項）。

（4）営業の制限

古物商は、その営業所または取引の相手方の住所もしくは居所以外の場所において、買い受け、もしくは交換するため、または売却もしくは交換の委託を受けるため、古物商以外の者から古物を受け取ってはならない（同一四条一項）。違反した者は、一年以下の懲役または五〇万円以下の罰金（同三一条）。

古物市場においては、古物商間でなければ古物を売買し、交換し、または売却もしくは交換の委託を受けてはならない（同一四条二項）。違反した者は、六月以下の懲役または三〇万円以下の罰金（同三三条一号）。

（5）身分確認義務および申告

身分確認義務は、盗品の流通を防止するために設けられている古物営業法上の重要な制度である。古物商は、古物を買い受け、もしくは交換するため、または売却もしくは交換の委託を受けようとするときは、その相手方の住所、氏名、職業および年齢の確認をし、またはその相手方からその住所、氏名、職業および年齢が記載された文書（その者の署名のあるものに限る。）の交付を受けなければならない（同一五条一項）。

ただし、次に掲げる場合は、この限りでない。ｉ対価の総額が国家公安委員会規則で定める金額未満である取引をする場合（盗品等の流入を防止するため、特に相手方の確認等をさせる必要性があるものとして国家公安委員会規則で定める古物に係る取引をする場合を除く。）。「国家公安委員会が定める金額」は一万円であり、また少額取引であっても「確認等の必要性がある……古物」として、自動二輪車および原動機付自転車（汎用性でない部分を含む。）ならびにいわゆるファミコンソフトが規定されている（施行規則一六条一項）。ⅱ自己が売却した物品を当該売却の相手方から買い受ける場合（古物一五条一項ただし書）。違反した者は、六月以下の懲役または三〇万円以下の罰金（同三三条一号）。

古物商は、古物を買い受け、もしくは交換するため、または売却もしくは交換の委託を受けようとする場合において、当該古物について不正品の疑いがあると認めるときは、直ちに、警察官にその旨を申告しなければならない（同一五条二項）。

（6）帳簿等への記載等

古物商は、売買もしくは交換のため、または売買もしくは交換の委託により、古物を受け取り、または引き渡したときは、その都度、次に掲げる事項を、帳簿もしくは国家公安委員会規則で定めるこれに準ずる書類に記載をし、または電磁的方法（電子的方法、磁気的方法その他の人の知覚によって認識することができない方法をいう。）により記録をしておかなければならない。ただし、一五条各号に掲げる場合および当該記載または記録の必要のないものとして国家公安委員会規則で定める古物を引き渡した場合は、この限りでない（同一六条一項）。i 取引の年月日（一号）、ii 古物の品目および数量（二号）、iii 古物の特徴（三号）、iv 相手方の住所、氏名、職業および年齢（四号）、v 一五条一項の規定により確認をしたときは、その方法（五号）、vi 一五条一項の規定により文書の交付を受けたときは、その旨（六号）。

古物市場主は、その古物市場において売買され、または交換される古物につき、取引の都度、一五条一号から三号までに規定する事項ならびに取引の当事者の住所および氏名を帳簿等に記載をし、または電磁的方法により記録をしておかなければならない（同一七条）。

必要な記載もしくは電磁的方法による記録をせず、または虚偽の記載もしくは電磁的方法による記録をした者は、六月以下の懲役または三〇万円以下の罰金（同三三条二号）。古物商または古物市場主は、帳簿等を最終の記載をした日から三年間営業所もしくは古物市場に備え付け、または電磁的方法による記録を当該記録をした日から三年間営業所もしくは古物市場において直ちに書面に表示することができるようにして保管しておかなければならない（同一八条一項）。違反した者は、六月以下の懲役または三〇万円以下の罰金（同三三条一号）。

古物商または古物市場主は、帳簿等または電磁的方法による記録をき損し、もしくは防湿し、またはこれらが滅失したときは、直ちに営業所または古物市場の所在地の所轄警察署長に届け出なければならない（同一八条二項）。届出をせず、または虚偽の届出をした者は、六月以下の懲役または三〇万円以下の罰金（同三三条三号）。

また、施行規則では、売却の際の取引の記録の義務が免除されない古物として、i 美術品類、ii 時計および宝飾品類、iii 自動車（その部分品を含む。）、iv 自動二輪車および原動機付自転車（これらの部品［対価の総額が一万円未満で取引されるものを除く。］を含む。）が規定され（施行規則一八条一項）、売却等の相手方の住所、氏名等の記録が免除される古物として、自転車である古物が規定されている（同二項）。

警視総監、道府県警察本部長または警察署長は、古物商または古物市場主に対して、盗品その他財産に対する罪に当たる行為によって領得された物の品触れを発することができる（古物一九条一項）。

（7）品　触　れ

古物商または古物市場主は、品触れを受けたときは、その品触書に到達の日付けを記載し、その日から六月間これを保存し（同二項）、品触れを受けた日にその古物を所持していたとき、または六月の期間内に品触れに相当する古物を受け取ったとき（同三項）、六月の期間内に品触れに相当する古物が取り引きのため古物市場に出たとき（同四項）は、その旨を直ちに警察官に届け出なければならない。一九条二項、一九条三項もしくは一九条四項の規定に違反した者は、六月以下の懲役または三〇万円以下の罰金（同三三条一号、四号）。

（8）盗品および遺失物の回復

古物商が買い受け、または交換した古物のうちに盗品または遺失物があった場合においては、その古物商が当該盗品または遺失物を公の市場においてまたは同種の物を取り扱う営業者から善意で譲り受けた場合においても、被害者または遺失主は、古物商に対し、これを無償で回復することを求めることができる。ただし、盗難または遺失の時から一年を経過した後においては、この限りでない（同二〇条）。

（9）差　止　め

古物商が買い受け、もしくは交換し、または売却もしくは交換の委託を受けた古物について、盗品または遺失物であると疑うに足りる相当な理由がある場合においては、警察署長は、当該古物商に対し三〇日以内の期間を定めて、その古物の保管を命ずることができる（同二一条）。警察署長の命令に違反した者は、六月以下の懲役または三〇万円以下の罰金（同三三条五号）。

第四款　監　督

（1）立入りおよび調査

警察官は、営業時間中において、古物商の営業所、古物の保管場所、古物市場または競り売りの場所に立ち入り、古物および帳簿等を検査し、関係者に質問することができる（同二二条一項）。この場合、警察官は、その身分を証明する証票を携帯し、関係者に、これを提示しなければならない（同二項）。警察署長は、古物商または古物市場主から盗品または遺失物に関し、必要な報告を求めることができる（同三項）。立入りまたは帳簿等の検査を拒み、妨げ、または忌避した者および報告をせず、または虚偽の報告をした者は、一〇万円以下の罰金（同三五条三号、四号）。

（2）指　示

公安委員会は、古物商もしくは古物市場主またはこれらの代理人等が、この法律もしくはこの法律に基づく命令の規定に違反しもしくはその古物営業に関し他の法令の規定に違反した場合において盗品等の売買等の防止もしくは盗品等の速やかな発見が著しく阻害されるおそれがあると認めるときは、当該古物商または古物市場主に対し、その業務の適正な実施を確保するため必要な措置をとるべきことを指示することができる（同二三条）。

（3）営業の停止等

公安委員会は、古物商もしくは古物市場主またはこれらの代理人等が、この法律もしくはこの法律に基づく命令の規定に違反しもしくはその古物営業に関し他の法令の規定に違反した場合において盗品等の売買等の防止もしくは盗品等の速やかな発見が著しく阻害されるおそれがあると認めるとき、または古物商もしくは古物市場主がこの法律に基づく処分に違反したときは、当該古物商または古物市場主に対し、その古物営業の許可を取り消し、または六月を超えない範囲内で期間を定めて、その古物営業の全部もしくは一部の停止を命ずることができる（同二四条）。命令に違反した者は、三年以下の懲役または百万円以下の罰金（同三一条四号）。

（4）聴聞の特例

公安委員会は、古物商または古物市場主の営業の停止を命じようとするときは、行政手続法一三条一項の規定による意見陳述のための手続の区分にかかわらず、聴聞を行わなければならない。この場合、聴聞を行うにあたっては、その期日の一週間前までに、行政手続法一五条一項の規定による通知をし、かつ、聴聞の期日および場所を公示しなければならない。聴聞の期日における審理は、公開により行わなければならない（同二五条）。

（5）罰則について

①三一条から三三条までの罪を犯した者には、情状により、各本条の懲役および罰金を併科することができる（同三六条）。

②過失により一九条三項または四項の規定に違反した者は、拘留または科料に処する（同三七条）。

③法人の代表者または法人もしくは人の代理人等が、三一条から三五条までの違反行為をしたときは、行為者を罰するほか、その法人または人に対しても、各本条の罰金刑を科する（同三八条）。

第二節　質屋営業法

文献　保安警察研究会『質屋・古物営業法』（昭六〇・東京法会出版）

第一款　基　礎

（1）法律の構成

質屋営業法（昭和二五・七・一、最終改正平成一三・一・六）は三六か条により構成されている。この法律では、「とき」「時」、「かつ」「且つ」、「ただし」「但し」など、用語が不統一である。

付属法令

質屋営業法施行規則（昭和二五・六・三〇）

質屋営業法に規定する同公安委員会の権限の方面公安委員会への委任に関する政令（昭和四七・一〇・二六）

（2）法律の目的

質屋営業法は、質屋営業に関連して生じる公共の安全と秩序に対する危険の監視と防止、とくに盗品等の発見による犯罪の防止および質置主の保護を目的とする。

（3）概念規定

(1)「質屋営業」とは、物品（有価証券を含む。）を質に取り、流質期限までに当該質物で担保される債権の弁済を受けないときは、当該質物をもってその弁済に充てる約款を附して、金銭を貸し付ける営業をいう（質屋一条一項）。

(2)「質屋」とは、質屋営業を営むもので、質屋営業の許可を受けたものをいう（同二項）。質屋営業者数は、昭和三三年に二万一、五三九業者に達したが、経済状況の変化により庶民金融業としての質屋営業者数は次第に減少し、平成三年末は、六、三一三業者前年比マイナス二六四業者（平成三年の廃業三五三）となっている。

第二款　質屋営業の許可等

(1) 質屋営業の許可

質屋になろうとする者は、営業所ごとに、その所在地を管轄する都道府県公安委員会の許可を受けなければならない（同二条一項）。この場合、自ら管理しないで営業所を設けるときは、その営業所の管理者を定めなければならない（同二項）。

(2) 許可の基準

公安委員会は、次のいずれかに該当する場合においては、許可をしてはならない（同三条一項）。

① 禁錮刑以上の刑に処せられ、その執行を終わり、または執行を受けることのなくなった後、三年を経過しない者（一号）

② 許可の申請前三年以内に、無許可営業の禁止に違反して罰金の刑に処せられた者または他の法令の規定に違反して罰金の刑に処せられその情状が質屋として不適当な者（二号）

③ 住居の定まらない者（三号）

④ 営業について成年者と同一の能力を有しない未成年者または成年被後見人。ただし、その者が質屋の相続人であって、その法定代理人が①②③のいずれかまたは⑥に該当しない場合を除くものとする（四号）。

⑤破産者で復権を得ないもの（五号）
⑥許可を取り消され、取消しの日から三年を経過していない者（六号）
⑦同居の親族のうち⑥に該当する者または営業の停止を受けている者のある者（七号）
⑧①から⑥までのいずれかに該当する管理者を置く者（八号）
⑨法人である場合においては、その業務を行う役員のうちに①から⑧までのいずれかに該当する者がある者（九号）
⑩公安委員会が質物の保管設備について基準を定めた場合においては、その基準に適合する質物の保管設備を有しない者（一〇号）

公安委員会は、許可をしないことを決定しようとするときは、当該申請者の意見を聴き、且つ、申請者が許可を受けるためにする証拠の提出を許さなければならない（同三条二項）。公安委員会は、許可をしない場合においては、理由を附した書面をもって申請者にその旨を通知しなければならない（同三項）。

（3）営業内容の変更

質屋は、同一公安委員会の管轄区域内において営業所を移転し、または管理者を新たに設け、もしくは変更しようとするときは、管轄公安委員会の許可を受けなければならない（同四条一項）。違反した者は、六月以下の懲役もしくは一万円以下の罰金、またはこれの併科（同三一条）。

質屋は、廃業したときもしくは長期休業をしようとするときまたは許可の申請書の記載事項につき変更を生じたときは、管轄公安委員会に届け出なければならない（同四条二項）。質屋が死亡したときは、同居の親族、法定代理人または管理者は、死亡の届出をしなければならない（同三項）。違反した者は、一万円以下の罰金（同三三条)。

（4）許可証

①交　付　公安委員会は、許可をするときは、許可証を交付しなければならない（同八条一項）。

②返　納　許可証の交付を受けた者は、次の一に該当するに至った場合においては、一〇日以内に当該許可証を管轄公安委員会に返納しなければならない。ⅰ廃業したとき、ⅱ許可証の再公布を受けた者が亡失し、または盗み取られた許可証を回復するに至ったとき、ⅲ許可を取り消されたとき（同九条一項）。質屋が死亡した場合（同二項）、法人が合併以外の事由により解散し、または合併により消滅したときも（同三項）、許可証を返納しなければならない。違反した者は、一万円以下の罰金（同三三条）。

③許可の表示　許可を受けた者は、営業所の見易い場所に、許可を受けたことを証する表示をしなければならない（同一〇条）。違反した者は、一万円以下の罰金（同三三条）。

④許可の取消しまたは停止　公安委員会は、次のいずれかに該当する場合において必要があると認めるときは、質屋の許可を取り消し、または一年以内の期間を定めて質屋営業の停止を命ずることができる（同二五条一項）。ⅰ質屋が他の法令に違反して、禁錮以上の刑に処せられたとき、または罰金の刑に処せられその情状が質屋として不適当なとき（一号）。ⅱ質屋が三条一項三号、五号もしくは八号に該当したとき、または質屋が法人である場合においてその業務を行う役員のうちに三条一項一号もしくは三号から六号までのいずれかに該当した者もしくは許可の取消しもしくは営業の停止をしようとするとき以前三年以内に五条の規定に違反して罰金の刑に処せられた者もしくは許可の取消しもしくは営業の停止をしようとするとき以前三年以内に他の法令に違反して罰金の刑に処せられその情状が質屋として不適当な者があるに至ったとき（二号）。ⅲ質屋の法定代理人が

三条一項一号、三号もしくは六号に該当し、もしくは該当するに至ったときまたは許可の取消しもしくは営業の停止をしようとする以前三年以内に他の法令の規定に違反して罰金の刑に処せられその情状が質屋として不適当なとき（三号）。ⅳ質屋の法定代理人、使用人その他の従業者がこの法律またはこの法律に基づく命令に違反したとき。ただし、質屋の代理人、使用人その他の従業者がこの法律またはこの法律に基づく命令に違反した場合においては、質屋がその代理人または使用人その他の従業員のした当該違反行為を防止するため相当の注意を怠らなかったことが証明された場合においては、この限りでない（四号）。

二以上の営業所を有する質屋が、一の営業所につき、質屋の許可を取り消され、または質屋営業の停止を命じられた場合においては、他の営業所についても、その所在地を管轄する公安委員会は、情状により、その質屋の許可を取り消し、またはその質屋営業の停止を命ずることができる。この場合においては、前者の所在地が当該公安委員会の管轄に属すると否とを問わない（同二五条二項）。

営業停止処分に違反した者は、三年以下の懲役もしくは一〇万円以下の罰金、またはこれの併科（同三〇条）。

第三款　質屋の遵守事項

（1）禁止事項

⑴　無許可営業の禁止　質屋でない者は、質屋営業を営んではならない（同五条）。違反した者は、三年以下の懲役もしくは一〇万円以下の罰金、またはこれの併科（同三〇条）。

⑵　名義貸の禁止　質屋は、自己の名義をもって、他人に質屋営業を営ませてはならない（同六条）。違反した者は、三年以下の懲役もしくは一〇万円以下の罰金、またはこれの併科（同三〇条）。

(3) 営業の制限　質屋は、その営業所または質置主の住所もしくは居所以外の場所において物品を質に取ってはならない（同一二条）。違反した者は、一年以下の懲役もしくは三万円以下の罰金、またはこれの併科（同三一条）。

（2）保管設備

公安委員会は、火災、盗難等の予防のため必要があると認めるときは、質屋の設けるべき質物の保管設備について、一定の基準を定めることができる（同七条一項）。公安委員会は、基準を定めた場合は、一定の公告式により、これを告示するものとする（同二項）。公安委員会が質物の保管設備について基準を定めた場合には、質屋は、当該基準に従い質物の保管設備を設けなければならない（同三項）。

（3）身分確認義務および申告

身分確認義務は、盗品の流通を防止するために設けられている質屋営業法上の重要な制度である。質屋は、物品を質に取ろうとするときは、質置主の相手方の住所、氏名、職業および年令を確認しなければならない。不正品の疑がある場合においては、直ちに警察官にその旨を申告しなければならない（同一三条）。確認をしない者は、六月以下の懲役もしくは一万円以下の罰金、またはこれの併科（同三二条）。

（4）帳　簿

① 質屋は、内閣府令の定める様式により、帳簿を備え、質契約ならびに質物返還および流質物処分をしたときは、その都度、その帳簿に次の事項を記載しなければならない。i 質契約の年月日、ii 質物の品目および数量、iii 質物の特徴、iv 質置主の住所、氏名、職業、年令および特徴、v 一三条の規定により行った確認の方法、vi 質物返還または流質物処分の年月日、vii 流質物の品目および数量、viii 流質物処分の相手方の住所および氏名（同

一四条）。違反した者は、六月以下の懲役もしくは一万円以下の罰金、またはこれの併科（同三二条）。

②　質屋は、帳簿を、最終の記載をした日から三年間、保存しなければならない（同一五条一項）。違反した者は、六月以下の懲役もしくは一万円以下の罰金、またはこれの併科（同三二条）。

③　質屋は、帳簿をき損し、亡失し、または盗み取られたときは、直ちに営業所の所在地の所轄警察署長に届け出なければならない（同一五条二項）。違反した者は、一万円以下の罰金（同三三条）。

（5）質　受　証

質屋は、質契約をしたときは、質札または通帳を質置主に交付しなければならない。質札および通帳の様式ならびにこれに記載すべき事項は、内閣府令で定める（同一六条）。

（6）掲　示

質屋は、次の事項を営業所内の見易い場所に掲示しなければならない。ｉ利率、ⅱ利息の計算方法、ⅲ流質期間、ⅳその他、質契約の内容となるべき事項、ｖ営業時間（同一七条一項）。流質期限は、質契約成立の日から三月未満（質置主が物品を取り扱う営業者であり、かつ、その質に入れようとする物品がその取り扱っている物品である場合においては、一月未満）の期間で定めてはならない（同二項）。質屋は、前記のｉからⅳまでの事項に係る掲示の内容と異なり、かつ、質置主の不利益となるような質契約をしてはならない（同三項）。これに違反する契約は、その違反する部分については、当該掲示の内容によりされたものとみなす（同四項）。一七条一項、二項もしくは三項に違反した者は、一万円以下の罰金（同三三条）。

（7）質物の返還

質置主は、流質期限前は、いつでも元利金を弁済して、その質物を受け戻すことができる。この場合においては、質置主は、質札を返還し、または通帳に質物を受け戻した旨の記入を受けるものとする（同一八条一項）。質屋は、相手方が質物の受取りについて正当な権限を有する者（＝受取権者）であることを確認した場合でなければ、質物を返還してはならない（同二項）。質屋が内閣府令で定める方法により相手方が受取権者であることを確認して質物を返還したときは、正当な返還をしたものとみなす。ただし、受取権者であることを確認したことについて過失がある場合は、この限りでない（同三項）。

（8）流質物の取得および処分

質屋は、流質期限を経過した時において、その質物の所有権を取得する。但し、質屋は、当該流質物を処分するまでは、質置主が元金および流質期限までの利子ならびに流質期限経過の時に質契約を更新したとすれば支払うことを要する利子に相当する金額を支払ったときは、これを返還するよう努めるものとする（同一九条一項）。質屋は、古物営業法一四条二項の規定にかかわらず、古物市場において、流質物の売却をすることができる（同二項）。

（9）質物が滅失した場合の措置

災害その他の事由に因り、質物が滅失し、もしくはき損し、または盗難にかかった場合においては、質屋は、遅滞なく、当該質物の質置主にその旨を通知しなければならない。災害その他質屋および質置主双方の責に帰することのできない事由に因り、質屋が質物の占有を失った場合においては、質屋は、その質物で担保される債権を失う。質屋は、その責に帰すべき事由に因り、質物が滅失し、もしくはき損し、または盗難にかかった場合における質置主の損害賠償請求権をあらかじめ放棄させる契約をすることはできない（同二〇条）。

（10）品　触

警視総監、道府県警察本部長または警察署長は、質屋に対して、ぞう物の品触れを発することができる。質屋は、品触れを受けたときは、その品触書に到達の日付けを記載し、その日から六月間これを保存し、品触れを受けた日にその物を質物もしくは流質物として所持していたとき、または六月の期間内に品触れに相当する質物を受け取ったときは、その旨を直ちに警察官に届け出なければならない（同二一条）。保存および届出をしない者は、拘留または科料（同三四条）。

(11) 盗品および遺失物の回復

質屋が質物または流質物として所持する物品が、盗品または遺失物であった場合においては、その質屋が当該盗品を同種の物を取り扱う営業者から善意で質に取った場合においても、被害者または遺失主は、質屋に対し、これを無償で回復することを求めることができる。但し、盗難または遺失のときから一年を経過した後においては、この限りでない（同二二条）。

(12) 差　止

質屋が質物または流質物として所持する物品について、ぞう物また失物であった場合においては、警察署長は、当該質屋に対し三〇日以内の期間を定めて、その物品の保管を命ずることができる（同二三条）。命令に違反した者は、六月以下の懲役もしくは一万円以下の罰金、またはこれの併科（同三一条）。

第四款　監　督

(1) 立入および調査

警察官は、営業時間中において、質屋の営業所および質物の保管場所に立ち入り、質物および帳簿を検査し、または関係者に質問することができる。この場合、警察官は、その身分を証明する証票を携帯し、関係者に、これを呈示しなければならない（同二四条）。立入りまたは質物もしくは帳簿の検査を拒み、妨げ、または忌避した者は、一万円以下の罰金（同三三条）。

（2）聴聞の特例

公安委員会は、質屋営業の停止を命じようとするときは、行政手続法一三条一項の規定による意見陳述のための手続の区分にかかわらず、聴聞を行わなければならない。この場合、聴聞を行うにあたっては、その期日の一週間前までに、行政手続法一五条一項の規定による通知をし、かつ、聴聞の期日および場所を公示しなければならない。聴聞の期日における審理は、公開により行わなければならない（同二六条）。

（3）質置主の保護

質屋が廃業し、または質屋の許可を取り消された場合においては、質屋であった者は、廃業または許可の取消を受けた日以前に成立した質契約については、当該質契約の内容に従い、貸付金の回収、質物の返還その他当該質契約を終了させるため必要な行為をしなければならない（同二八条一項）。これは、質屋が営業の停止を受けた場合について準用される（同二項）。

質屋が次の一に該当するに至った場合においては、その者は、その事由が発生した日以前に成立した質契約について、当該質契約の内容に従い、貸付金の回収、質物の返還その他当該質契約を終了させるため必要な行為をしなければならない（同三項）。ⅰ死亡した場合においては、その相続人のうち当該質屋の営業所ごとに管轄公安委員会の承認を受けたものまたは相続財産管理人（一号）、ⅱ法人である場合において、合併以外の事由に因り解散したときは、清算人または破産管財人（二号）、iii 法人である場合において、合併に因り消滅したときは、合併後存続する法人または合併に因り設立し法人（三号）。

二八条一項、三項の規定に違反した者は、一万円以下の罰金（同三三条一号）。

（4）両罰主義

法人の代表者または法人もしくは人の代理人、使用人その他の従業員が、その法人または人の業務に関し、三〇条から三三条までの違反行為をしたときは、行為者を罰するほか、その法人または人に対しても、各本条の罰金刑を科する（同三五条）。

第三節　風俗営業等の規制及び業務の適正化等に関する法律（＝風営適正化法）

文献　高木俊夫・金築誠志『風俗営業取締法』（昭五七・青林書院新社）、飛田清弘・柏原伸行『条解風俗営業等の規制及び業務の適正化等に関する法律』（昭六一・立花書房）、豊田　健・仲家伸彦『風俗営業等の規制及び業務の適正化等に関する法律』『注解特別刑法7風俗・軽犯罪編〔第二版〕』（昭六三・青林書院）、風俗問題研究会『最新風営適正化法ハンドブック』（平一一・立花書房）

第一款　基　礎

（1）法律の構成

風俗営業等の規制及び業務の適正化等に関する法律（昭和二三・九・一、最終改正平成一三・六・二〇）は七つの章より構成されている。第一章は総則、第二章は風俗営業の許可等、第三章は風俗営業者の遵守事項等、第四章は性風俗特殊営業等の規制、第五章は監督、第六章は雑則、第七章は罰則について規定している。

風俗営業等の規制及び業務の適正化等に関する法律は、昭和二三年に「風俗営業取締法」として制定され、昭和三四年の改正で法律の題名が「風俗営業等取締法」に改められ、昭和五九年に現行の題名となった。

付属法令

風俗営業等の規制及び業務の適正化等に関する法律施行令（昭和五九・一一・七）

風俗営業等の規制及び業務の適正化等に関する法律施行規則（昭和六〇・一・一一）

風俗営業等の規制及び業務の適正化等に関する法律等の解釈基準（平成一一・二　警察庁生活安全局）

（2）法律の目的

風俗営業等の規制及び業務の適正化等に関する法律（以下、「風営適正化法」という。）は、「善良の風俗と清浄な風俗環境を保持し、及び少年の健全な育成に障害を及ぼす行為を防止するため、風俗営業及び性風俗特殊営業について、営業時間、営業区域等を規制し、及び年少者をこれらの営業所に立ち入らせること等を規制するとともに、風俗営業の健全化に資するため、その業務の適正化を促進する等の措置を講ずることを目的とする。」（一条）と規定している。

風俗に関する警察は、多元的な成熟した社会において、善良な風俗とは何か、善良な風俗に反する反社会的行為とは何か、反社会的行為についてどのような法的規制をすべきかという問題に直面している。この点についての解答が風営適正化法である。その目的規定は、風俗営業および風俗関連営業の反社会性についての危険防止という消極的規制のみならず、従前の風俗営業取締法と違って、顧客、従業員および隣人の保護を目的とするものでなければならないが、風営適正化法は、「正常な風俗環境を保持……少年の健全な育成……風俗営業の健全化……その業務の適正化を促進する」という積極的目的を掲げていることが注目されよう。

（3）概念規定

(1)「風俗営業」とは、次のいずれかに該当する営業をいう（風俗二条一項）。

① キャバレーその他設備を設けて客にダンスをさせ、かつ、客の接待をして客に飲食をさせる営業（一号）。これは、ダンス・接待・飲食の三要素が結合したものである。

② 待合、料理店、カフエーその他設備を設けて客の接待をして客に遊興または飲食をさせる営業、①に該当する営業を除く（二号）。これは、接待・遊興または飲食の二要素が結合したものである。

③ ナイトクラブその他設備を設けて客にダンスをさせ、かつ、客に飲食をさせる営業、①に該当する営業を除く（三号）。これは、ダンス・接待・飲食の三要素が結合している。

④ ダンスホールその他設備を設けて客にダンスをさせる営業、①〜③の営業および客にダンスを教授する営業を除く（四号）。ダンスとは、社交ダンスはもちろん、タップダンス、ゴーゴー、ディスコダンス等を含む。

⑤ 喫茶店、バーその他設備を設けて客に飲食させる営業で、客席における照度を十ルクス以下として営むもの、①〜③の営業として営むものを除く（五号）

⑥ 喫茶店、バーその他設備を設けて客に飲食させる営業で、他から見通すことが困難であり、かつ、その広さが五平方メートル以下である客席を設けて営むもの（六号）

⑦ まあじゃん屋、ぱちんこ屋その他設備を設けて客に射幸心をそそるおそれのある遊技をさせる営業（七

号）

⑧　スロットマシン、テレビゲーム機その他の遊技設備で本来の用途以外の用途として射幸心をそそるおそれのある遊技に用いることができるものを備える店舗その他これに類する区画された施設（旅館業その他の営業の用に供し、またはこれに随伴する施設で政令で定めるものを除く。）において当該遊技設備により客に遊技をさせる営業で、⑦の営業を除く（八号）。「遊技設備」は、スロットマシン、テレビゲーム機のほか、フリッパーゲーム機、ルーレット台、トランプおよびトランプ台その他ルーレット遊技またはトランプ遊技に類する遊技の用に供する遊技設備を含む。以上の遊技設備により客に遊技をさせる営業を「ゲームセンター等」という。なお、ドライブゲーム、飛行機操縦ゲームその他これに類するゲーム機および機械式等のモグラ叩き機については、当面賭博、少年のたまり場等の問題が生じないかどうかを見守り、規制の対象にしない（解釈基準第三2）。

(2)「風俗営業者」とは、営業の許可または承認をを受けて、風俗営業を営む者をいう（同二項）。名義上許可を受けているが実際には営業を営んでいない者や無許可で風俗営業を営む者は、ここにいう「風俗営業者」ではない。

(3)「接待」とは、歓楽的雰囲気を醸し出す方法により客をもてなすことをいう（同三項）。警察庁解釈基準は、「接待」について次のような判断基準を示している（解釈基準第四3）。

①　談笑・お酌等　　特定少数の客の近くにはべり、継続して、談笑の相手となったり、酒等の飲食物を提供したりする行為は接待に当たる。これに対して、お酌をしたり水割りを作るが速やかにその場を立ち去る行為、客の後方で待機し、またはカウンター内で単に客の注文に応じて酒類を提供するだけの行為およびこれらに付随して社交儀礼上のあいさつをかわしたり、若干の世間話をしたりする程度の行為は、接待に当たらない。

②　踊り等　特定少数の客に対して、専らその客の用に供している客室または客室内の区画された場所において、歌舞音曲、ダンス、ショウ等を見せ、または聞かせる行為は接待に当たる。これに対して、ホテルのディナーショウのように不特定多数の客に対し、同時に、踊り、ダンス、ショウ等を見せ、または歌もしくは楽器の演奏を聴かせる行為は、接待には当たらない。

③　歌唱等　特定少数の客の近くにはべり、その客に対して歌うことを勧奨し、もしくはその客の歌に手拍子をとり、拍手をし、もしくはほめそやす行為または客と一緒に歌う行為は、接待に当たる。これに対して、客の近くに位置せず、不特定の客に対して歌うことを勧奨し、または不特定の客の歌に対し拍手をし、もしくはほめそやす行為、不特定多数の客からカラオケの準備の依頼を受ける行為または歌の伴奏のための楽器を演奏する行為等は、接待には当たらない。

④　遊戯等　客とともに、遊戯、ゲーム、競技等を行う行為は、接待に当たる。これに対して、客一人でまたは客同士で、遊戯、ゲーム、競技等を行わせる行為は、直ちに接待に当たるとはいえない。

⑤　その他　客と身体を密着させたり、手を握る等客の身体に接触する行為は、接待に当たる。ただし、社交儀礼上の握手、酔客の介抱のため必要な限度で接触する等の行為は、接待に当たらない。また、客の口許まで飲食物を差し出し、客に飲食させる行為も接待に当たる。これに対して、単に飲食物を運搬し、または食器を片付ける行為、客の荷物、コート等を預かる行為等は、接待に当たらない。

(4)「接待飲食等営業」とは、(1)の①〜⑥のいずれかに該当する営業をいう（同四項）。

(5)「性風俗関連特殊営業」とは、店舗型性風俗特殊営業、無店舗型性風俗特殊営業、映像送信型性風俗特殊営業、店舗型電話異性紹介営業および無店舗型異性紹介営業をいう（同五項）。

(6)「店舗型性風俗特殊営業」とは、次のいずれかに該当する営業をいう（同六項）。

① ソープランド　浴場業の施設として個室を設け、当該個室において異性の客に接触する役務を提供する営業（一号）。

② 店舗型ファッションヘルス営業　個室を設け、当該個室において異性に客の性的好奇心に応じてその客に接触する役務を提供する営業、①に該当する営業を除く（二号）。通常のマッサージ等はこの営業に当たらない（解釈基準第五２）。

③ ストリップ劇場等　専ら性的好奇心をそそるため衣服を脱いだ人の姿態を見せる興行その他の善良の風俗または少年の健全な育成に与える影響が著しい興行の用に供する興行場として政令で定めるものを経営する営業（三号）。ヌードスタジオ、のぞき劇場もこれに当たる。「専ら」とは、他の営業でも同様であるが、おおむね七割ないし八割程度以上をいう（解釈基準第五３⑵）。「性的好奇心をそそるため」とは、当該客の性的な感情を著しく刺激する目的であると社会通念上認められるものをいう（解釈基準第五３⑶）。「衣服を脱いだ人の姿態」とは、全裸または半裸等社会通念上公衆の面前で人が着用しているべき衣服を脱いだ人の姿態をいう。したがって、例えば、通常の水着を着用した人の姿態は「衣服を脱いだ人の姿態」に当らない（解釈基準第五３⑷）。

④ ラブホテル、モーテル等　専ら異性を同伴する客の宿泊（休憩を含む。）の用に供する政令で定める施設を設け、当該施設を当該宿泊に利用させる営業（四号）。

⑤ アダルトショップ等　店舗を設けて、専ら、性的好奇心をそそる写真、ビデオテープその他の物品で政令で定めるものを販売し、または貸し付ける営業（五号）。

⑥ 以上のほか、店舗を設けて営む性風俗に関する営業で、善良の風俗、清浄な風俗環境または少年の健全な

育成に与える影響が著しい営業として政令で定めるもの（六号）。現在、これに該当する営業として政令で定められているものはない。

(7)「無店舗型性風俗特殊営業」とは、次のいずれかに該当する営業をいう（同七項）。

① 派遣型ファッションヘルス営業　人の住居または人の宿泊の用に供する施設において異性の客の性的好奇心に応じてその客に接触する役務を提供する営業で、当該役務を行う者を、その客の依頼を受けて派遣することにより営むもの（一号）。「人の宿泊の用に供する施設」は、ラブホテル、モーテル、レンタルーム等のほか、一般のホテル、旅館等であっても、これに含まれる（解釈基準第六1(1)および(2)）。

② アダルトビデオ等通信販売営業　電話その他の方法による客の依頼を受けて、専ら、(6)の⑤の物品を販売し、または貸し付ける営業で、当該物品を配達し、または配達させることにより営むもの（二号）。

(8)「映像送信型性風俗特殊営業」とは、専ら、性的好奇心をそそるため性的な行為を表す場面または衣服を脱いだ人の姿態の映像を見せる営業で、電気通信設備を用いてその客に当該映像を伝達すること（放送または有線放送に該当するものを除く。）により営むものをいう（同八項）。インターネット上のホームページを利用する形態のほか、ダイヤルQ2、パソコン通信を利用する形態等が該当する。

(9)「店舗型電話異性紹介営業」とは、店舗を設けて、専ら、面識のない異性との一時の性的好奇心を満たすための交際（会話を含む。）を希望する者に対し、会話（伝言のやり取りを含むものとし、音声によるものに限る。）の機会を提供することにより異性を紹介する営業で、その一方の者からの電話による会話の申込みを電気通信設備を用いて当該店舗内に立ち入らせた他の一方の者に取り次ぐことによって営むもの（その一方の者が当該営業に従事する者である場合におけるものを含む。）をいう（同九項）。

表x−1　風俗営業（接待飲食等営業）の営業所数の推移（平成8〜12年）

区分＼年次	8	9	10	11	12
総数（軒）	81,279	79,038	76,703	76,615	76,849
第1号営業（キャバレー等）	4,820	4,676	4,557	4,562	4,670
第2号営業（バー，料理店等）	73,502	71,410	70,239	70,682	70,904
第3号営業（ナイトクラブ）	784	729	695	686	680
第4号営業（ダンスホール）	2,135	2,135	1,184	659	570
その他	38	35	28	26	25

表x−2　風俗営業（遊技場営業）等の営業所数の推移（平成8〜12年）

区分＼年次	8	9	10	11	12
総数（軒）	57,998	55,903	54,144	52,634	50,968
第7号営業	39,873	39,113	38,396	37,798	37,234
まあじゃん屋	21,523	21,160	20,788	20,457	20,098
ぱちんこ屋	17,594	17,174	16,764	16,413	16,021
その他	756	779	844	928	1,115
第8号営業（ゲームセンター等営業）	18,125 (31,917)	16,790 (29,306)	15,748 (27,519)	14,836 (27,625)	13,734 (24,974)

注：　第8号営業の（　）内は，許可を受けたゲームセンター等及び許可を要しないゲームセンター等の総数である。

表x−3　性風俗特殊営業の営業所数の推移（平成8〜12年）

区分＼年次		8	9	10	11	12
総数（軒）		12,460	12,228	11,876	14,628	17,945
店舗型性風俗特殊営業	第1号営業（個室付浴場業）	1,269	1,263	1,265	1,265	1,270
	第2号営業（店舗型ファッションヘルス）	842	829	863	875	908
	第3号営業（ストリップ劇場等）	483	481	494	481	494
	第4号営業（モーテル営業等）	8,383	8,196	7,847	7,314	7,143
	第5号営業（アダルトショップ）	1,483	1,459	1,404	1,318	1,324
無店舗型	第1号営業（派遣型ファッションヘルス等）				2,684	5,425
	第2号営業（アダルトビデオ等通信販売業）				462	964
映像送信型性風俗特殊営業					229	417

表x-4　深夜飲食店営業の営業所数の推移（平成8～12年）

区分＼年次	8	9	10	11	12
総数（軒）	355,579	353,420	351,707	349,583	349,854
深夜酒類提供飲食店	272,631	272,100	270,347	269,489	269,884
喫茶店等	16,129	17,393	17,945	16,464	16,238
その他	66,819	63,927	63,415	63,630	63,732

資料：警察白書

(10)「無店舗型電話異性紹介営業」とは、専ら、面識のない異性との一時の性的好奇心を満たすための交際を希望する者に対し、会話の機会を提供することにより異性を紹介する営業で、その一方の者からの電話による会話の申込みを電気通信設備を用いて他の一方の者に取り次ぐことによって営むものをいう（同一〇項）。これは、いわゆるツーショットダイヤル等店舗を設けずに営まれるものである。

(11)「接客業務受託営業」とは、専ら、i 接待飲食等営業、ii 店舗型性風俗特殊営業または iii 酒類提供飲食店営業（日出時から午後一〇時までの時間においてのみ営むものを除く）を営む者から委託を受けて当該営業の営業所において客に接する業務の一部を行うことを内容とする営業をいう（同一一項）。具体的には、コンパニオン派遣業、外国人芸能人招へい業、芸者置屋等がこれに該当する。営業所において客に接する業務に従事する者をこれらの営業に「あっせん」するにすぎず、「あっせん」された者の業務について実質的な責任を負わない形態は、「接客業務受託営業」に該当しない（解釈基準第八1）。

風俗営業所数の推移については、表x-1～表x-4を見よ。

第二款　風俗営業の許可等

(1)　風俗営業の許可

風俗営業を営もうとする者は、風俗営業の種別に応じて、営業所ごとに、都道府県公安委員会の許可を受けなければならない（風俗三条一項）。公安委員会は、許可に条件を付し、およびこれを変更することができる（同二項）。公安委員会は、許可をしたときは、許可証を交付しなければならない（同五条二項）。

通説によれば、風俗営業の許可は、いわゆる警察許可であり、警察上の裁量許可であるといわれる。すなわち、許可申請が許可基準を満たしている場合でも、法律の目的を達成するために、具体的な障害をもたらすような事情があれば、許可しないこともできる。(1) しかし、このような解釈は民主制法治国においては正当な解釈ということができないであろう。

許可を受けずに営業を営んだ者、偽りその他不正の手段により許可を受けた者は、一年以下の懲役または百万円以下の罰金、またはこれの併科（同四九条一項一号・二号）。

(1)　許可の基準（対人要件＝欠格事由）

公安委員会は、風俗営業の許可を受けようとする者が次のいずれかに該当するときは、許可をしてはならない（同四条一項）。

①　成年被後見人もしくは被保佐人または破産者で復権を得ないもの（一号）

②　一年以上の懲役もしくは禁錮の刑に処せられ、または一定の罪を犯して、一年未満の懲役もしくは罰金の刑に処せられ、その執行を終わり、または執行を受けることがなくなってから五年を経過しない者（二号）

③　集団的に、または常習的に暴力的不法行為その他の罪に当たる違法な行為等を行うおそれがあると認めるに足りる相当な理由がある者（三号）。これは、暴力団員を排除する趣旨の規定である。

④　アルコール、麻薬、大麻、あへんまたは覚せい剤の中毒者（四号）

⑤　風俗営業の許可を取り消されてから五年を経過しない者、法人の場合は、当該取消しに係る聴聞の期日および場所が公示された日前六〇日以内に当該法人の役員であった者で当該取消しの日から五年を経過しないものを含む（五号）。法人の役員とは、実質的に見て業務を執行する社員、取締役またはこれに準ずる者と同等以上の支配力を有する者であればよい。この規定は、いわゆる「黒幕」排除規定である。

⑥　風俗営業の許可の取消処分に係る聴聞に期日および場所が公示された日から当該処分をする日または当該処分をしないことを決定する日までの間に許可証の返納をした者で当該返納の日から五年を経過しないもの（六号）。これは、風俗営業の許可取消処分を免れるために、営業を廃止して許可証を返納した者に対処する規定である。

⑦　⑥に規定する期間内に合併により消滅した法人または許可証を返納した法人の⑥の公示の日前六〇日以内に役員であった者で当該消滅または返納の日から五年を経過しないもの（七号）

⑧　⑥に規定する期間内に分割により聴聞に係る風俗営業を承継させ、もしくは分割により当該風俗営業以外の風俗営業を承継した法人またはこれらの法人の⑥の公示の日前六〇日以内に役員であった者で当該分割の日から五年を経過しないもの（七号の二）

⑨　営業に関し成年と同一の能力を有しない未成年者。ただし、その者が風俗営業者の相続人であって、その法定代理人が欠格事由を有しない場合を除くものとする（八号）。

⑩　法人でその役員のうち①～⑧までのいずれかに該当する者があるもの（九号）

(2)　許可の基準（対物要件＝営業所の欠格事由）

公安委員会は、風俗営業の許可の申請に係る営業所につき次のいずれかに該当する事由があるときは、許可をしてはならない（同二項）。

①　営業所の構造または設備（遊技機を除く。）が風俗営業の種別に応じて国家公安委員会規則で定める技術上の基準に適合しないとき（一号）。[2]

②　営業所が、良好な風俗環境を保全するために特にその設置を制限する必要があるものと政令で定める基準に従い都道府県の条例で定める地域内にあるとき（二号）。営業所の場所に関する基準としての具体的な営業制限地域は、各都道府県の条例で定められているが、住居集合地域および学校、図書館、病院、児童福祉施設等いわゆる保護対象施設の周辺が営業制限地域とされている。

③　営業所に管理者を選任すると認められないことについて相当な理由があるとき（三号）。

(3)　特例許可

公安委員会は、風俗営業の営業所が火災、震災その他その者の責めに帰することができない事由で政令で定めるものにより滅失したために当該風俗営業を廃止した者が、当該廃止した風俗営業と同一の風俗営業の種別の風俗営業で営業所が前記(2)の②の営業制限地域内にあるものにつき、風俗営業の許可を受けようとする場合において、当該許可の申請が次のいずれにも該当するときは、許可をすることができる（同三項）。特例許可は、新規の許可ではなく、営業の実質的継続を認める制度である。

①　当該風俗営業を廃止した日から起算して五年以内にされたものであること（一号）。

②　次のいずれかに該当すること。ｉ当該滅失した営業所の所在地が、滅失前から前記(2)の②の営業制限地域に含まれていたこと、またはⅱ滅失以降に前記(2)の②の営業制限地域に含まれることになったこと（二号）。

③　当該滅失した営業所とおおむね同一の場所にある営業所につきなされたものであること（三号）。

④　当該滅失した営業所とおおむね等しい面積の営業所につきなされたものであること（四号）。

(4)　ぱちんこ屋についての対物的許可要件（遊技機の欠格事由）

ぱちんこ屋その他政令で定める営業については、公安委員会は、当該営業に係る営業所に設置された遊技機が著しく客の射幸心をそそるおそれがあるものとして国家公安委員会規則で定める基準に該当するものであるときは、当該営業を許可しないことができる（同四項[3]）。

(5)　相続、法人の合併・分割の場合の風俗営業者の地位の承継

風俗営業者が死亡した場合において、その相続人が風俗営業を引き続き営もうとするときは、被相続人の死亡後六〇日以内に公安委員会に申請して、その承認を受けなければならない（同七条一項）。承認を受けるには、相続人は、風俗営業の許可の対人要件（＝(1)の基準）を満たしていなければならない（同三項）。承認を受けた相続人は、被相続人に係る風俗営業者の地位を承継する（同四項）。

風俗営業者たる法人が合併により消滅することとなる場合において、あらかじめ公安委員会の承認を受けたときは、合併後の法人は風俗営業者の地位を承継する（同七条の二）。また、風俗営業者たる法人が分割により風俗営業を承継させる場合において、あらかじめ公安委員会の承認を受けたときは、当該風俗営業を承継した法人は、当該風俗営業についての風俗営業者の地位を承継する（同七条の三）。

偽りその他不正の手段により承認を受けた者は、一年以下の懲役もしくは百万円以下の罰金、またはこれの併科（同四九条一項二号）。

(6)　許可の取消し

公安委員会は、風俗営業の許可または承認を受けた者について、次に掲げるいずれかの事実が判明したときは、

その許可を取り消すことができる（同八条）。

①　偽りその他不正の手段により当該許可または承認を受けたこと（一号）。

②　(1)の許可基準（＝欠格事由）に掲げる者のいずれかに該当していること（二号）。

③　正当な事由がないのに、当該許可を受けてから六月以内に営業を開始せず、または引き続き六月以上営業を休止し、現に営業を営んでいないこと（三号）。

④　三月以上所在不明であること（四号）。

公安委員会が許可の取り消しをする場合には、原則として聴聞を行わなければならない（同四一条二項）。

(7)　特例風俗営業者の認定

公安委員会は、次のいずれにも該当する風俗営業者を、その申請により、特例を設けるべき風俗営業者として認定することができる（同一〇条の二第一項）。

①　当該風俗営業の許可または承認を受けてから一〇年を経過していること（一号）。

②　過去一〇年以内にこの法律に基づく処分（指示を含む。）を受けたことがなく、かつ、受けるべき事由が現にないこと（二号）。

③　①②のほか、当該風俗営業に関し法令およびこの法律に基づく条例の遵守の状況が優良な者として国家公安委員会規則で定める基準に適合する者であること（三号）。公安委員会は、認定をしたときは、認定証を交付しなければならない（同第三項）。

偽りその他不正の手段により認定を受けたものは、六月以下の懲役もしくは五〇万円以下の罰金、またはこれの併科（同四九条三項三号）。

風俗営業者は、通常、営業所の構造および設備の変更に際し、公安委員会の事前の承認が必要であるところ、特例風俗営業者は、事後の届出で足りるとする（同九条五項）ほか、その営業所に置かれる管理者については、一回以上の定期講習を受けたことがあれば、その後の定期講習を行わない（解釈基準5⑹）。

（1）田上穣治『警察法〔新版〕』九三頁（昭五八・有斐閣）、高木俊夫・金築誠志『風俗営業取締法』五二頁（昭五七・青林書院新社）、豊田　健・仲家伸彦『風俗営業等の規制及び業務の適正化等に関する法律』『注解特別刑法7　風俗・軽犯罪編〔第二版〕』四七頁（昭六三・青林書院）。

（2）「技術上の基準」は、床面積、見通し、照度、防音設備等について詳細に定められている（施行規則六条）。

（構造及び設備の技術上の基準）

第六条　法第四条第二項第一号の国家公安委員会規則で定める技術上の基準は、次の表の上欄に掲げる風俗営業の種別の区分に応じ、それぞれ同表の下欄に定めるとおりとする。

風俗営業の種別	構造及び設備の技術上の基準
法第二条第一項第一号又は第三号に掲げる営業	一　客室の床面積は、一室の床面積を六十六平方メートル以上とし、ダンスをさせるため客室の部分の床面積をおおむねその五分の一以上とすること。 二　客室の内部が当該営業所の外部から容易に見通すことができないものであること。 三　客室の内部に見通しを妨げる設備を設けないこと。 四　善良の風俗又は清浄な風俗関環境を害するおそれのある写真、広告物、装飾その他の設備を設けないこと。 五　客室の出入口に施錠の設備を設けないこと。ただし、営業所外に直接通ずる客室の出入口については、この限りでない。 六　第二十一条に定めるところにより計つた営業所内の照度が五ルクス以下とならないように維持されるため必要な構造又は設備を有すること。 七　第二十三条に定めるところにより計つた騒音又は振動の数値が法第十五条の規定に基づく

	条例で定める数値に満たないように維持されるため必要な構造又は設備を有すること。
法第二条第一項第二号に掲げる営業	一　客室の床面積は、和風の客室に係るものにあつては一室の床面積を九・五平方メートル以上とし、その他のものにあつては一室の床面積を十六・五平方メートル以上とすること。ただし、客室の数が一室のみである場合は、この限りでない。 二　客室の内部が当該営業所の外部から容易に見通すことができないものであること。 三　客室の内部に見通しを妨げる設備を設けないこと。 四　善良の風俗又は清浄な風俗環境を害するおそれのある写真、広告物、装飾その他の設備を設けないこと。 五　客室の出入口に施錠の設備を設けないこと。ただし、営業所外に直接通ずる客室の出入口については、この限りでない。 六　第二十一条に定めるところにより計つた営業所内の照度が五ルクス以下とならないように維持されるため必要な構造又は設備を有すること。 七　第二十三条に定めるところにより計つた騒音又は振動の数値が法第十五条の規定に基づく条例で定める数値に満たないように維持されるため必要な構造又は設備を有すること。 八　ダンスの用に供するための構造又は設備を有しないこと。
法第二条第一項第四号に掲げる営業	一　ダンスをさせるための営業所の部分（以下この項において「客室」という。）の床面積は、一室の床面積を六十六平方メートル以上とすること。 二　客室の内部が当該営業所の外部から容易に見通すことができないものであること。 三　客室の内部に見通しを妨げる設備を設けないこと。 四　善良の風俗又は清浄な風俗環境を害するおそれのある写真、広告物、装飾その他の設備を設けないこと。 五　客室の出入口に施錠の設備を設けないこと。ただし、営業所外に直接通ずる客室の出入口については、この限りでない。

	六　第二十一条に定めるところにより計った営業所内の照度が十ルクス以下とならないように維持されるため必要な構造又は設備を有すること。 七　第二十三条に定めるところにより計った騒音又は振動の数値が法第十五条の規定に基づく条例で定める数値に満たないように維持されるため必要な構造又は設備を有すること。
法第二条第一項第五号に掲げる営業	一　客室の床面積は、一室の床面積を五平方メートル以上とすること。 二　客室の内部が当該営業所の外部から容易に見通すことができないものであること。 三　客室の内部に見通しを妨げる設備を設けないこと。 四　善良の風俗又は清浄な風俗環境を害するおそれのある写真、広告物、装飾その他の設備を設けないこと。 五　客室の出入口に施錠の設備を設けないこと。ただし、営業所外に直接通ずる客室の出入口については、この限りでない。 六　第二十一条に定めるところにより計った営業所内の照度が五ルクス以下とならないように維持されるため必要な構造又は設備を有すること。 七　第二十三条に定めるところにより計った騒音又は振動の数値が法第十五条の規定に基づく条例で定める数値に満たないように維持されるため必要な構造又は設備を有すること。 八　ダンスの用に供するための構造又は設備を有しないこと。
法第二条第一項第六号に掲げる営業	一　客室の内部が当該営業所の外部から容易に見通すことができないものであること。 二　善良の風俗又は清浄な風俗環境を害するおそれのある写真、広告物、装飾その他の設備を設けないこと。 三　客室の出入口に施錠の設備を設けないこと。ただし、営業所外に直接通ずる客室の出入口については、この限りでない。 四　第二十一条に定めるところにより計った営業所内の照度が十ルクス以下とならないように維持されるため必要な構造又は設備を有すること。

	五　第二十三条に定めるところにより計つた騒音又は振動の数値が法第十五条の規定に基づく条例で定める数値に満たないように維持されるため必要な構造又は設備を有すること。 六　ダンスの用に供するための構造又は設備を有しないこと。 七　令第三条第三項第三号に規定する設備を設けないこと。
法第二条第一項第七号に掲げる営業	一　客室の内部が当該営業所の外部から容易に見通すことができないものであること。 二　善良の風俗又は清浄な風俗関環境を害するおそれのある写真、広告物、装飾その他の設備を設けないこと。 三　客室の出入口に施錠の設備を設けないこと。ただし、営業所外に直接通ずる客室の出入口については、この限りでない。 四　第二十一条に定めるところにより計つた営業所内の照度が十ルクス以下とならないように維持されるため必要な構造又は設備を有すること。 五　第二十三条に定めるところにより計つた騒音又は振動の数値が法第十五条の規定に基づく条例で定める数値に満たないように維持されるため必要な構造又は設備を有すること。 六　ぱちんこ屋及び令第七条に規定する営業にあつては、当該営業の用に供する遊技機以外の遊技設備を設けないこと。 七　ぱちんこ屋及び令第十一条に規定する営業にあつては、営業所内の客の見やすい場所に賞品を提供する設備を設けること。
法第二条第一項第八号に掲げる営業	一　客室の内部が当該営業所の外部から容易に見通すことができないものであること。 二　善良の風俗又は清浄な風俗関環境を害し、又は少年の健全な育成に障害を及ぼすおそれのある写真、広告物、装飾その他の設備を設けないこと。 三　客室の出入口に施錠の設備を設けないこと。ただし、営業所外に直接通ずる客室の出入口については、この限りでない。

	四　第二十一条に定めるところにより計つた営業所内の照度が十ルクス以下とならないように維持されるため必要な構造又は設備を有すること。 五　第二十三条に定めるところにより計つた騒音又は振動の数値が法第十五条の規定に基づく条例で定める数値に満たないように維持されるため必要な構造又は設備を有すること。 六　遊技料金として紙幣を挿入することができる装置を有する遊技設備又は客に現金若しくは有価証券を提供するための装置を有する遊技設備を設けないこと。

（3）　国家公安委員会で定める基準は、種類別に詳細に定められている（施行規則七条）。遊技機の種類として、ぱちんこ遊技機、回胴式遊技機、アレンジボール及びじゃん球遊技機、その他の遊技機の四種類がある。そのうち、ぱちんこ遊技機の基準は次の通りである。

（著しく射幸心をそそるおそれのある遊技機の基準）

第七条　法第四条第四項の国家公安委員会規則で定める基準は、次の表の上欄に掲げる遊技機の種類の区分に応じ、それぞれ同表の下欄に定めるとおりとする。

遊技機の種類	著しく射幸心をそそるおそれのある遊技機の基準
ぱちんこ遊技機	一　一分間に四百円の遊技料金に相当する数を超える数の遊技球（遊技の用に供する玉をいう。以下この項において同じ。）を発射させることができる性能を有する遊技機であること。 二　一個の遊技機を入賞させることにより十五個を超える数の遊技球を獲得できる性能を有する遊技機であること。 三　役物（入賞を容易にするための特別の装置をいう。以下同じ。）が設けられている遊技機にあつては、役物が作動する場合において、おおむね十個を超える数の遊技球を入賞させることができる性能を有する遊技機であること。 四　役物の作動により獲得するとができる遊技球の数が、役物の作動によらないで獲得するこ

とができる遊技球の数に比して著しく多いこととなる性能を有する遊技機であること。
五　役物を連続して作動させることができる装置（以下「役物連続作動装置」という。）が設けられている遊技機にあつては、役物が連続して作動する回数が十六回を超える性能を有するものその他当該役物連続作動装置の作動により著しく多くの遊技球を獲得することができる性能を有するものであること。
六　役物連続作動装置を短時間に集中して作動させることができる性能を有する遊技機であること、その他短時間に著しく多くの遊技球を獲得することができる性能を有する遊技機であること。
七　遊技球の大きさに比して入賞口の大きさが著しく大きい球技機又は小さい遊技機であること、その他客の技量にかかわらず遊技球の獲得が容易であり、又は困難である遊技機であること。
八　遊技盤上の遊技球の位置を客の技量にかかわらず調整することができない遊技機であること、客が遊技盤上の遊技球の位置を確認することができない遊技機であること、遊技の公正を害する調整機能を有する遊技機であること、その他客の技量が遊技の結果に表れないおそれが著しい遊技機又は遊技の結果が偶然若しくは客以外の者の意図により決定されるおそれが著しい遊技機であること。

第三款　風俗営業者の義務

（1）許可証の掲示義務

風俗営業者は、許可証（特例風俗営業者にあっては、認定証）を営業所の見やすい場所に掲示しなければならない（風俗六条）。違反した場合は、二〇万円以下の罰金（同四九条六項一号）。

（2）名義貸しの禁止

風俗営業者は、自己の名義をもって、他人に風俗営業を営ませてはならない（同一一条）。違反した場合には、一年以下の懲役もしくは百万円以下の罰金またはこれの併科（同四九条一項三号）。

（３）風俗営業者の遵守事項

①　構造および設備の維持　　風俗営業者は、営業所の構造および設備を、国家公安委員会規則で定める技術上の基準に適合するように維持しなければならない（同一二条）。

②　営業時間の制限　　風俗営業者は、午前零時（祭礼など特別の事情のある日として都道府県の条例で定める日にあっては当該条例の定める時間まで、また、それ以外の日にあっては午前一時）から日出時までの時間においては、その営業を営んではならない（同一三条一項）。都道府県は、政令で定める基準に従い条例で定めるところにより、地域を定めて、風俗営業の営業時間を午後一一時以降午前一〇時までの時間において営業時間を制限することができる（同二項）。なお、「政令で定める基準」としては、全国の商業地域における風俗営業所等の平均密度（一平方キロメートル当たり約三〇〇箇所）を上回る地域であること（施行令七条の二第一号イ）、住居集合地域等との間に緩衝地帯が設けられていること（一号ロ）、地域指定に当たっては、風俗営業の種類等や風俗営業の団体による営業時間の遵守等に関する自主的な活動の状況等にも配慮すべきこと（二号）が定められている。

③　照度の規制　　風俗営業者は、営業所内の照度を、国家公安委員会規則で定めた数値（ダンスホール等および区画席飲食店については一〇ルクス、それ以外の接待飲食等営業については五ルクス）以下としてその営業を営んではならない（風俗一四条、施行規則二一条および二二条）。

④　騒音および振動の規制　　風俗営業者は、営業所周辺において、各都道府県の条例で定める数値以上の騒音または振動（人声その他の営業活動に伴う騒音または振動に限る。）が生じないように、その営業を営まなければ

ならない（風俗一五条）。

⑤ 広告および宣伝の規制　風俗営業者は、その営業につき、営業所周辺における清浄な風俗環境を害するおそれのある方法で広告または宣伝をしてはならない（同一六条）。

⑥ 料金の表示　風俗営業者は、その営業に係る料金を、営業の種別に応じ、営業所において客の見やすいように表示しなければならない（同一七条）。入場料金、遊興料金、飲食料金、サービス料金等がこれに当たる。

⑦ 年少者立入禁止の表示　風俗営業者は、一八歳未満の者がその営業所に立ち入ってはならない旨を営業所の入り口に表示しなければならない（同一八条）。

⑧ 接客従業者に対する拘束的行為の規制　接待飲食等営業を営む風俗営業者は、その営業に関し、次の行為をしてはならない（同一八条の二）。ｉ営業所で客に接する業務に従事する者（＝接客従業者）に対し、接客従業者でなくなった場合には、直ちに残存する債務を完済することを条件として、その支払い能力に照らし不相当に高額の債務を負担させること（一号）。ⅱその支払い能力に照らし不相当に高額の債務を負担させた接客従業者の旅券等（外国人登録証明書、運転免許証などを含む。）を保管し、または第三者に保管させること（二号）。

⑨ 遊技料金等の規制　まあじゃん屋、ぱちんこ屋等を営む風俗営業者は、国家公安委員会規則で定める遊技料金、賞品の提供方法および賞品の価格の最高限度（まあじゃん屋の場合は遊技料金）に関する基準に従い、その営業を営まなければならない（同一九条）。

⑩ 遊技機の規制　ぱちんこ屋等を営む風俗営業者は、その営業所に、著しく客の射幸心をそそるおそれがあるものとして国家公安委員会規則の定める基準に該当する遊技機を設置してその営業を営んではならない（同二〇条一項）。ぱちんこ屋等を営む風俗営業者は、当該営業所における遊技機につき国家公安委員会規則の定める

基準に該当しない旨の公安委員会の認定を受けることができる（同二項）。また、遊技機の製造者または輸入業者は、製造し、輸入する遊技機の型式が技術上の規格に適合しているか否かについて公安委員会の検定を受けることができる（同四項）。

⑪　条例で定める遵守事項　以上のほか、都道府県は、条例により、風俗営業者の行為について必要な制限を定めることができ（同二一条）、風俗営業者はこれを遵守しなければならない。

（4）風俗営業を営む者の禁止行為

風俗営業を営む者は、次の行為をしてはならない（同二二条）。違反した者は、六月以下の懲役もしくは五〇万円以下の罰金、またはこれの併科（同四九条三項四号）。

①　当該営業に関し客引きをすること（風俗二二条一号）。客引きとは、相手方を特定し、営業所の客として遊興飲食などをさせるため、一般公衆の目にとまる程度に積極的に勧誘することをいう（東京高判昭五四・九・一三判時九五九号一三三頁）。

②　営業所で、一八歳未満の者に客の接待をさせ、または客の相手となってダンスをさせること（二号）。

③　営業所で午後一〇時から翌日の日出時までの時間において一八歳未満の者を客に接する業務に従事させること（三号）。

④　一八歳未満の者を営業所に客として立ち入らせること（四号）。

⑤　営業所で二〇歳未満の者に酒類またはたばこを提供すること（五号）。

（5）遊技場営業者の禁止行為

①　ぱちんこ屋等を営む者は、風俗営業を営む者の禁止行為のほか、その営業に関し、次の行為をしてはなら

ない（同二三条一項）。ⅰ現金または有価証券を賞品として提供すること（一号）。ⅱ客に提供した賞品を買い取ること（二号）。ⅲ遊技の用に供する玉、メダルその他これに類する物（＝遊技球等）を客に営業所以外に持ち出させること。（三号）。ⅳ遊技球等を客のために保管したことを表示する書面を客に発行すること（四号）。

②　まあじゃん屋等の営業を営む者は、営業を営む者の禁止行為のほか、その営業に関し、遊技の結果に応じて賞品を提供してはならない（同二項）。

①のⅰ、ⅱまたは②に違反した者は、六月以下の懲役もしくは五〇万円以下の罰金、またはこれの併科（同四九条三項五号、六号）。①のⅲ、ⅳに違反した者は、三〇万円以下の罰金（同四九条五項四号）。

（６）営業所の管理者

風俗営業者は、営業所ごとに、当該営業所における業務の実施を統括管理する者のうちから、管理者一人を選任しなければならない。ただし、管理者として選任した者が欠けるに至ったときは、その日から一四日間は、管理者を選任しておかなくてもよい（同二四条一項）。

管理者に関する規定は風俗営業の健全化を自主的に促進するために設けられたものであり、営業者の自主性を不当に侵害しないように配慮する必要がある（解釈基準第一一５⑴）。「統括管理する者」とは、全体をまとめて管理する者という意味であり、店長、支配人等がこれに当たる。なお、営業者自身がその営業所の業務を直接統括管理する場合には、営業者がその営業所の管理者を兼ねることができる（解釈基準第一一５⑵）。管理者を選任しない場合は、三〇万円以下の罰金（同四九条五項五号）。

①　管理者の要件　　未成年者や風俗営業の許可を受けることができない者は、管理者となることができない（同二四条二項）。

②　管理者の業務　管理者は、風俗営業者、その代理人、使用人その他の従業者に対し、これらの者が法令の規定を遵守してその業務を実施するため必要な助言または指導を行い、その他当該営業所における業務の適正な実施を確保するため必要な業務で国家公安委員会規則で定める業務を行う（同三項）。

③　助言の尊重義務等　風俗営業者またはその代理人は、管理者の助言を尊重しなければならず、風俗営業者の使用人その他の従業者は、管理者の指導に従わなければならない（同四項）。

④　解任の勧告　公安委員会は、管理者がその要件（①を見よ。）を満たさなくなったとき、または違法な行為を行った場合において管理者として不適当であると認めるときは、風俗営業者に対し、当該管理者を解任するよう勧告することができる（同五項）。

⑤　管理者講習　公安委員会は、管理者の業務を適正に実施させる必要があると認めるときは、管理者に対する講習を行うことができ、風俗営業者は、公安委員会の行う講習を管理者に受けさせなければならない（同六項、七項）。

（7）指　示

公安委員会は、風俗営業者、その代理人、使用人その他の従業者が、その営業に関し、法令またはこの法律に基づく条例の規定に違反した場合に、善良の風俗もしくは清浄な風俗環境を害し、または少年の健全な育成に障害を及ぼすおそれがあると認められるときは、当該風俗営業者に対し、必要な指示をすることができる（同二五条）。

警察庁解釈基準第十は、「指示」の運用の基準を、次のように示している。

①　指示の規定は、営業者の自主的な努力を促す手段として設けられたものである。

②「指示」は、比例原則にのっとつて行うべきものであり、営業者に過大な負担を課すものであつてはならない。また、指示の内容は、違反状態の解消のための措置、将来の違反の防止のための措置等を具体的に示すものでなければならない。

③「指示」は、行政処分であり、施行規則第四十八条第一項の書面に不服申立てをすることができる旨を記載して行うものである。

（8）営業の停止

公安委員会は、風俗営業者もしくはその代理人等が当該営業に関し法令もしくはこの法律に基づく条例の規定に違反した場合において著しく善良の風俗もしくは清浄な風俗環境を害し、または少年の健全な育成に障害を及ぼすおそれがあると認められるとき、または風俗営業者がこの法律に基づく処分もしくは許可に付された条件に違反したときは、当該風俗営業者に対し、当該風俗営業の許可を取り消し、または六月を超えない範囲内で期間を定めて当該風俗営業の全部もしくは一部の停止を命ずることができる（同二六条一項）。風俗営業者が、この営業停止処分に違反したときは、一年以下の懲役または百万円以下の罰金、またはこれの併科（同四九条一項四号）。

（9）飲食店営業の停止

公安委員会は、風俗営業の許可を取り消し、または風俗営業の停止を命ずるときは、当該風俗営業を営む者に対し、当該施設を用いて営む飲食店営業（食品衛生法の許可を受けたもの）について、六月（風俗営業の停止を命ずるときは、その停止の期間）を超えない範囲内で期間を定めて営業の全部もしくは一部の停止を命ずることができる（同二六条二項）。風俗営業者が、この営業停止処分に違反したときは、一年以下の懲役または百万円以下の罰金、またはこれの併科（同四九条一項四号）。

営業停止処分には公開の聴聞を行わなければならない（同四一条）。

第四款　性風俗特殊営業等の規制

（1）店舗型性風俗特殊営業の規制

(1) 届出制

店舗型性風俗特殊営業を営もうとする者は、店舗型性風俗特殊営業の種別に応じて、営業所ごとに、当該営業所の所在地を管轄する警察署長を経由して、正副二通の届出書を都道府県公安委員会に提出しなければならない（風俗二七条）。営業を廃止し、または届出事項に変更があったときは、その廃止または変更の日から一〇日以内に、営業開始の場合と同様、届出書を提出しなければならない（同二項）。届出書を提出せず、虚偽の記載をして提出した者は、三〇万円以下の罰金（同四九条五項六号）。

(2) 遵守事項

① 営業禁止区域等　店舗型性風俗特殊営業は、一団地の官庁施設、学校、図書館もしくは児童福祉施設またはその他の施設でその周辺における善良の風俗もしくは清浄な風俗環境を害する行為もしくは少年の健全な育成に障害を及ぼす行為を防止する必要のあるものとして都道府県の条例で定めるものの敷地の周囲二〇〇メートルの区域内において、これを営んではならない（同二八条一項）。また、都道府県は、善良の風俗もしくは清浄な風俗環境を害する行為もしくは少年の健全な育成に障害を及ぼす行為を防止する必要のあるときは、条例により、地域を定めて、店舗型性風俗特殊営業を営むことを禁止することができる（同二項）。違反した者は、六月以下の懲役もしくは五〇万円以下の罰金、またはこれの併科（同四九条三項）。

②　営業時間の制限　　都道府県は、政令で定める基準に従い条例で定めるところにより、店舗型性風俗特殊営業（ラブホテル、モーテル等を除く。）の深夜における営業時間を制限することができる（同二八条四項）。

③　広告および宣伝の制限　　店舗型性風俗特殊営業を営むものは、その営業につき、次の方法で広告または宣伝をしてはならない。ⅰ広告制限地域等において、広告物を表示すること。ⅱ広告制限区域等において、人の住居にビラ等を配り、または差し入れること。ⅲⅱのほか、広告制限区域等において、ビラ等を頒布すること。ⅳ広告制限区域等以外の地域において、人の住居（一八歳未満のものが居住していないものを除く。）にビラを配り、または差し入れること。ⅴⅳのほか、広告制限区域等以外の地域において、一八歳未満の者に対してビラ等を頒布すること。ⅵⅰからⅴまでのほか、清純な風俗環境を害するおそれのある方法（同五項）。

広告制限区域等とは、次のいずれかに該当する区域または地域をいう。ⅰ広告制限区域　　営業禁止区域と同様。ⅱ広告制限地域　　都道府県の条例により店舗型性風俗特殊営業を営むことができないこととされている地域のうち店舗型性風俗特殊営業の広告または宣伝を制限すべき地域として条例で定める地域。

④　広告および宣伝をする場合の表示事項　　店舗型性風俗特殊営業を営む者は、その営業につき広告または宣伝をするときは、一八歳未満の者が営業所に立ち入ってはならない旨を明らかにし、それを営業所の入口に表示しなければならない（同二八条八項、九項）。右の「表示」は、国家公安委員会が定める「標示」をもって表示する特例が認められる（施行規則三六条の二第二項）。

⑤　店舗型性風俗特殊営業を営む者の禁止行為　　風俗営業を営む者の禁止行為と同様。違反した場合、六月以下の懲役または五〇万円以下の罰金、またはこれの併科（風俗四九条三項九号）。

⑥　行政処分　　店舗型性風俗特殊営業を営む者が、この法律等に違反した場合には、「指示」や「営業の停

止」等の行政処分が行われる。

i　指示　公安委員会は、店舗型性風俗特殊営業を営む者またはその代理人等がこの法律の規定またはこの法律の規定に基づく命令もしくは条例の規定に違反したときは、店舗型性風俗特殊営業を営む者に対し、風俗営業者に対すると同様、必要な指示をすることができる（同二九条）。例えば、広告制限区域等において広告物を表示した場合には、「〇日以内に当該違法広告物を撤去すること。」というような「指示」がなされる。

ii　営業の停止および廃止　公安委員会は、店舗型性風俗特殊営業を営む者もしくはその代理人等が当該営業に関しこの法律に規定する罪（営業禁止区域等で営業を営んだ罪を除く。）、刑法の公然わいせつ罪、わいせつ物頒布罪、もしくは淫行勧誘罪、売春防止法第二章に規定する罪もしくは児童買春、児童ポルノに係る行為等の処罰および児童の保護等に関する法律に規定する罪に当たる違法な行為その他善良の風俗を害しもしくは少年の健全な育成に障害を及ぼす重大な不正行為で政令で定めるものをしたとき、または店舗型性風俗特殊営業を営む者がこの法律に基づく処分に違反したときは、当該店舗型性風俗特殊営業を営む者に対し、当該施設を用いて営む店舗型性風俗特殊営業について、八月以内の期間を定めて営業の停止を命ずることができる（同三〇条一項）。また、営業禁止区域や営業禁止地域内において営業を継続している店舗型性風俗特殊営業について同様の事由が生じたときは、営業の廃止を命ずることができる（同二項）。店舗型性風俗特殊営業を営む者が、この営業停止または廃止処分に違反したときは、一年以下の懲役もしくは百万円以下の罰金、またはこれの併科（同四九条一項四号）。

⑦　浴場業営業等の禁止　公安委員会は、⑥により営業の停止または廃止を命ずるときは、当該店舗型性風俗特殊営業を営む者に対し、当該施設を用いて営む浴場業営業、興行場営業または旅館業について、八月以内の期間を定めて営業の停止を命ずることができる（同三〇条三項）。この営業停止処分に違反したときは、一年以下

の懲役もしくは百万円以下の罰金、またはこれの併科（同四九条一項四号）。

⑧　標章のはり付け　公安委員会は、店舗型性風俗特殊営業の停止を命じたときは、当該命令に係る施設の出入口の見やすい場所に、内閣府令で定める様式の標章をはり付けるものとする（同三一条）。

（2）　無店舗型性風俗特殊営業の規制

無店舗型性風俗特殊営業については、届出制（同三一条の二第一項・第二項、三九条の三第二項、四九条五項六号）、接客従業者に対する拘束的行為の規制（同三一条の三第一項）、広告および宣伝の規制（同三一条の三第一項）、禁止行為（同三一条の三第二項、四九条三項一〇号）、行政処分（同三一条の四第一項、三一条の五、四九条一項四号）など、店舗型性風俗特殊営業を営む風俗営業者の場合とほぼ同様の規制を受ける。

以上のほか、違反広告物について警察官による除去が認められている。すなわち、無店舗型性風俗特殊営業を営む者もしくはその代理人等が、広告制限区域等における広告物の表示の規制に違反した場合において、その違反行為が行われた時における事務所を知ることができず、かつ、その違反行為がはり紙、はり札または立看板を広告制限区域に表示することであるときは、公安委員会は、その違反行為に係るはり紙、はり札または立看板を警察職員に除去させることができる（同三一条の四第二項）。

「除去」は、行政手続法二条四号イの「事実上の行為」であって、同法の「不利益処分」には当たらず、同法に規定する事前手続をとる必要がない（解釈基準第一四4(3)）。また、行政不服審査法二条一項の「継続的性質を有するもの」に該当しないから、同法の「処分」には当たらず、除去に対して不服申立てをすることができない（解釈基準第一四4(4)）。

（3）　映像送信型性風俗特殊営業の規制

映像送信型性風俗特殊営業については、届出制（同三一条の七第一項、三九条の五第二項、三一条の七第二項、三九条の三第二項、四九条五項六号）、広告および宣伝の規制（同三一条の八第一項）、行政処分（同三一条の九第一項）など、無店舗型性風俗特殊営業を営む風俗営業者の場合と同様の規制を受ける。

以上のほか、年少者保護のための規制（同三一条の八第二項、第三項、第四項）、措置命令（同三一条の一〇、四九条三項一一号）について規定されている。

（4）自動公衆送信装置設置者の規制

(1) 自動公衆送信装置設置者の努力義務

自動公衆送信装置設置者とは、その自動公衆送信装置の全部または一部を映像伝達用設備として映像送信型性風俗特殊営業を営む者に提供している当該自動公衆送信装置の設置者をいう。自動公衆送信装置設置者は、その自動公衆送信装置の記録媒体に映像送信型性風俗特殊営業を営む者がわいせつな映像または児童ポルノ映像を記録したことを知ったときは、その映像の送信を防止するため必要な措置を講ずるよう努めなければならない（同三一条の八第五項）。

「児童ポルノ映像」とは、児童買春、児童ポルノに係る行為等の処罰及び児童の保護に関する法律二条三項に規定する児童の姿態に該当するものの映像をいう。すなわち、ⅰ児童を相手方とするまたは児童による性交または性交類似行為に係る児童の姿態、ⅱ他人が児童の性器等を触る行為または児童が他人の性器等を触る行為に係る児童の姿態であって性欲を興奮させまたは刺激するもの、ⅲ衣服の全部または一部を着けない児童の姿態であって性欲を興奮させまたは刺激するもの、である。

(2) 勧　告

映像送信型性風俗特殊営業を営む者が客にわいせつな映像または児童ポルノ映像を見せた場合において、当該映像送信型性風俗特殊営業を営む者に係る自動公衆送信装置設置者が(1)の努力義務を遵守していないと認めるときは、当該自動公衆送信装置設置者の事務所の所在地を管轄する公安委員会は、当該自動公衆送信装置設置者に対し、(1)の努力義務が遵守されることを確保するため必要な措置をとるべきことを勧告することができる（同三一条の九第二項）。なお、公安委員会は、電気通信事業者たる自動公衆送信装置設置者に対して勧告をしようとするときは、あらかじめ総務大臣と協議しなければならない（同三項）。この「勧告」は行政手続法二条六号の行政指導に当たる。

（5）電話異性紹介営業の規制

(1) 店舗型異性紹介営業については、届出制（同三一条の一二）、営業の禁止区域等（同三一条の一三第一項）、禁止行為（同三一条の一三第二項）などの規制がある。

(2) 無店舗型異性紹介営業については、届出制（同三一条の一七）、街頭における広告および宣伝の規制等（同三一条の一八第一項）、禁止行為（同二項）、違反広告物の除去（同三一条の一九第二項）などの規制がある。

（6）深夜における飲食店営業等の規制

(1) 飲食店営業

「飲食店営業」とは、設備を設けて客に飲食をさせる営業で食品衛生法二一条一項の許可を受けて営むものをいい、接待飲食等営業または店舗型性風俗特殊営業に該当するものは除かれる（解釈基準第八5）。

① 遵守事項　深夜において飲食店営業を営む者は、次の事項を遵守しなければならない。ⅰ営業所の構造および設備を、国家公安委員会規則で定める技術上の基準に適合するように維持すること。ⅱ深夜において客

に遊興をさせないこと（同三二条一項）。

②　照度の規制　深夜においては、営業所内の照度を二〇ルクス以下としてその営業を営んではならない（同二項、施行規則四一条および四二条）。

③　騒音および振動の規制　深夜においては、営業所の周辺において、条例で定める数値以上の騒音や振動を生じさせて営業を営んではならない（風俗三二条二項、施行令一四条）。

(2)　酒類提供飲食店営業については、届出制（風俗三三条一項、四四条二項、三三条二項、四五条、四九条五項六号）、接客従業者に対する拘束的行為の規制等（同三三条六項）、禁止行為（同三項、四九条三項四号）、営業禁止区域（同三三条四項）、行政処分（同三四条一項、三四条二項）などの規制がある。

(3)　興行場営業の規制および特定性風俗物品販売等営業の規制については、営業停止処分（同三五条、四九条一項四号、三五条の二）が規定されている。

(7)　接客業務受託営業の規制

接客業務受託営業については、受託接客従業者に対する拘束的行為の規制および指示（同三五条の三第一項、三五条の四）、営業禁止処分（同三五条の四第二項、四九条一項四号）などの規制がある。

第五款　監　督

(1)　従業者名簿

風俗営業者、店舗型性風俗特殊営業を営む者、無店舗型性風俗特殊営業を営む者および深夜において飲食店営業を営む者は、営業所ごと（無店舗型性風俗特殊営業を営む者にあっては、事務所）に、従業者名簿を備え、これに当該営業に係る業務に従事する者の住所および氏名その他内閣府令で定める事項を記載しなければならない（風俗三六条）。従業者名簿を備えず、またはこれに必要な記載をせず、もしくは虚偽の記載をした者は、三〇万円以下の罰金（同四九条五項七号）。

（2）報告および立入り

公安委員会は、風俗営業または性風俗特殊営業を営む者、酒類提供飲食店営業を営む者、深夜において飲食店営業を営む者または接客業務受託営業を営む者に対し、その業務に関し報告または資料の提出を求めることができる（同三七条一項）。

警察職員は、風俗営業または店舗型性風俗特殊営業の営業所（個室その他これに類する施設を設ける営業所にあっては、客が在室する個室等を除く。）に立ち入ることができる。深夜においては、設備を設けて客に飲食させる営業の営業所についても、同様とする（同二項）。この権限は、犯罪捜査のために認められたものと解してはならない（同四項）。「客が在室する個室等を除く」のは、客のプライバシーを保護するためである。報告をせず、資料を提出せず、もしくは虚偽の報告、資料を提出し、または立入を拒み、妨げ、もしくは忌避した者は、二〇万円以下の罰金（同四九条六項八号）。

（3）その他

善良の風俗の保持および風俗環境の浄化ならびに少年の健全な育成を図ることを目的として、少年指導委員（同三八条）、都道府県風俗環境浄化協会（同三九条）および全国風俗浄化協会（同四〇条）の制度がある。

第一一章　武器および危険物に関する警察法

広義の武器法は、一般市民の領域における武器法、戦争用の武器製造規制法および火薬類取締法を包括する。一般市民の領域における武器の規制法としては銃砲刀剣類所持等取締法および武器等製造法（昭和二八・八・一）があり、戦争用の武器に関する規制法としては化学兵器の禁止及び特定物質の規制等に関する法律（平成七・四・五）および対人地雷の製造の禁止及び所持の規制等に関する法律（平成一〇・一〇・七）がある。火薬類は、武器との関連が大きくないとしても、特に公共の安全を害するおそれのある危険物であり、その特別の規制法として火薬類取締法がある。

以下には、銃砲刀剣類所持等取締法および火薬類取締法について述べる。

第一節　銃砲刀剣類所持等取締法

文献　米澤慶治『銃砲刀剣類所持等取締法』『注解特別刑法６　危険物編』（昭六一・青林書院）

第一款　基　礎

（１）法律の構成

銃砲刀剣類所持等取締法（昭和三三・四・一、最終改正平成一一・一二・二三）は、五つの章により構成されている。第一章は総則、第二章は銃砲又は刀剣類の所持の許可、第三章は古式銃砲又は刀剣類の登録並びに刀剣類の製作の承認、第四章は雑則、第五章は罰則について規定している。

付属法令

銃砲刀剣類所持等取締法施行令（昭和三三・三・一七）

銃砲刀剣類所持等取締法施行規則（昭和三三・三・二二）

銃砲刀剣類登録規則（昭和三三・三・一〇）

美術刀剣類製作承認規則（平成四・二・二七）

（2）法律の目的

銃砲刀剣類所持等取締法は、「銃砲、刀剣類の所持、使用等に関する危害防止上必要な規制について定める」（一条）ことを目的とする。

（3）概　念　規　定

⑴「銃砲」とは、けん銃、小銃、機関銃、砲、猟銃その他金属性弾丸を発射する機能を有する装薬銃砲および空気銃（圧縮ガスを使用するものを含む。）をいう（銃刀所持二条一項）。[1][2]

⑵「刀剣類」とは、刃渡り一五センチメートル以上の刀、剣、やり、なぎなた、あいくち、四五度以上に自動的に開刃する装置を有する飛び出しナイフ（刃渡り五・五センチメートル以下の飛び出しナイフで、開刃した刃体をさやと直線に固定させる装置を有せず、刃先が直線であってみねの先端部が丸みを帯び、かつ、みねの上における切先から直線で一センチメートルの点と切先を結ぶ線が刃先の線に対して六〇度以上の角度で交わるものを除く。）をいう（同二項）。[3]

（4）所持の禁止

(1) 原　則

何人も、原則として、銃砲または刀剣類を所持してはならない（同三条一項）[4]。違反した者は、一年以上一〇年以下の懲役（同三一条の三第一項）。違反行為をした者が、けん銃等を、けん銃等に適合する実包またはけん銃等に適合する金属製弾丸および火薬と共に携帯し、運搬し、または保管したものは、三年以上の懲役（同三一条の三第二項）。違反してけん銃等を所持する者がけん銃を提出して自首したときは、三一条の三の罪の刑を減軽し、または免除する（同三一条の五）。

銃砲または刀剣類の所持の禁止は、明治における銃砲取締規則（明治五年太政官布告第二八号）および帯刀取締ニ関スル件（明治九年太政官布告第三八号）以来、わが国が一貫したとってきた原則である。この原則は、私的所有権（財産権）を保障する憲法二九条に違反するものではない[5]。

(2) 例　外

例外として銃砲刀剣類の所持が許されるのは、次の一九のいずれかに該当する場合である（同三条一項）。

① 法令に基づき職務のため所持する場合（一号）　自衛隊が武器を保有するほか（自衛隊八七条）、海上保安官・階上保安官補（海上保安庁一九条）、入国審査官・入国警備官（出入国六一条の四）が武器を携帯し、警察官（警察六七条）・麻薬取締官・麻薬取締員（麻薬取締五四条）・税関職員（関税一〇四条）・鉄道公安職員職務七条）が小型武器を携帯し、監獄官吏（監獄二〇条）が剣または銃を携帯する。

② 国また地方公共団体の職員が試験もしくは研究のため、または公衆の供覧に供するため所持する場合（二号）

③　①②の所持に供するため必要な銃砲または刀剣類の管理に係る職員が所持する場合（二の二号）
④　公安委員会の許可を受けて所持する場合（三号）
⑤　技能検定を受ける者が技能検定に係る猟銃を所持する場合（三の二号）
⑥　射撃指導員が指定射撃場、教習射撃場または練習射撃場において、猟銃または空気銃を所持する場合（四号）
⑦　教習射撃指導員が射撃教習を行うため、または射撃教習を受ける者が当該射撃教習を受けるため教習用備付け銃を所持する場合（四号の二）
⑧　練習射撃指導員が射撃練習において、射撃練習に係る指導もしくは助言を行うため、または射撃練習を行うことができる者が射撃練習を行うため、練習用備付け銃を所持する場合（四号の三）
⑨　教習射撃場を設置し、または管理する者が教習用備付け銃を業務のため所持する場合（四号の四）
⑩　練習射撃場を設置し、または管理する者が練習用備付け銃を業務のため所持する場合（四号の五）
⑪　けん銃の保管の委託を受けた者がその委託に係るけん銃を保管のため所持する場合（五号）
⑫　登録を受けたもの（変装銃砲刀剣類を除く。）を所持する場合（六号）
⑬　武器等製造法の武器製造事業者もしくは猟銃製造事業者等がその製造に係るものを業務のため所持する場合（七号）
⑭　武器等製造法の猟銃等販売事業者が猟銃製造事業者、猟銃販売事業者、教習射撃場もしくは練習射撃場を設置する者、所持の許可を受けて所持する者もしくは国・地方公共団体から譲り受け、または当該猟銃販売業者が輸入したものを業務のため所持する場合（八号）

⑮　猟銃または空気銃の保管の委託を受けた者がその委託に係る猟銃または空気銃を保管のため所持する場合（九条）

⑯　承認を受けて刀剣類を製作する者が製作の目的に従って所持する場合（一〇号）

⑰　捕鯨用標識銃、救命索発射銃、救命用信号銃、建設用びょう打銃、建設用網索発射銃、運動競技用信号銃または政令で定める銃砲の製造を業とする者がその製造に係るものを業務のため所持する場合（一一号）

⑱　捕鯨用標識銃等販売事業者が捕鯨用標識銃等製造事業者、捕鯨用標識銃等販売事業者・許可を受けて所持する者などから譲り受けたもの、または当該捕鯨用標識銃等販売事業者が輸入したものを業務のため所持する場合（一二号）

⑲　⑯の場合のほか、都道府県公安委員会に届け出て輸出のため刀剣類の製作を業とする者がその製作に係るものを業務のため所持する場合または当該刀剣類について輸出の取扱を委託された者がその委託を受けたものを輸出のため所持する場合（一三号）

(3)　例外の例外

人命救助、動物麻痺、と殺または漁業、建設業その他の産業の作業に従事する者は、許可に係る銃砲を許可を受けた者の指示に基づいて業務上使用するため所持することができる（同二項）。

(4)　けん銃部品およびけん銃実包の所持の禁止

何人も、原則として、けん銃の銃身、機関部体、回転弾倉、スライドおよびけん銃実包を所持してはならない（同三条の二、三条の三）。けん銃実包の所持の禁止に違反した者は、五年以下の懲役または百万円以下の罰金（同三一条の八）。けん銃を提出して自首したときは、刑を軽減し、または免除する（同三一条の一〇）。

(5)　けん銃等の輸入の禁止

何人も、原則として、けん銃、小銃、機関銃または砲（以下「けん銃等」という。）を輸入してはならない（同三条の四第一項）。違反した者は、三年以上の有期懲役（同三一条の二第一項）。営利の目的で違反行為をした者は、無期もしくは五年以上の有期懲役または無期もしくは五年以上の有期懲役および一千万円以下の罰金（同二項）。未遂罪を罰する（同三項）。

けん銃部品（同三条の五）およびけん銃実包（同三条の六）も、けん銃と同様、原則として、輸入が禁止される。違反をして、けん銃部品の輸入をした者は、五年以下の懲役または百万円以下の罰金（同三一条の一一）。違反をして、けん銃実包の輸入をした者は、七年以下のの懲役または二百万円以下の罰金（同三一条の七第一項）。営利の目的で違反行為をした者は、一〇年以下の懲役または一〇年以下の懲役および三百万円以下の罰金（同二項）。未遂罪を罰する（同三項）。

(6)　譲渡し等の禁止

何人も、原則として、けん銃等を譲り渡し、または貸し付けてはならない（同三条の七第一項）。違反した者は、一年以上一〇年以下の懲役（同三一条の四第一項）。営利の目的で違反行為をした者は、三年以上の有期懲役または三年以上の有期懲役および五百万円以下の罰金（同二項）。未遂罪も罰する（同三項）。譲渡し、貸付けの周旋をした者は、三年以下の懲役（同三一条の一五）。

けん銃部品（同三条の八）およびけん銃実包（同三条の九）についても、けん銃等と同様、原則として、譲り渡し、または貸し付けが禁止される。違反をして、けん銃部品を譲り渡し、貸し付けた者は、三年以下の懲役または五〇万円以下の罰金（同三一条の一六）。違反をして、けん銃実包を譲り渡し、貸し付けた者は、五年以下の懲役または百万円以下の罰金（同三一条の九第一項）。営利の目的で違反行為をした者は、七年以下の懲役または七年以下の懲役および二百万円以下の罰金（同二項）。未遂罪も罰する（同三項）。

(7)　譲受け等の禁止

何人も、原則として、けん銃等を譲り受け、または借り受けてはならない（同三条の一〇第一項）。違反した者は、一年以上一〇年以下の懲役（同三一条の四第一項）。営利の目的で違反行為をした者は、三年以上の有期懲役または三年以上の有期懲役および五百万円以下の罰金（同二項）。未遂罪も罰する（同三項）。譲り受け、借り受けの周旋をした者は、三年以下の懲役（同三一条の一五）。

(8)　発射の禁止

何人も、道路、公園、駅、劇場、百貨店その他の不特定もしくは多数の者の用に供される場所もしくは電車、乗合自動車その他の不特定もしくは多数の者の用に供される乗物に向かって、またはこれらの場所（射撃場を除く。）もしくはこれらの乗物においてけん銃等を発射してはならない。ただし、法令に基づき職務のためけん銃等を所持する者がその職務を遂行するに当たって当該けん銃等を発射する場合は、この限りでない（同三条の一三）。違反した者は、無期または三年以上の有期懲役（同三一条）。

（1）　けん銃とは、片手で持ち、肩に銃の台尻部分を付けることなく照準を合わせ、金属製弾丸を発射させることができるような装薬銃で、人の殺傷を目的としているものをいう。小銃とは、一般に軍用として作られ携帯便利で両手をもって操作するライフル（精度と射程を大きくするため、銃腔内に刻まれた螺旋状の溝）を備えた金属製弾丸を発射する機能を有する装薬銃をいう。機関銃とは、引き金を引いている限り自動的に連続して金属製弾丸を発射する機能を有する武器としての装薬銃で、口径二〇ミリメートル未満のものをいう。砲とは、金属製弾丸を発射させる機能を有する武器としての装薬銃砲のうち、口径二〇ミリメートル以上のものをいう。
猟銃とは、狩猟用に製造された、金属製弾丸を発射させる機能を有する装薬銃砲（散弾銃、ライフル銃）をいう。
装薬銃砲とは、火薬、爆薬、加工品を爆発させ、その際生ずるガスの圧力によって弾丸を発射させるようになっている銃砲をいう。空気銃とは、スプリングまたはポンプを使って圧縮した空気やボンベに入った圧縮ガスの膨張力によって弾丸を発射させるようになっている銃砲をいう。

（2）「金属製弾丸を発射する機能を有する」とは、「単に発射する能力があるにとどまらず、ある程度の威力があることを要し、その程度については、社会通念上、戦闘の用に供し得るに至らなくとも、なお人畜に傷害を与えるに足りる程度の威力を具有するものでなければならない」（東京地判昭五一・八・二三判時八二六号二〇頁、最判昭二四・六・一一刑集三巻七号九六九頁）。

（3）刀とは、社会通念上「刀」の類型にあてはまる形態を持ち、かつ、「刀剣類」としての実質――すなわち、鋼質性の材料（炭素含有量〇・〇三ないし一・七パーセントの鉄）をもって製作され、本来人畜を殺傷する用具としての機能を有する刃物またはある程度の加工をすれば右のような刃物になり得る性質（刃物性）を備えた物件をいう。「刀」としての実質をそなえない物件は、銃法刀剣類所持取締令にいう「刀剣類」にあたるものということはできない（最判昭三六・三・七刑集一五巻三号四九三頁）。

社会通念上「刀」の類型にあてはまる形態とは、通常、つばと柄をつけて用いる片刃（先端が両刃となっているものを含む。）の刃物であり、刀身の長さによって、六〇センチメートル以上の大刀、三〇センチメートル未満の短刀、それ以外の脇差とに分けられる。剣とは、通常、柄をつけて用いる左右対象をなす両刃の刃物である。

やりとは、通常、刺突に便利なように、長い棒状の柄に先端のとがった刃物（やりの穂）をつけたものをいう。

なぎなたとは、通常、長い棒状の柄に幅の広い長い大刀のような片刃の刃物をつけたものをいう。

あいくちとは、刃渡り三〇センチメートル未満の短刀のうち、つばの無い柄を付け、懐中などに隠し持つのに便利な形になっているものをいう。

（4）　最決昭五二・一一・二九刑集三一巻六号一〇三〇頁は、「銃砲刀剣類所持等取締法にいう所持とは、所定の物の保管について実力支配関係をもつことをいい、たとえそれが数分間に止まる場合であっても、所持にあたる。けん銃および実包の買入れ方を依頼され、室内で自分が買主であるかのように振舞って買入れた上、売り主が帰った後廊下に出て依頼者に手渡した場合には、けん銃等を受け取ってから依頼者にこれを手渡すまでの間の現実の保管行為は所持にあたり、売買の際に依頼者が同席しており、かつ、保管が数分間であったことは、所持を認める上で障害となるものではない。」と判示した。

（5）　最判昭三三・二・一二刑集一二巻二号二〇九頁は、「銃砲刀剣類は、殺人、傷害等の用に供せられる危険物であるから、銃砲刀剣類等所持取締令は、かかる犯罪を未然に防止するため原則としてこれら物件の所持を禁止し、もって国民の生命財産の安全を期する目的をもって制定せられたものであり、右、所持を原則として禁止した同令二条は社会公共の福祉保持のため必要な規定と解すべきであるから、同条は何ら所論憲法二九条に違反するものではない」と判示した。

第二款　銃砲または刀剣類の所持の許可

（1）許　可

銃砲刀剣類の所持の許可は、事前許可制、用途別許可制および一物一許可制である。したがって、銃砲刀剣類を入手してから許可を求めることはできず、銃砲刀剣類の用途および一物一丁ごとに、許可を受けなければならない。所持禁止は大原則であるにもかかわらず、所持許可の総件数は極めて多い。平成一二年末における都道府県公安委員会の所持許可を受けた銃砲の数は四四万四、二一〇丁であり、このうち猟銃および空気銃が三九万九、六九〇丁で全体の九〇％を占めている。

次の各号のいずれかに該当する者は、所持しようとする銃砲または刀剣類ごとに、その所持について、住所地を管轄する都道府県公安委員会の許可を受けなければならない（銃刀所持四条一項）。

①　狩猟、有害鳥獣駆除または標的射撃の用途に供するため、猟銃または空気銃を所持しようとする者（一号）

②　人命救助、動物麻酔、と殺または漁業、建設業その他の産業の用途に供するため、それぞれ、救命索発射銃、救命用信号銃、麻酔銃、と殺銃または捕鯨銃、もり銃、捕鯨用標識銃、建設用びょう打銃、建設用綱索発射銃その他の産業の用途に供するため必要な銃砲で政令で定めるものを所持しようとする者（二号）

③　政令で定める試験または研究の用途に供するため必要な銃砲を所持しようとする者（三号）

④　国際的な規模で開催される政令で定める運動競技会のけん銃射撃競技または空気けん銃射撃競技に参加する選手またはその候補者として適当であるとして政令で定める者から推薦された者で、当該けん銃射撃競技または空気けん銃射撃競技の用途に供するため、けん銃または空気けん銃を所持しようとする者（四号）

⑤　国際的な規模で開催される政令で定める運動競技会における運動競技の審判に従事する者として適当であるとして政令で定める者から推薦された者で、当該運動競技の出発合図の用途に供するため、運動競技用信号銃またはけん銃を所持しようとする者（五号）

⑥　狩猟、有害鳥獣駆除、と殺、漁業または建設業の用途に供するため必要な刀剣類を所持しようとする者（六号）

⑦　祭礼等の年中行事に用いる刀剣類その他の刀剣類で所持することが一般の風俗慣習上やむを得ないと認められるものを所持しようとする者（七号）

⑧　演劇、舞踊その他の芸能の公演で銃砲（けん銃等を除く。）または刀剣類を所持することがやむを得ないと認められるものの用途に供するため、銃砲または刀剣類を所持しようとする者（八号）

⑨　博覧会その他これに類する催しにおいて展示の用途に供するため、銃砲または刀剣類を所持しようとする者（九号）

⑩　博物館その他これに類する施設において展示物として公衆の観覧に供するため、銃砲または刀剣類を所持しようとする者（一〇号）

都道府県公安委員会は、銃砲または刀剣類の所持に関する危害予防上必要があると認めるときは、銃砲または刀剣類の所持の許可に条件を付し、およびこれを変更することができる（同二項）。

偽りの方法によりけん銃等の所持の許可を受けた者は、一〇年以下の懲役または二百万円以下の罰金（同三一条の六）、偽りの方法により銃砲または刀剣類の所持の許可を受けた者は、三年以下の懲役または五〇万円以下の罰金（同三一条の一六第四号）。

（2）許可の基準

(1)　都道府県公安委員会は、銃砲または刀剣類の所持の許可をを受けようとする者が次のいずれかに該当する場合または許可申請書もしくはその添付書類中に重要な事項について虚偽の記載があり、もしくは重要な事実の記載が欠けている場合においては、許可をしてはならない（同五条一項）。これは、いわゆる絶対的欠格事由である。

①　一八歳に満たない者（空気銃の所持の許可を受けようとする者で、政令で定める者から推薦されたものにあっては、一四歳に満たない者）（一号）

②　精神病者、アルコール、麻薬、大麻、あへんもしくは覚せい剤の中毒者または心神耗《こう》弱者（二号）

③　住所の定まらない者（三号）

④　一一条の規定により許可を取り消された日から起算して五年を経過していない者（同条一項三号または二項に該当したことにより許可を取り消された者および同条五項の規定により許可を取り消された者を除く。）（四号）

⑤　許可の取消処分に係る聴聞の期日および場所が公示された日から当該処分をする日または当該処分をしないことを決定する日までの間に当該処分に係る銃砲または刀剣類を譲り渡し、その他自己の意思に基づいて所持しないこととなった者で当該所持しないこととなった日から起算して五年を経過していないもの（四号の二）

⑥　一定の罪を犯して罰金刑以上の刑に処せられた者で、その刑の執行を終わり、または執行を受けることがなくなった日から起算して五年を経過していないもの（五号、五号の二）

⑦　集団的に、または常習的に暴力的不法行為その他の罪に当たる違法な行為で国家公安委員会規則で定めるものを行うおそれがあると認めるに足りる相当な理由がある者（五号の三）

⑧　他人の生命もしくは財産または公共の安全を害するおそれがあると認めるに足りる相当な理由がある者（前号に該当する者を除く。）（六号）

(2)　都道府県公安委員会は、変装銃砲刀剣類またはその構造もしくは機能が政令で定める基準に適合しない銃砲については、許可をしてはならない（同二項）。これは、物的欠格事由を定めたものである。

(3)　都道府県公安委員会は、許可を受けようとする者に、前記(1)の⑦および⑧に該当する同居の親族がある場合において、その同居の親族が銃砲または刀剣類を使用して他人の生命もしくは財産または公共の安全を害するおそれがあると認める者であるときは、許可をしないことができる（同三項）。この規定は、五条一項六号の適用を免れるため、例えば暴力団員の兄弟姉妹あるいは妻の名義をもって許可申請をする場合などを想定している。

（3）猟銃および空気銃の許可の基準の特例

(1) 都道府県公安委員会は、猟銃および空気銃の所持の許可を受けようとする者が次のいずれかに該当する場合でなければ、許可をしてはならない（同五条の二第一項）。

① 猟銃および空気銃の取扱いに関する講習会の講習終了証明書の交付を受けている者でその交付を受けた日から起算して三年を経過しないもの（一号）。これは、いわゆる「知識要件基準」の一である。

② 猟銃および空気銃の取扱に関し、①に掲げる者と同等以上の知識を有する者として政令で定める者（二号）。これも知識要件基準である。

(2) 都道府県公安委員会は、猟銃の所持の許可を受けようとする者が次のいずれかに該当する場合においては、許可をしてはならない（同二項）。

① 二〇歳に満たない者（政令で定める者から推薦された者にあっては、一八歳に満たない者）（一号）

② 銃砲、刀剣類または刃体の長さが六センチメートルをこえる刃物を使用して、人の生命または身体を害する罪その他の凶悪な罪（死刑または無期懲役もしくは長期三年以上の懲役もしくは禁錮に当たるものに限る。）で政令で定めるものに当たる違法な行為をした日から起算して一〇年を経過していない者（二号）

(3) 都道府県公安委員会は、猟銃の所持の許可を受けようとする者が次の各号のいずれかに該当する場合でなければ、許可をしてはならない（同三項）。

① 現に猟銃の所持の許可を受けて所持しようとする種類の猟銃を所持している者（一号）

② 海外旅行、災害その他の政令で定めるやむを得ない事情により、許可の更新を受けることができなかった

者で、当該事情がやんだ日から起算して一月を経過しないもの（二号）

③ 所持しようとする種類の猟銃に係る技能検定の合格証明書の交付を受けている者でその交付を受けた日から起算して一年を経過しないもの（三号）

④ 所持しようとする種類の猟銃に係る射撃教習の教習終了証明書の交付を受けている者でその交付を受けた日から起算して一年を経過しないもの（四号）

(4) 猟銃がライフル銃である場合について、特例がある（同四項）。

（4）許　可　証

(1) 許可証の交付

都道府県公安委員会は、銃砲または刀剣類の所持の許可をする場合においては、許可証を交付しなければならない（同七条）。銃砲を携帯し、または運搬する者は、銃砲に係る許可証を常に携帯していなければならない（同二四条一項）。

(2) 許可証の返納

許可証の交付を受けた者は、次の場合には、すみやかに当該許可証を住所地または法人の事業場の所在地を管轄する都道府県公安委員会に返納しなければならない。i許可が失効した場合、ii許可が取り消された場合、iii亡失し、または盗み取られた許可証を回復した場合（同八条二項）。

（5）許可の有効期間および許可の更新

猟銃または空気銃の所持の許可の有効期間は、当該許可を受けた日の後のその者の三回目の誕生日が経過するまでの期間とする（同七条の二）。許可の更新を受けようとする者は、都道府県公安委員会に対し、許可の更新の申請をしなければならない（同七条の三）。

（6）許可の取消

(1)　都道府県公安委員会は、銃砲または刀剣類の許可を受けた者が次のいずれかに該当する場合においては、その許可を取り消すことができる（同一一条一項）。

①　この法律またはこの法律に基づく命令の規定もしくはこれらに基づく処分または銃砲または刀剣類の許可に付された条件に違反した場合（一号）

②　精神病者、麻薬、大麻若しくは覚せい剤または心神耗弱者、住居の定まらない者、不法所持罪で罰金以上の刑に処せられた者でその刑の執行を終わり、または執行を受けることがなくなった日から起算して五年を経過していないもの、集団的常習的に暴力的不法行為など違法な行為を行うおそれがある者もしくは他人の生命もしくは財産または公共の安全を害するおそれがある者または銃砲、刀剣類または刃体の長さが六センチメートルをこえる刃物を使用して人の生命または身体を害する罪その他の凶悪な罪で政令で定めるものに当たる違法な行為した日から起算して一〇年を経過していない者に該当するに至った場合（二号）

③　ライフル銃である猟銃の所持の許可を受けた者がライフル銃による獣類の捕獲を職業とする者、事業に対する被害を防止するためライフル銃による獣類の捕獲を必要とする者に該当しなくなった場合（三号）

(2)　都道府県公安委員会は、銃砲または刀剣類の所持の許可を受けた者について前記（2）の(3)に記述した事情（＝五条三項に規定する事情）が生じた場合においては、その許可を取り消すことができる（同二項）。

(3)　人命救助等に従事する者が当該許可を受けた者の指示に基づかないで当該銃砲を所持した場合には、都道府県公安委員会は、当該銃砲に係る許可を取り消すことができる。ただし、許可を受けた者が人命救助等に従事する者のした当該行為を防止するために相当の注意を怠らなかったことが証明された場合は、この限りでない（同三項）。

(4)　けん銃または猟銃の所持の許可を受けた者が、火薬取締法五〇条の二第一項の規定の適用を受ける火薬類について、同法の規定または同法に基づく処分に違反した場合には、都道府県公安委員会は、その許可を取り消すことができる（同四項）。

(5)　都道府県公安委員会は、猟銃または空気銃の許可を受けた者が引き続き三年以上当該許可に係る猟銃または空気銃を当該許可に係る用途に供していないと認めるときは、その許可を取り消すことができる（同五項）。

（7）　許可の失効

銃砲または刀剣類の所持の許可は、次のいずれかに該当する場合においては、その効力を失う（同八条一項）。

①　許可を受けた者が許可を受けた日から起算して三月以内に当該許可に係る銃砲または刀剣類を所持することとならなかった場合（一号）

②　許可を受けた者が死亡した場合（二号）

③　許可を受けた者が銃砲または刀剣類を譲り渡し、その他自己の意思に基づいて所持しないこととなった場合（三号）

④　銃砲または刀剣類を亡失し、もしくは盗み取られ、またはこれらが滅失した場合（四号）

⑤　銃砲もしくは刀剣類の提出を命ぜられ、またはこれらが没収された場合（五号）

⑥　許可を受けた者が四条一項四号もしくは五号もしくは五条の二第四項二号の政令で定める者からその推薦

を取り消された場合または空気銃の所持の許可を受けた者で一八歳に満たないものもしくは猟銃の所持の許可を受けた者で二〇歳に満たないものが五条一項一号もしくは五条の二第二項一号の政令で定める者から推薦を取り消された場合（六号）

⑦ 許可の期間が満了した場合（七号）

（8） 仮領置

仮領置は当該銃包または刀剣類の占有を一時的に奪う処分である。

(1) 許可が失効した場合

都道府県公安委員会は、許可が失効した場合において、他人の生命もしくは財産に対する危険を防止するため必要があると認めるとき、または許可が失効した日から起算して五〇日の期間が経過したときは、当該許可を受けていた者または死亡届出義務者等に対し当該銃砲または刀剣類の提出を命じ、提出された銃砲または刀剣類を仮領置するものとする（同八条七項）。

銃砲または刀剣類を仮領置した場合において、許可を受けていた者もしくは失効した許可に係る銃砲または刀剣類を相続により取得した者から当該銃砲または刀剣類の売渡し、贈与、返還等を受けた者または当該許可を受けていた者もしくは当該銃砲または刀剣類を相続により取得した者であつて当該銃砲または刀剣類について所持の許可を受けたものが返還の申請をしたときは、都道府県公安委員会は、当該銃砲または刀剣類をその者に返還するものとする（同八項）。

けん銃部品（同八条の二第二項・第三項）についても同様。

(2) 許可の取消事由を発見した場合

都道府県公安委員会は、銃砲または刀剣類の所持の許可の取消事由を発見した場合において、他人の生命または財産に対する危険を防止する必要があると認めるときは、取消し前において、当該許可を受けている者（所在が不明である場合において、同居の親族がある場合には、当該同居の親族等）に対し当該銃砲または刀剣類の提出を命じ、提出された銃砲または刀剣類を仮領置することができる（同一一条六項）。

都道府県公安委員会は、許可を取り消した場合においては、当該許可を受けていた者（所在が不明である場合において、同居の親族がある場合には、当該同居の親族等）に対し当該銃砲または刀剣類の提出を命じ、提出された銃砲または刀剣類を仮領置するものとする（同七項）。

許可が取り消され、かつ、銃砲または刀剣類が仮領置されている場合において、許可が取り消された者から売渡し、贈与、返還等を受けた者が返還の申請をしたときは、都道府県公安委員会は、当該銃砲または刀剣類をその者に返還するものとする（同八項）。

許可が取り消されなかった場合においては、都道府県公安委員会は、仮領置した銃砲または刀剣類を速やかに当該銃砲または刀剣類を所持していた者に返還しなければならない（同九項）。けん銃の提出を命ずる場合、けん銃部品がある場合には、けん銃部品についても提出を命じ、仮領置し（同一一条の二第一項・第二項）、けん銃の返還の場合、けん銃部品がある場合には、けん銃部品についても返還するものとする（同三項・四項）。

(9)　所持の態様についての制限

銃砲または刀剣類の所持の許可を受けた者は、当該許可に係る用途に供する場合その他正当な事由がある場合を除いては、当該許可を受けた銃砲または刀剣類を携帯し、または運搬してはならない（同一〇条）。この規定は、人を殺傷するなどの違法な目的のために銃砲刀剣類を持ち出して使用する場合を規制するものである。許可を受けた銃砲または刀剣類を所持する者は、その目的がいかなるものであっても、不法所持罪は成立しないとされているからである（最判昭三二・一〇・四刑集一一巻一〇号二四七四頁）。この規定は、登録を受けた古式銃砲または刀剣類を所持する者について準用される（同二一条）。

（10）銃砲刀剣類等の一時保管等

警察官は、銃砲刀剣類等を携帯し、または運搬していると疑うに足りる相当な理由がある者が、異常な挙動その他周囲の事情から合理的に判断して他人の生命または身体に危害を及ぼすおそれがあると認められる場合においては、銃砲刀剣類等であると疑われる物を提示させ、またはそれが隠されていると疑われる物を開示させて調べることができ（同二四条の二第一項）、この場合、その危害を防止するため必要があるときは、これを提出させて一時保管することができる（同二項）[1]。

（1）この規定については憲法三一条・三五条等の規定に反するものではないかという見解があるが、通説は、第一に、憲法の規定は主として犯人の逮捕・犯罪の証拠物件の押収に関するものであること、第二に、提示または開示は強制を伴うものではなく、任意の協力ある場合に限り許され、法律の規定がなくとも憲法上可能であるという理由で、憲法に反しないとしている（田上穣治『警察法（新版）』二四四頁注（四）・昭五八・有斐閣）。

第三款　古式銃砲および刀剣類の登録ならびに刀剣類の製作の承認

（1）登　録

都道府県の教育委員会は、美術品もしくは骨とう品として価値のある火縄式銃砲等の古式銃砲または美術品として価値のある刀剣類の登録をするものとする。銃砲または刀剣類の所有者で登録を受けようとする者は、その住所の所在する都道府県の教育委員会に登録の申請をしなければならない（銃刀所持一四条）。都道府県の教育委員会は、登録をする場合には、登録証を交付しなければならない（同一五条）。

（2）刀剣類の製作の承認

美術品として価値のある刀剣類を製作しようとする者は、製作しようとする刀剣類ごとに、その住所の所在する都道府県の教育委員会の承認を受けなければならない。承認を受けようとする者は、承認の申請をしなければならない（同一八条の二）。

第四款　携帯・不法所持等の規制

携帯・不法所持等の規制については、所持の態様についての規制（銃刀所持一〇条、二一条）、譲渡の制限（同二一条の二）、刃体の長さが六センチメートルをこえる刃物の携帯の禁止（同二二条）、模造けん銃の所持の禁止（同二二条の二）、販売目的の模造銃器の所持の禁止（同二二条の三）、模造刀剣類の形態の禁止（同二二条の四）、許可証および登録証の携帯（同二四条）、銃砲刀剣類等の一時保管（同二四条の二第二項）、本邦に上陸しようとする者の所持する銃砲または刀剣類の仮領置（同二五条）、災害・騒乱等の事態における一般的規制（同二六条）、不法所持の銃砲等の提出命令（同二七条）などの規定がある。

第二節　火薬類取締法

文献　木宮高彦『特別刑法詳解　第一巻　危険物』（昭三六・日本評論社）、河村　博『火薬取締法』平野・佐々木・藤永編『注解特別刑法6　危険物編Ⅱ』（昭六一・青林書院）

（1）法律の構成

火薬類取締法（昭和二五・五・四、最終改正平成一二・五・三一）は、五つの部分により構成されている。第一章は総則、第二章は事業、第三章は保安、第四章は雑則、第五章は罰則について規定している。

付属法令

火薬類取締法施行令（昭和二五・一〇・三一）

火薬類取締法施行規則（昭和二五・一〇・三一）

火薬類運送規則（昭和二五・一〇・三一）

火薬類取締法の規定に基づく公聴会等の手続に関する規則（昭和三五・一二・一）

火薬類の運搬に関する内閣府令（昭和三五・一二・二八）

（2）法律の目的

火薬類取締法は、「火薬類の製造、販売、貯蔵、運搬、消費その他の取扱を規制することにより、火薬類による災害を防止し、公共の安全を確保することを目的とする。」（一条）と規定している。

（3）概念規定

(1)「火薬類」とは、次に掲げる火薬、爆薬および加工品をいう（火薬二条一項）。

①　火薬（一号）　i 黒色火薬その他硝酸塩を主とする火薬（イ）、ii 無煙火薬その他硝酸エステルを主とする火薬（ロ）、iii その他イまたはロに掲げる火薬と同等に推進的爆発の用途に供せられる火薬であって経済産業省令で定めるもの（ハ）

②　爆薬（二号）　i 雷こう、アジ化鉛その他の起爆薬（イ）、ii 硝安爆薬、塩素酸カリ爆薬、カーリットその他硝酸塩、塩素酸塩または過塩素酸塩を主とする爆薬（ロ）、iii ニトログリセリン、ニトログリコールおよび爆薬の用途に供せられるその他の硝酸エステル（ハ）、iv ダイナマイトその他の硝酸エステルを主とする爆薬（ニ）、v 爆薬の用途に供せられるトリニトロベンゼン、トリニトロトルエン、ピクリン酸、トリニトロクロルベンゼン、テトリル、トリニトロアニゾール、ヘキサニトロジフエニルアミン、トリメチレントリニトロアミン、ニトロ基を三以上含むその他のニトロ化合物およびこれらを主とする爆薬（ホ）、vi 液体酸素爆薬その他の液体爆薬（ヘ）、vii その他 i から vi までに掲げる爆薬と同等に破壊的爆発の用途に供せられる爆薬であって経済産業省令で定めるもの（ト）

③　火工品（三号）　i 工業雷管、電気雷管、銃用雷管および信号雷管（イ）、ii 実包および空包（ロ）、iii 信管および火管（ハ）、iv 導爆線、導火線および電気導火線（ニ）、v 信号焔管および信号火せん（ホ）、vi 煙火その他①②に掲げる火薬または爆薬を使用した火工品（へ）

(2)「がん具煙火」とは、がん具として用いられる煙火その他これに類する煙火であって、経済産業省令で定めるものをいう（同二項）。

（4）許　可　制

(1)　製造・販売営業の許可

火薬類の製造（変形または修理を含む。）の業を営もうとする者は、製造所ごとに、経済産業大臣の許可を受けなければならない（同三条）。理化学上の実験、鳥獣の捕獲もしくは駆除、射的練習または医療の用に供するため製造する火薬類で、経済産業省令で定める数量以下のものを製造する場合は、この限りでない（同四条但し書）。許可を受けないで火薬類の製造の業を営んだ者は、三年以下の懲役または百万円以下の罰金、またはこれを併科（同五八条一号）。

火薬類の販売の業を営もうとする者は、販売所ごとに、都道府県知事の許可を受けなければならない。ただし、製造業者が、その製造した火薬類をその製造所において販売する場合は、この限りでない（同五条）。許可を受けないで火薬類の販売の業を営んだ者は、三年以下の懲役または百万円以下の罰金、またはこれを併科（同五八条三号）。

(2)　許可の基準

①　欠格事由　次のいずれかに該当する者には、火薬類の製造の許可または販売営業の許可を与えない（同六条）。ⅰ火薬類の製造の許可または販売営業の許可を取り消され、取り消しの日から三年を経過していない者（一号）、ⅱ禁錮以上の刑に処せられ、その執行を終わり、または執行を受けることのなくなった後、三年を経過していない者（二号）、ⅲ成年被後見人（三号）、ⅳ法人または団体であって、その業務を行う役員のうちにⅰⅱⅲのいずれかに該当する者があるもの（四号）。

②　許可の基準　経済産業大臣または都道府県知事は、製造の許可の申請については次の各号に適合し、販売営業の許可の申請については次のⅲおよびⅳに適合していると認めるときでなければ、許可をしてはならない

（同七条）。ⅰ製造施設の構造、位置および設備が、経済産業省令で定める技術上の基準に適合するものであること（一号）、ⅱ製造の方法が、経済産業省令で定める技術上の基準に適合するものであること（二号）、ⅲ製造または販売の業を適確に遂行するに足りる技術的能力があること（三号）、ⅳその他製造または販売が、公共の安全の維持または災害の発生の防止に支障のないものであること（四号）。

③　許可の取消　　経済産業大臣または都道府県知事は、製造業者または販売業者が、正当な理由がないのに、一年以内にその事業を開始せず、または一年以上引き続きその事業を休止したときは、その許可を取り消すことができる（同八条）。

(3)　製造施設等の変更

製造業者が、製造施設の位置、構造もしくは設備の変更の工事をし、またはその製造する火薬類の種類もしくはその製造方法を変更しようとするときは、経済産業大臣の許可を受けなければならない。ただし、軽微な変更の工事をしようとするときは、この限りでない（同一〇条一項）。違反した者は、一年以下の懲役または五〇万円以下の罰金、またはこれを併科（同五九条一号）。

(4)　火薬庫

火薬庫を設置し、移転しまたはその構造もしくは設備を変更しようとするものは、都道府県知事の許可を受けなければならない。ただし、火薬庫の構造または設備について軽微な変更の工事をしようとするときは、この限りでない（同一二条一項）。都道府県知事は、その火薬庫の構造、位置および設備が、経済産業省令で定める技術上の基準に適合するものであると認めるときでなければ、許可をしてはならない（同三項）。許可を受けないで火薬庫を設置し、移転し、またはその構造もしくは設備を変更した者は、一年以下の懲役または五〇万円以下の罰金、またはこれを併科（同五九条項三号）。

(5)　譲渡または譲受の許可

火薬類を譲り渡しまたは譲り受けようとする者は、都道府県知事の許可を受けなければならない。ただし、次のいずれかに該当するときは、この限りでない（同一七条一項）。i 製造業者が、火薬類を製造する目的で譲り受けまたはその製造した火薬類を譲り渡すとき（一号）、ii 販売業者が、火薬類を販売する目的で譲り受けまたはその譲り受けた火薬類を譲り渡すとき（二号）、iii 鳥獣保護及ビ狩猟ニ関スル法律八条ノ三の規定による登録を受けた者または同法一二条一項の規定による鳥獣の捕獲をすることの許可を受けた者であって装薬銃を使用するものが、鳥獣の捕獲をする目的で経済産業省令で定める数量以下の火薬類を譲り受けるとき（三号）、iv 鉱業法により鉱物の試掘または採掘をする者が、鉱物を掘採する目的で経済産業省令で定める数量以下の火薬類を譲り受けるとき（四号）、v 輸入許可を受けて火薬類を譲り受けるとき（五号）、vi 法令に基づきその事務またはその事業のために火薬類を消費する者が、その目的で火薬類を譲り受けるとき（六号）。都道府県知事は、譲渡または譲受の目的が明らかでないときその他譲渡または譲受が、公共の安全の維持に支障を及ぼす虞があると認めるときは、譲渡または譲受の許可をしてはならない（同二項）。許可を受けないで火薬類を譲り渡しまたは譲り受けた者は、一年以下の懲役または五〇万円以下の罰金、またはこれを併科（同五九条四号）。

都道府県知事は、火薬類の譲渡または譲受が公共の安全の維持に支障を及ぼすおそれが生じたと認めるときは、引渡し前に限り、その許可を取り消すことができる（同一七条三項）。

(6)　輸入の許可

火薬類を輸入しようとする者は、都道府県知事の許可を受けなければならない（同二四条一項）。都道府県知事は、輸入の目的が明らかでないときその他その輸入が公共の安全の維持に支障を及ぼす虞があると認めるときは、許可をしてはならない（二項）。許可を受けないで火薬類を輸入した者は、三年以下の懲役または百万円以下の罰金、またはこれを併科（同五八条四号）。

(7) 消　費

火薬類を爆発させ、または燃焼させようとする者は、都道府県知事の許可を受けなければならない。ただし、理化学上の実験、鳥獣の捕獲もしくは射的練習、信号、鑑賞などの場合は、この限りでない（同二五条一項）。都道府県知事は、その爆発または燃焼の目的、場所、日時、数量または方法が不適当であると認めるときその他その爆発または燃焼が公共の安全の維持に支障を及ぼすおそれがあると認めるときは、許可をしてはならない（同二項）。許可を受けないで火薬類を爆発または燃焼させた者は、一年以下の懲役または五〇万円以下の罰金、またはこれを併科（同五八条五号）。

(8) 廃　棄

火薬類を廃棄しようとする者は、都道府県知事の許可を受けなければならない。ただし、製造業者が火薬類の製造中に生じた火薬類の廃棄をその製造所内で廃棄する場合は、この限りでない（同二七条）。許可を受けないで火薬類を廃棄した者は、一年以下の懲役または五〇万円以下の罰金、またはこれを併科（同五九条五号の二）。

(5) 届出制

(1) 製造施設等の軽微な変更

製造業者が、製造施設の位置、構造または施設について軽微な変更の工事をしたときは、その完成後遅滞なく、その旨を都道府県知事に届け出なければならない（同一〇条二項）。火薬庫の所有者または占有者は、火薬庫の構造または設備について軽微な変更の工事をしたときは、その完成後遅滞なく、その旨を都道府県知事に届け出なければならない（同一二条二項）。届出をせず、または虚偽の届出をした者は、二〇万円以下の罰金（同六一条四号）。

(2)　地位の承継

火薬庫の設置の許可を受けた者の地位を承継した者は、遅滞なくその旨を都道府県知事に届け出なければならない（同一二条の二第二項）。届出をせず、または虚偽の届出をした者は、二〇万円以下の罰金（同六一条四号）。

(3)　営業の廃止等

火薬類の製造業者または販売業者が、その営業の全部または一部を廃止したときは、遅滞なくその旨を経済産業大臣または都道府県知事に届け出なければならず（同一六条一項）、火薬庫の所有者または占有者が、その火薬庫の用途を廃止したときは、遅滞なくその旨を都道府県知事に届け出なければならない（同二項）。届出をせず、または虚偽の届出をした者は、二〇万円以下の罰金（同六一条四号）。

(4)　輸　入

火薬類を輸入した者は、遅滞なくその旨を都道府県知事に届け出なければならない（同二四条三項）。届出をせず、または虚偽の届出をした者は、二〇万円以下の罰金（同六一条四号）。

(5)　運　搬

火薬類を運搬しようとする場合は、その荷送人は、その旨を出発地を管轄する都道府県公安委員会に届け出て、運搬証明書の交付を受けなければならない（同一九条）。虚偽の届出をして、運搬証明書の交付を受けた者は、三〇万円以下の罰金（同六〇条三号）。

（6）禁止・制限

(1)　禁　止

①　完成検査　製造許可または火薬庫設置の許可を受けた者は、火薬類の製造施設の設置または火薬庫の設置もしくは移転の工事をした場合には、経済産業大臣または都道府県知事が行う完成検査を受け、これらが、技術上の基準に適合していると認められた後でなければ、これを使用してはならない（同一五条一項）。製造施設等の変更、火薬庫の変更の場合も同様（同二項）。違反した者は、一年以下の懲役または五〇万円以下の罰金、またはこれを併科（同五九条二号）。

②　譲渡または譲受　製造業者または販売業者は、譲受人が許可を受けずに譲り受けができることを確認した場合または譲受許可証を提示した場合でなければ、火薬類を譲り渡してはならない（同一七条五項）。違反した者は、三〇万円以下の罰金（同六〇条一号）。

③　行商および屋外販売の禁止　何人も、火薬類の行商をし、または露店その他屋外で火薬類を販売してはならない（同一八条）。違反した者は、一年以下の懲役または五〇万円以下の罰金、またはこれを併科（同五九条二号）。

④　所持者の範囲　火薬類は、法令に基づく場合または次のいずれかに該当する場合のほか、所持してはならない（同二一条）。ｉ製造業者または四条ただし書の規定により火薬類を製造する者が、その製造した火薬類を所持するとき（一号）、ⅱ販売業者が、所持するとき（二号）、ⅲ譲受の許可により火薬類を譲り受けることができる者が、所持するとき（三号）、ⅳ輸入の許可を受けて輸入した者が、その火薬類を所持するとき（四号）、ｖ運送、貯蔵その他の取扱を委託された者が、その委託を受けた火薬類を所持するとき（五号）、ⅵ相続または

遺贈により火薬類の所有権を取得した者が、その火薬類を所持するとき（六号）、vii 法人の合併または分割により火薬類の所有権を取得した者が、その火薬類を所持するとき（七号）、viii 火薬類を所持することができる者が、火薬類を譲渡または廃棄しなければならない場合に、その措置をするまでの間所持するとき（八号）、ix 以上に掲げる者の従業者が、その職務上火薬類を所持するとき（九号）。違反した者は、一年以下の懲役または五〇万円以下の罰金、またはこれを併科（同五九条二号）。

⑤　取扱者の制限　一八歳未満の者は、火薬類の取扱をしてはならない（同二三条一項）。違反した者は、三〇万円以下の罰金（同六〇条一号）。一八歳未満の者、知的障害者であって政令で定める程度の障害の状態にあるものまたは精神病者に、火薬類の取扱をさせてはならない（同二三条二項）。違反した者は、一年以下の懲役または五〇万円以下の罰金、またはこれを併科（同五九条二号）。

(2)　制　限

①　製造施設および製造方法　製造業者は、その製造施設および製造方法が、経済産業省令で定める技術上の基準に適合するように維持しなければならない（同九条一項、二項）。違反した者は、三〇万円以下の罰金（同六〇条一号）。

②　貯蔵　火薬類の貯蔵は、火薬庫においてしなければならない。ただし、経済産業省令で定める数量以下の火薬類については、この限りでない（同一一条一項）。違反した者は、一年以下の懲役または五〇万円以下の罰金、またはこれを併科（同五九条二号）。火薬類の貯蔵は、経済産業省令で定める技術上の基準に従ってこれをしなければならない（同一一条二項）。違反した者は、三〇万円以下の罰金（同六〇条一号）。

③　火薬庫　製造業者または販売業者は、もっぱら自己の用に供する火薬庫を所有し、または占有しなければ

ばならない。但し、土地の事情等のためやむを得ない場合において都道府県知事の許可を受けたときは、この限りでない（同一三条）。違反した者は、一年以下の懲役または五〇万円以下の罰金、またはこれを併科（同五九条二号）。火薬庫の所有者または占有者は、火薬庫を、その構造、位置および設備が経済産業省令で定める技術上の基準に適合するように維持しなければならない（同一四条一項）。違反した者は、三〇万円以下の罰金（同六〇条一号）。

④　運搬　火薬類を運搬する場合は、運搬証明書を携帯してしなければならない（同二〇条一項）。運搬証明書を携帯しないで火薬類を運搬した者は、三〇万円以下の罰金（同六〇条二号）。また、通路、積載方法および運搬方法については内閣府令で定める技術上の基準および運搬証明書の交付を受けることを要する場合にはその運搬証明書に記載された内容に従ってしなければならない（同二〇条二項）。違反した者は、三〇万円以下の罰金（同六〇条一号）。

⑤　残火薬類の措置　製造業者または販売業者が、許可の取り消しその他の事由により営業を廃止した場合、火薬類の譲渡もしくは輸入の許可を受けた者が、その火薬類を消費し、もしくは消費することを要しなくなった場合または火薬類の消費の許可を受けた者がその許可を取り消された場合において、なお火薬類の残量があるときは、遅滞なくその火薬類を譲り渡し、または廃棄しなければならない（同二二条）。違反した者は、三〇万円以下の罰金（同六〇条一号）。

⑥　火薬類の爆発または燃焼　火薬類の爆発または燃焼は、経済産業省令で定める技術上の基準に従ってこれをしなければならない（同二六条）。違反した者は、三〇万円以下の罰金（同六〇条一号）。

⑦　廃棄　火薬類の廃棄は、経済産業省令で定める技術上の基準に従ってこれをしなければならない（同二

七条の二)。違反した者は、三〇万円以下の罰金(同六〇条一号)。

第一二章　交通の取締に関する警察法

交通の取締は警察の責務である（警察二条）。交通の取締とは、警察が道路交通を監視・管理し、交通規制の遵守を点検する措置の総体をいう。交通の取締は交通の安全を改善し、交通事故を予防し、交通公害を緩和すべきものであり、交通の取締によって交通の安全と秩序が維持され、回復されまたは高められなければならない。交通の取締には、交通規制、交通指導、交通事故対策および交通安全教育・運動が含まれる。

道路交通法は、交通取締の根幹をなす法律であるということができる。

文献　平野・佐々木・藤永編『注解特別刑法Ⅰ　交通編(1)』『道路交通法〔第二版〕』（平四・青林書院）、橋本裕蔵『九訂版道路交通法の解説』（平一三・一橋出版）

第一節　基　礎

(1)　道路交通法の意義

道路交通法は、交通の自由の原則を基礎とするものであるが、多くの道路利用者の競合から交通の安全または円滑に対する危険が生じ、または生じ得る場合に、道路における危険防止のための法的規制を問題とする法規の総体であるということができる。したがって道路交通法の特質は、道路交通における多種多様な行動様式について命令・禁止・制限をし、この規制の遵守を罰則規定によって確保するという点にある。

（2）法律の構成

道路交通法（昭和三五・六・二五、最終改正平成一二・五・二六）は、一三の章により構成されている。第一章は総則、第二章は歩行者の通行方法、第三章は車両及び路面電車の交通方法、第四章は運転者及び使用者の義務、第四章の二は高速自動車国道等における自動車の交通方法、第五章は道路の使用等、第六章は自動車及び原動機付自転車の運転免許、第六章の二は講習、第六章の三は交通事故調査分析センター、第六章の四は交通の安全と円滑に資するための民間の組織活動等の促進、第七章は雑則、第八章は罰則、第九章は反則行為に関する処理手続の特例について規定している。

付属法令

道路交通法施行令（昭和三五・一〇・一一）

道路交通法施行規則（昭和三五・一二・三）

関係法令

交通事件即決裁判手続法（昭和二九・五・一八）

自動車の保管場所の確保等に関する法律（昭和三七・六・一）

（3）法律の目的

道路交通法は、法律の目的を「道路における危険を防止し、その他交通の安全と円滑を図り、および道路の交通に関する障害の防止に資することを目的とする。」（一条）と規定している。

（４）概念規定

概念規定は道路交通法の適用領域を定める上で重要な意義を有する。

(1) 道路とは、道路法に規定する道路、道路運送法に規定する自動車道および一般交通の用に供するその他の場所をいう（道交二条一項一号）。「一般交通の用に供するその他の場所」とは、土地改良法による農業用道路、森林法による林道、建築基準法による私道等のほか、空地・広場・海浜等一般に不特定多数の人または車両の交通の用に供する場所をいう。しかしこれらの場所が道路となるのは、管理者が一般交通の用に供し、公開する限度においてであって、駅の構内、校庭、公開しない神社の参道、遊園地等は、原則として道路ではない。

(2) 歩道とは、歩行者の歩行の用に供するため縁石線またはさくその他これに類する工作物によって区画された道路の部分をいう（二号）。

(3) 車道とは、車両の通行の用に供するため縁石線またはさくその他これに類する工作物または道路標識によって区画された道路の部分をいう（三号）。

(4) 自転車道とは、自転車の通行の用に供するため縁石線またはさくその他これに類する工作物によって区画された車道の部分をいう（三号の三）。二輪の自転車以外の車両は、原則として自転車道を通行できない。

(5) 歩行者用道路とは、歩行者の通行の安全と円滑を図るため車両の通行が禁止されていることが道路標識等により表示されている道路をいう（同九条）。歩行者天国・通学道路等がこれに当たる。

(6) 路側帯とは、歩行者の通行の用に供し、または車道の効用を保つため、歩道の設けられていない道路または道路の歩道の設けられていない側の路端寄りに設けられた帯状の道路の部分で、道路標示によって区画されたものをいう（同二条一項三号の四）。

(7) 横断歩道とは、道路標識または道路標示により歩行者の横断の用に供するための場所であることが示されている道路の部分をいう（四号）。

(8) 車両とは、自動車、原動機付自転車、軽車両およびトロリーバスをいう（八号）。

(9) 自動車とは、原動機を用い、かつレールまたは架線によらないで運転する車であって、原動機付自転車、自転車および身体障害者用の車いすならびに歩行補助車その他の小型の車で政令で定めるもの以外のものをいう（九号）。

(10) 信号機とは、電気により操作され、かつ、道路の交通に関し、灯火により交通整理等のための信号を表示する装置をいう（一四号）。

(11) 道路標識とは、道路の交通に関し、規制または指示を表示する標示板をいう（一五号）。

(12) 道路標示とは、道路の交通に関し、規制または指示を表示する標示で、路面に描かれた道路鋲、ペイント、石等による線、記号または文字をいう（一六号）。

(13) 駐車とは、車両等が客待ち、荷待ち、貨物の積卸し、故障その他の理由により継続的に停止すること（貨物の積卸しのための停止で五分を超えない時間内のものおよび人の乗降のための停止を除く。）または車両等が停止し、かつ、当該車両等の運転をする者がその車両を離れて直ちに運転することができない状態にあることをいう（一八号）。

(14) 停車とは、車両等が停止することで駐車以外のものをいう（一九号）。

（5）自動車の種類

自動車は、道路交通上、便利で重要ではあるが、同時に交通の円滑を妨げ、あるいは交通事故等の危険をもたらすので、その運転については運転免許を必要とし、さらに道路の通行方法が詳細に規制されている。道路交通法は、自動車の種類を、その車体の大きさ・構造および原動機の大きさによって、大型自動車・普通自動車・大型特殊自動車・自動二輪車および小型特殊自動車に区分する（同八五条一項）(1)。

（1）大型自動車は、車両総重量が八トン以上、最大積載量が五トン以上または乗車定員が一一人以上のものをいう。大型自動車には、人または貨物を運搬する構造でない特殊作業用のものでキャタピラーを有するブルトーザ、ロード・ローラなど、小型特殊自動車に属しない牽引自動車および特殊作業用自動車または牽引自動車に類する自動車で内閣総理大臣の指定するもの、の三種類がある。

自動二輪車は側車付自動二輪車を含み、大型特殊および小型特殊自動車以外のものでオートバイ・スクーター・サイドカー等である。

小型特殊自動車は、車体の長さ四・七〇メートル以下、幅一・七〇メートル以下、高さ二・〇〇メートル以下で、速度が一五キロメートル毎時を超えることができない構造のものであって、農耕作業用自動車と内閣総理大臣の指定するものがある。

普通自動車は車体の大きさ等が他の四種の自動車と異なるもので、セダン・中型・小型自動車等がある。

第二節　交通の規制（禁止または制限）

（1）公安委員会の交通規制

都道府県公安委員会は、信号機または道路標識等を設置し、および管理して、交通整理、歩行者または車両等の通行その他道路における交通の規制をすることができる（道交四条一項前段）。この場合において、緊急を要し、その他道路標識等による交通の規制をすることが困難であると認めるときは、都道府県警察の警察官の現場における指示により、交通の規制をすることができる（同後段）。

公安委員会は、歩行者または車両等の通行の禁止その他の交通の規制のうち、適用期間の短いものを警察署長に行なわせることができる（同五条一項）。一か月以内の規制が警察署長に委任される（道交法施行令三条の二）。

（2）警察官等の交通規制

警察官または交通巡視員は、手信号その他の信号により交通整理を行うことができる。この場合において、特に必要があると認めるときは、信号機の表示する信号にかかわらず、これと異なる意味を表示する手信号等をすることができる（道交六条一項）。交通巡視員とは、交通指導に関する事務を行うものをいう（同一一四条の四第一項）。

警察官は、道路における交通が著しく混雑するおそれがある場合、その現場に進行してくる車両等の通行を禁止し、もしくは制限し、その現場にある車両等の運転者に対し、当該車両等を後退させることを命じ、または法律の規定する通行方法と異なる通行方法によるべきことを命ずることができる（同六条二項）。この措置のみによっては、その現場における混雑を緩和することができないと認めるときは、その現場にある関係者に対し必要な指示をすることができる（同三項）。警察官は、道路の損壊、火災の発生その他の事情により道路において交通の危険が生ずるおそれがある場合において、緊急の必要があると認めるときは、当該道路につき、一時、歩行者または車両等の通行を禁止し、または制限することができる（同四項）。

信号機による交通信号は一般処分の形式での行政行為である。行政行為は名宛人として常に特定の人を必要とするが、交通信号は不特定多数の人を対象としている。しかし交通信号の設置は交通制限または交通禁止の告示の繰返しであり、常に繰り返される告示によって人は十分に特定されると考えられ、処分性を有するということができよう。

(3) 信号機の信号等に従う義務

道路を通行する歩行者または車両等は、信号機の表示する信号または警察官等の手信号等に従わなければならない（同七条）。

(4) 通行の禁止等

歩行者または車両等は、道路標識等によりその通行を禁止されている道路またはその部分を通行してはならない（同八条一項）。例外として、警察署長が政令で定めるやむを得ない理由があると認めて許可をしたときは、車両等が通行できる（同二項）。政令で定めるやむを得ない理由とは、ⅰ車庫・空地その他車両を通常保管する場所に出入りするため、ⅱ身体障害者を輸送する必要があるとき、ⅲ貨物の集配その他公安委員会が定める事情により車両の通行を要する場合である（施行令六条）。

(5) 歩行者用道路を通行する車両の義務

車両は、歩行者用道路を、許可を受け、またはその禁止の対象から除外されていることにより通行するときは、特に歩行者に注意して徐行しなければならない（道交九条）。

第一款　歩行者に対する規制

(1) 歩行者の通行区分

歩行者は、歩道または路側帯と車道の区別のない道路においては、道路の右端側に寄って進行しなければならない。ただし、道路の右端側を通行することが危険であるときその他やむを得ないときは、道路の左側端に寄って通行することができる（道交一〇条一項）。これは対面交通を規定するものであって、「人は右、車は左」のイギリス式である。

学生生徒の隊列、葬列その他の行列および歩行者の通行を妨げるおそれのある者で、政令で定めるものは、歩道等と車道の区別のある道路においては、車道をその右側端に寄って通行しなければならない（同一一条一項）。政令で定めるものとは、i 銃砲（けん銃を除く。）を携帯した自衛隊の一〇〇人以上の行列、ii 旗、のぼり等を携帯し、これらによって気勢を張る一〇〇人以上の行列、iii 象、きりんその他大きな動物をひいている者またはその者の参加する行列である（施行令七条）。

（2）道路の横断方法

歩行者は、道路を横断しようとするときは、横断歩道がある場所の付近においては、その横断歩道によって道路を横断しなければならない。交差点においては、斜めに道路を横断することができることとされている場合を除き、斜めに道路を横断してはならない（道交一二条）。乱横断は注意しなければならない。歩行者は、車両等の直前または直後を横断してはならない（同一三条）。

（3）目が見えない者・幼児等の通行の保護

目が見えない者は、道路を通行するときは、つえを携え、または盲導犬を連れていなければならない。目が見えない者以外の者は、つえを携え、または盲導犬をつれて道路を通行してはならない。児童（六歳以上一三歳未満の者）もしくは幼児（六歳未満の者）および高齢の歩行者については、警察官その他その場所にい合わせた者は、誘導、合図その他の措置をとることにより、安全に道路を通行できるように努めなければならない（同一四条）。

（4）通行方法の指示

警察官等は、法律の定める通行方法に違反して道路を通行している歩行者に対し、法律の定める通行方法によるべきことを指示することができる（同一五条）。指示は、特定の人ないし特定の限定された人を対象とする処分（下命）である。

第二款　車両および路面電車に対する規制

（1）速　度

速度規制としては、最高速度（道交二二条）、最高速度違反行為に係る車両の使用者に対する指示（同二二条の二）、最低速度（同二三条）および急ブレーキの禁止（同二四条）について規定されている。最高速度は平均速度ではないから、一瞬制限速度を越えても、最高速度制限違反となる。

最高速度の規定の違反となるような行為をした者は、六月以下の懲役または一〇万円以下の罰金（同一一八条一項二号）。過失の場合は、三月以下の禁錮または一〇万円以下の罰金（同条二項）。過失の態様としては、ⅰ自動車の運転者が、進行している道路の制限速度を不注意で知らなかった場合、ⅱ運転している自動車が制限速度を超過した速度で進行していることを不注意で知らなかった場合がある。

（2）停車および駐車

停車および駐車についての規制としては、停車および駐車を禁止する場所（同四四条）、駐車を禁止する場所（同四五条）、停車または駐車を禁止する場所の特例（同四六条）、停車または駐車の方法（同四七条）、停車または駐車の方法の特例（同四八条）、時間制限駐車区間（同四九条）、時間制限駐車区間における駐車の方法等（同四九

表 xii－1　特別区(東京23区及び大阪市)における瞬間路上駐車台数の推移（平成6～12年）

区分＼年次	6	7	8	9	10	11	12
特別区（東京23区）	143,671 (114,548)	137,653 (107,785)	134,467 (108,955)	131,844 (104,553)	127,685 (102,063)	105,860 (86,309)	124,123 (96,146)
大阪市	159,423 (141,008)	157,598 (135,474)	147,286 (123,193)	142,098 (120,982)	135,402 (113,056)	128,210 (108,523)	119,657 (103,342)

注：1　瞬間路上駐車台数は，平日昼間の一定時間内に一定基準以上の道路を対象として，四輪車の駐車台数を計測し算出した。
　　2　（　）内は，違法駐車台数を内数で示す。

表 xii－2　主な道路交通法違反の取締り状況（平成6～12年）

違反別取締り件数

区分＼年次		8	9	10	11	12
無免許、無資格運転（件）		102,378	102,861	102,463	94,976	81,908
	指数	100	100	100	93	80
酒酔い、酒気帯び運転		337,179	343,593	336,799	337,352	255,286
	指数	100	102	100	100	76
最高速度違反（超過速度30キロメートル毎時以上）		549,065	587,318	568,253	600,972	559,234
	指数	100	107	103	109	102
信号無視		606,267	660,218	681,689	674,912	593,113
	指数	100	109	112	111	98
一時停止違反		685,763	779,445	835,335	855,152	709,412
	指数	100	114	122	125	103
歩行者保護義務違反		41,626	49,252	47,362	45,272	33,286
	指数	100	118	114	109	80
駐停車違反		2,447,841	2,412,846	2,283,164	2,151,005	1,899,398
	指数	100	99	93	88	78

資料：警察白書

条の二）、時間制限駐車区間における停車の特例（同四九条の三）、時間制限駐車区間の路上駐車場に関する特例（同四九条の四）、交差点等への進入禁止（同五〇条）、違法停車に対する措置（同五〇条の二）、違法停車に対する措置（同五一条、五一条の二）、指定車両移動保管機関（同五一条の三）および放置車両に係る指示（同五一条の四）について規定している。

平成一二年中の駐車違反取り締まり件数は、一八九万九、三九八件であり、四五万七、七五三台をレッカー移動している。（なお、表xii－1、表xii－2を見よ）。

第三款　違法駐車に対する措置

（1）警察官等の是正措置命令

警察官および交通巡視員は、違法駐車について是正措置命令を出すことができる（道交五一条一項）。

⑴　違法駐車

違法駐車とは、次のものをいう。

i 駐停車禁止場所（同四四条）、ii 駐車禁止場所（同四五条一項）・無余地駐車の禁止（同二項）、iii 駐車方法（同四七条二項または三項）、iv 駐停車方法の特例（同四八条）、v 時間制限駐車区間における駐車方法（同四九条の二第二項・第三項・第五項後段）、の規定に違反して駐車していると認められるもの、またはvi 車両がパーキング・チケット発給設備を設置する時間制限駐車区間において駐車している場合当該車両にパーキング・チケットが掲示されておらず、かつ、四九条の二第四項の規定に違反していると認められるもの（同五一条一項）。

⑵　是正措置命令の相手方

是正措置命令の相手方は、運転者のほか、「当該車両の管理について責任がある者」である（同五一条一項）。これは、その車両の所有者または使用者をいう。

(3)　是正措置命令の内容

是正措置命令の内容は、単に駐車の方法に違反しているときは、駐車の方法の変更であり、禁止場所に駐車し、または駐車時間の制限を超えて駐車しているときは、車両の移動である（同五一条一項）。なお、車両の移動等違法駐車に対する措置は、パーキング・チケットを掲示していない車両に対してもなされる。

(4)　強制移動の要件

強制移動を行うことのできる要件は、車両の故障その他の理由により当該車両の運転者等が直ちに是正措置命令に従うことが困難であると認める場合であって、この場合警察官等は、道路における危険を防止し、その他交通の安全と円滑を図るために必要な限度において、当該車両の駐車の方法を変更し、または車両を移動することができる（同五一条二項）。これは、是正措置命令が前提となっているという点で、代執行または法律の直接執行と解する余地があるが、通説は即時強制と解している。

（2）　違法駐車標章

現場に運転者がいない場合は、警察官等は、当該車両の所有者または使用者に対して、直ちに当該車両の駐車の方法を変更し、もしくは当該車両を駐車禁止場所から移動すべき旨または時間制限駐車区間の当該車両が駐車している場所から移動すべき旨およびこれらの措置を執ったときは速やかに当該警察官等または警察署長にその事実を申告すべき旨を告知する標章を当該車両の見やすい個所に取り付けることができる。この場合、警察官等は、当該警察署長にその採った措置について報告しなければならない（同五一条三項）。告知に係る措置を採った旨の申告を受けてその事実を確認したとき、または移動を行ったときは、警察官等または警察署長は、車両に取り付けられた標章を取り除かなければならない（同四項）。また、警察官等または警察署長以外の者は、標章を破損し、汚損し、または取り除いてはならない（同五項）。

（3）車両の移動保管および移動保管後の措置

現場に車両の運転者等がいない場合、警察官等は、当該車両の駐車の方法の変更その他必要な措置を採り、または当該車両の駐車している場所からの距離が五〇メートルを超えない道路上の場所に当該車両を移動することができる（同六項）。違法駐車車両の強制的移動は、是正措置命令を前提としないという点で、即時強制に当たるということができよう（なお、同八項も見よ。）。

車両の移動をしようとする場合、五〇メートルを超えない範囲の地域内の道路上に当該車両を移動する場所がないときは、警察官等は、警察署長にその旨を報告しなければならない（同七項）。報告を受けた警察署長は、駐車場、空地、その他の場所に当該車両を移動することができる（同八項）。警察署長は、車両を移動したときは、当該車両を保管している旨の表示その他必要な措置を講じなければならない（同九項）。

車両の保管の手続として、告知、所有者等の調査および公示（同一〇項）、保管した車両の売却の要件等（同一一項、一二項、一三項）について規定されている。

車両の移動、車両の保管、公示その他の措置に要した費用は、当該車両の運転者または所有者の負担とする（同一四項）。督促を受けた者が、その指定期限までに負担金ならびに延滞金および手数料を納付しないときは、地方税の滞納処分の例により、徴収することができる（同一七項）。

（4）違法駐車行為に対する措置

公安委員会は、違法駐車行為が常態として行われている道路の区間について、車輪止め装置取付け区間として指定することができる。この場合、当該区間が車輪止め装置取付け区間である旨の表示をしなければならない（五一条の二第一項）。「車輪止め装置」とは車輪を固定して車両の移動を防止する装置をいう。

警察署長は、やむを得ないと認めるときは、違法駐車行為に係る車両に車輪止め装置を取り付けることができる（同二項）。「やむを得ないと認めるとき」とは、スピーカーによる警告や違法駐車標章の取付け等では、違法駐車行為を解消することが困難な場合等をいう。

警察署長は、車輪止め装置が取付けられた車両の所有者等から車両の移動の申告を受けたときは、車輪止め装置を取り除かなければならず（同六項）、車輪止め装置を取付けてから二四時間を経過するまでに、取付けた車輪止め装置を取り除かなければならない（同七項）。この場合、取り除いた時から四時間以内に再び車輪止め装置を取り付けられることはない（同三項二号）。

何人も、車輪止め装置を破損し、車両に取り付けられた標章を破損し、もしくは汚損し、または警察署長が取り除く場合を除き、これらを取り除いてはならない（同一〇項）。

（5）放置車両に係る指示

公安委員会は、放置行為（＝車両の運転者が車両を離れて直ちに車両を運転できない状態にする行為）によって放置状態に置かれた車両につき、当該車両の使用者に対し、放置行為を防止するために必要な措置を採ることを指示することができる（同五一条の四）。右の指示をしてから一年以内に、再び放置行為が行われ、その自動車の使用者がその自動車を使用することが著しく交通の危険を生じさせ、または著しく交通の妨害となるおそれがあると認められる場合には、公安委員会は、政令の定める基準（令二六条の七別表一）に従い、政令の定める区分（令二六条の七別表二）に応じ、その使用者に三か月を限度にその自動車を運転し、または運転させてはならない旨を

表 xii-3

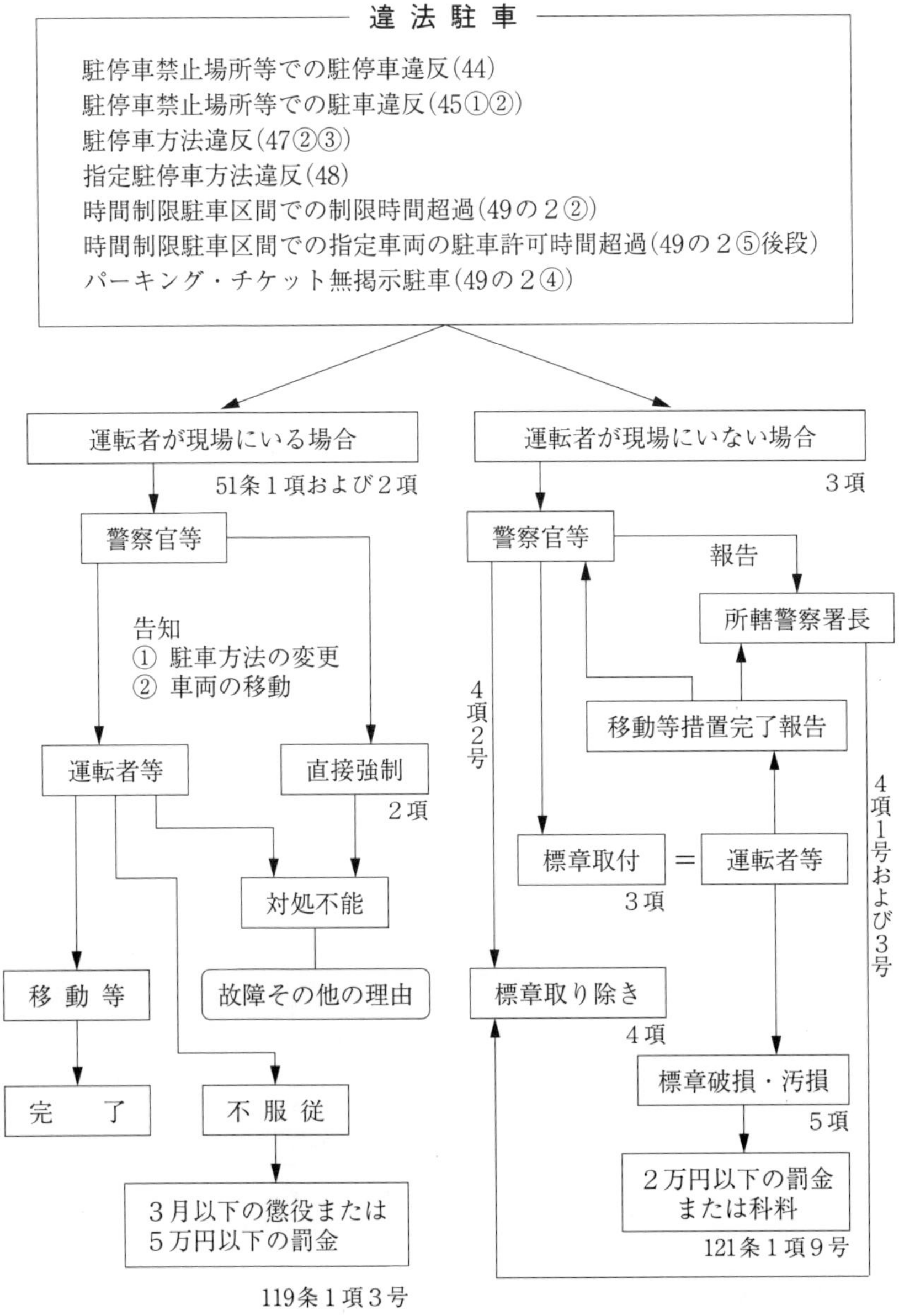
違法駐車
駐停車禁止場所等での駐停車違反(44)
駐停車禁止場所等での駐車違反(45①②)
駐停車方法違反(47②③)
指定駐停車方法違反(48)
時間制限駐車区間での制限時間超過(49の２②)
時間制限駐車区間での指定車両の駐車許可時間超過(49の２⑤後段)
パーキング・チケット無掲示駐車(49の２④)
運転者が現場にいる場合
51条１項および２項
警察官等
告知
① 駐車方法の変更
② 車両の移動
運転者等
直接強制
２項
対処不能
故障その他の理由
移 動 等
完　了
不 服 従
３月以下の懲役または
５万円以下の罰金
119条１項３号
運転者が現場にいない場合
３項
警察官等
報告
所轄警察署長
移動等措置完了報告
４項２号
標章取付
＝
運転者等
３項
４項１号および３号
標章取り除き
４項
標章破損・汚損
５項
２万円以下の罰金
または科料
121条１項９号

表 xii ― 4

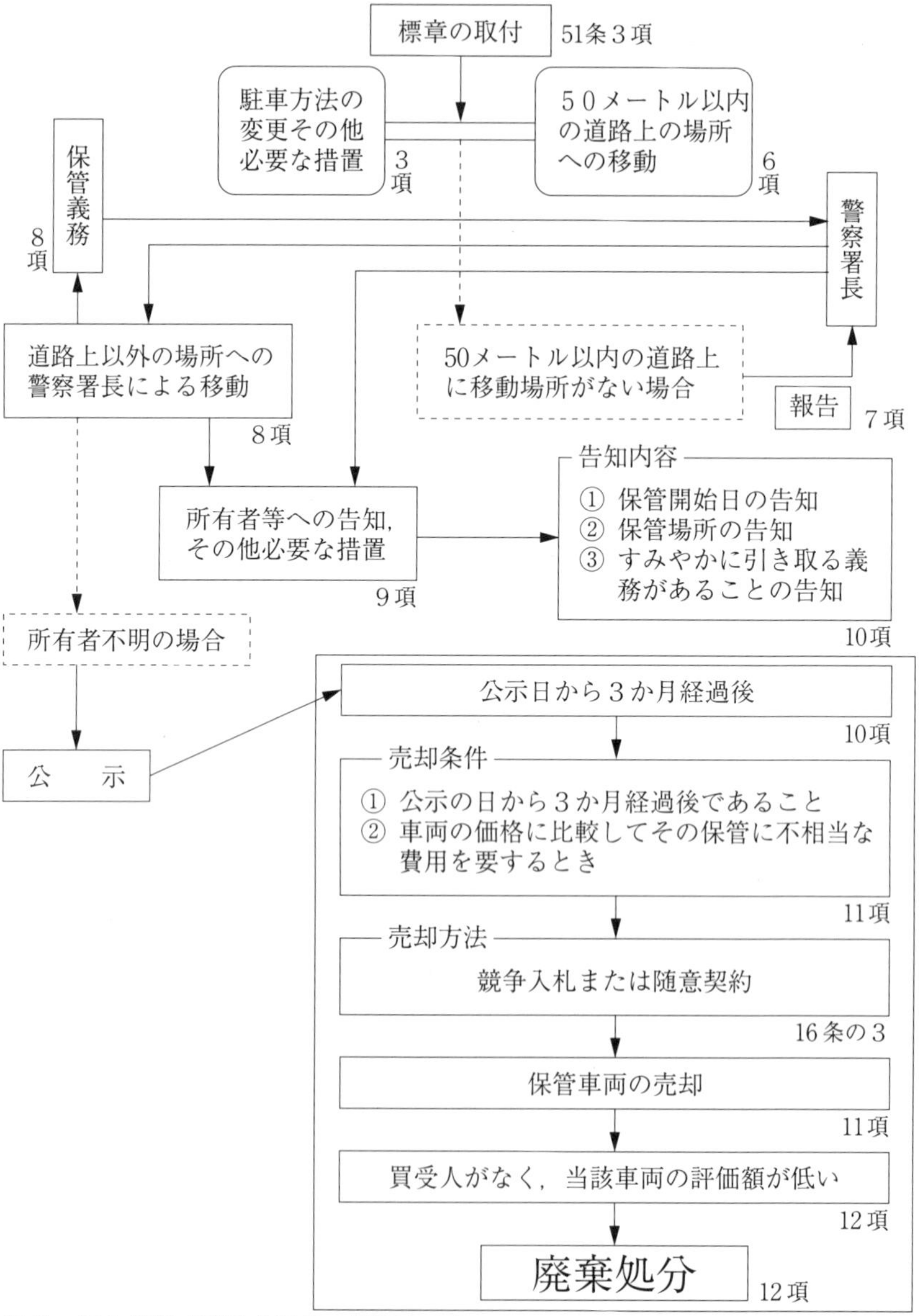
標章の取付
51条３項
駐車方法の変更その他必要な措置
３項
５０メートル以内の道路上の場所への移動
６項
保管義務
８項
警察署長
道路上以外の場所への警察署長による移動
８項
50メートル以内の道路上に移動場所がない場合
報告
７項
所有者等への告知，その他必要な措置
９項
告知内容
① 保管開始日の告知
② 保管場所の告知
③ すみやかに引き取る義務があることの告知
10項
所有者不明の場合
公　示
公示日から３か月経過後
10項
売却条件
① 公示の日から３か月経過後であること
② 車両の価格に比較してその保管に不相当な費用を要するとき
11項
売却方法
競争入札または随意契約
16条の３
保管車両の売却
11項
買受人がなく，当該車両の評価額が低い
12項
廃棄処分
12項

資料：橋本祐蔵「道路交通法の解説」より

命じることができる（道交七五条の二）。

なお、違法駐車に対する措置（同五一条）の流れについては、表xii－3および表xii－4を見よ。

第三節　運転者および使用者の義務

（1）運転者の義務

(1) 無免許運転の禁止

何人も、公安委員会の運転免許を受けず、またはその効力を停止されている者は、自動車または原動機付自転車を運転してはならない（道交六四条）。

(2) 酒気帯び運転等の禁止

何人も、酒気を帯びて車両を運転してはならない（同六五条一項）。何人も、酒気帯び禁止の規定に違反して車両等を運転することとなるおそれがある者に対し、酒類を提供し、または飲酒をすすめてはならない（同二項）。

(3) 過労運転等の禁止

何人も、過労、病気、薬物の影響その他の理由により、正常な運転ができないおそれがある状態で車両を運転してはならない（同六六条）。

過労運転を当該車両の使用者の業務に関してした場合において、使用者が当該車両につき過労運転を防止するため必要な運行の管理を行っていると認められないときは、公安委員会は、当該車両の使用者に対し、過労運転が行われることのないよう運転者に指導しまたは助言することその他過労運転を防止するため必要な措置をとることを指示することができる（同六六条の二）。

(4)　危険防止の措置

警察官は、車両等の運転者が無免許運転の禁止（同六四条）、酒気帯び運転の禁止（同六五条一項）、過労運転の禁止（同六六条）の規定に違反して車両等を運転していると認めるときは、当該車両を停車させ、および当該車両の運転者に対し、運転免許証の提示を求めることができる（同六七条一項）。

六一条（危険防止）、六三条（整備不良車両）および六七条（無免許運転、酒酔い運転、過労運転等）による車両等の停止権は、運転者の運転可能な心身の状態、携帯すべき免許証および車両の状態・装備・積載物の検査のために行われ、道路交通の安全と円滑を保障する予防的交通コントロールの措置であり、具体的な違反行為を追求するための措置ではない。しかし交通コントロールに際して、違反行為ないし犯罪行為が行われたことが確認されたときは、道路交通法または刑事訴訟によるサンクションのための手続がとられることになろう。

車両等に乗車し、または乗車しようとしている者が酒気帯び運転禁止（同六五条）の規定に違反して車両等を運転するおそれがあると認めるときは、警察官は、その者が身体に保有しているアルコールの程度について調査するため、その者の呼気の検査をすることができる（同六七条二項）。呼気の検査は呼気を風船に吹き込ませる方法による（施行令二六条の二）。アルコール検査は刑事訴訟法二一八条、二一九条にいう身体検査ではない。強制実施をするための法的根拠はないから、当事者の了解を得て実施することになる。しかし拒否については罰則規定があり、実施は間接的に担保されている。

以上の場合、警察官は、その者が正常な運転ができる状態になるまで車両等の運転をしてはならない旨を指示する等道路における交通の危険を防止するため必要な応急の措置をとることができる（道交六七条三項）。

（２） 使用者の義務

⑴ 車両等の使用者の義務

車両等の使用者は、当該車両の運転者に、車両の速度および積載ならびに運転者の心身の状態に関しこの法律またはこの法律に基づく命令に規定する事項を遵守させるように努めなければならない（同七四条二項）。

⑵ 自動車の使用者の義務等

公安委員会が自動車の使用者に対し、次の表の上欄に掲げる指示をした場合、指示の後一年以内に同表の中欄に掲げる違反行為が行われ、かつ、同表の下欄に定めるおそれがあると認めるときは、公安委員会は、政令で定める基準に従い、当該使用者に対し、三月を超えない範囲内で期間を定めて、当該自動車を運転し、または運転させてはならない旨を命ずることができる（同七五条の二）。

自動車の使用者に対する指示	違反行為	当該自動車を使用することについてのおそれ
二二条の二第一項の規定による指示	最高速度違反行為	著しく交通の危険を生じさせるおそれ
五一条の四（七五条の八第三項において準用する場合を含む。）の規定による指示	放置行為	著しく交通の危険を生じさせまたは著しく交通の妨害となるおそれ
五八条の四の規定による指示	過積載自動車運転行為	著しく交通の危険を生じさせるおそれ

六六条の二第一項の規定による指示	過労運転	著しく交通の危険を生じさせるおそれ

「政令で定める基準」では、例えば違反行為については、違反行為の種別ごとに、違反行為に対する基礎点数および付加点数が定められ、違反行為関係類型累計点数が一定の点数以上に該当することになったときに、当該自動車の運転禁止命令を出すことができることとしている（施行令二六条の七、別表第一）。

(3)　報告または資料の提出

公安委員会は、速度、駐車、積載または運転者の心身の状態に関し、必要があると認めるときは、自動車の使用者に対し、必要な報告または資料の提出を求めることができる（道交七五条の二の二第二項）。

第四節　交通事故の場合の措置

（1）　交通事故

交通事故は、道路交通と交通危険の関連において、関係者の意図しない人の死傷または物の損壊となる突発的出来事である。道路交通法は、交通事故を、「車両等の交通による人の死傷または物の損壊をいう」（道交七二条一項）と定義している。交通事故の場合に行うべき措置の目的は、交通事故の当事者および被害者の証拠の保全についての私的利益を保護し、損害賠償請求権を確保し、または加害者側の不当な言動ないし要求を阻止することである。とくに道路交通事故の場合、警察には、緊急の課題として、被害者の応急手当および救護の義務がある。

交通事故の場合、危険防止と刑事訴追が重要な問題である。危険防止のためには、あらゆる必要な措置をしなければならないが、その場合、救急車、病院、消防のような危険防止ついて関連する他の機関との密接な協働が重要である。刑事訴追については、警察は、事実関係を糾明し、道路交通法の違反行為を認定し、証拠を保全しなければならない。必要な措置は、事故の重大性、状況および交通事情によって決まる。軽微な損害事故の場合には通常交通障害物の除去で済むが、重大な人身事故の場合には事実関係を明らかにするため、警察によって事故現場が確保され、必要な場合に通行止めが行われるときは、交通渋滞を甘受しなければならない場合もある。

（2）交通事故の場合の措置

交通事故があったときは、当該車両等の運転者その他の乗務員は、直ちに車両等の運転を停止して、負傷者を救護し、道路における危険を防止する等必要な措置を講じなければならない（同七二条一項前段）[1]。この場合において、当該車両等の運転者（死亡または負傷したためやむを得ないときは、その他の乗務員）は、警察官が現場にいるときは当該警察官に、警察官が現場にいないときは直ちに最寄りの警察署の警察官に当該交通事故が発生した日時および場所、当該交通事故における死傷者の数および負傷者の負傷の程度ならびに損壊した物およびその損壊の程度、当該交通事故に係る車両等の積載物ならびに当該交通事故について講じた措置を報告しなければならない（同後段）[2]。

報告を受けたもよりの警察官は、当該車両等の運転者等に対し、負傷者を救護し、または道路における危険を防止するため必要があると認めるときは、当該報告をした運転者に対し、警察官が現場に到着するまで現場を去つてはならない旨を命ずることができる（同七二条二項）。以上の場合、現場にある警察官は、当該車両等の運転者等に対し、必要な指示をすることができる（同三項）。

この場合、当該車両等の運転者等が負傷その他の理由により直ちに警察官の指示に従うことが困難であると認められるときは、現場にある警察官は、当該交通事故において損壊した物および車両等の積載物の移動その他応急の措置を採ることができる（同七二条の二第一項）。この措置を採った場合、当該損壊物等を移動したときは、警察官は、当該損壊物等を警察署長に差し出し、警察署長はこれを保管しなければならない（同二項）。

緊急自動車もしくは傷病者を運搬中の車両または郵便物運搬用自動車、乗合自動車、トロリーバスもしくは路面電車で当該業務に従事中のものの運転者は、当該業務のため引き続き当該車両等を運転する必要があるときは、その他の乗務員に救護および必要な措置を講じさせ、または報告をさせて、当該車両等の運転を継続することができる（同七二条四項）。

（3）妨害の禁止

交通事故があった場合において、当該交通事故に係る車両等の運転者以外の者で当該車両等に乗車しているものがあるときは、その者は、当該車両等の運転者等が救護および必要な措置を講じ、または報告するのを妨げてはならない（同七三条）[3]。

（1）　最判昭四五・四・一〇刑集二四巻四号一三二頁は、「人身事故を起こしたときは被害者はまったく負傷していないことが明らかであるとか、負傷者が軽微なため被害者が医師の診療を受けることを拒絶したなどの場合を除き、少なくとも被害者に速やかに医師の診療を受けさせるなどの措置を講ずべきであり、この措置をとらずに運転者自身の判断で、負傷は軽微であるから救護の必要はないとして、その場を立ち去るがごときは許されない」と判示した。

最判昭四八・一二・二一刑集二七巻一一号一四六一頁は、交通事故における負傷者は、死亡していることが一見明白な場合を除き、すべて交通事故として当該運転者につき救護および報告の義務がある、と判示した。

最決昭五〇・二・一〇刑集二九巻二号三五頁は、「（決定要旨）警察官が交通事故発生の直後に現場に来合わせて事故の発生を知り、事故を起こした車両の運転者に対しとりあえず待機するように指示したうえ、負傷者の救護及び交通の危険防止の措置を開始した場合であっても、右運転者は道路交通法七二条一項前段の義務を免れない。」と判示した。

最判昭五〇・四・三刑集二九巻四号一一一頁は、「自動車の運転者が傷害の故意に基づき車両の運転によって相手方を負傷させその場から逃走した場合であっても、傷害罪のほかに道路交通法七二条一項前段所定の救護義務違反罪も成立するものといわなければならない。」と判示した。

（2）　最判昭四八・一二・二一刑集二七巻一一号一四六一頁は、「自動車相互間での交通事故が発生した場合においては、それぞれの自動車の運転者が、道路交通法七二条一項後段のいわゆる事故報告義務を負い、一方の運転者または第三者から事故報告がなされても、他方の自動車運転者の事故報告義務が消滅するものではないと解すべきであ（る）」と判示した。

最判昭四八・三・一五刑集二七巻二号一〇〇頁は、「（判決要旨）交通事故を起こした車両等の運転者は、同運転者において負傷者を救護し、交通秩序も回復され、道路上の危険も存在しないため、警察官においてそれ以上の措置をとる必要がないように思われる場合でも、道路交通法七二条一項後段所定の各事項の報告義務を免れない。」と判示した。

最判昭五一・九・二二刑集三〇巻八号一六四〇頁は、「車両等の運転者等が、一個の交通事故から生じた道路交通法七二条一項前段、後段の各義務を負う場合、これをいずれも履行する意思がなく、事故現場から立ち去るなどしたときは、他に特段の事情がないかぎり、右各義務違反の不作為は社会的見解上一個の動態と評価すべきものであり、右各義務違反の罪は刑法五四条一項前段の観念的競合の関係にあるものと解するのが、相当である。」と判示した。

（3）　最判昭四二・三・一六刑集二一巻二号四三〇頁は、「（決定要旨）道路交通法七二条一項に規定する措置、報告等を怠る意思のなかった運転者等を教唆して、新たに犯意を生ぜしめ、右の義務違反をさせたような場合には、同法七三条の妨害罪ではなく、同法七二条一項違反の罪の教唆犯が成立する。」と判示した。

第五節　道路の使用等

（1）道路における禁止行為

①何人も、信号機もしくは道路標識等またはこれらに類似する工作物もしくは物件をみだりに設置してはならないし、信号機または道路標識等の効用を妨げるような工作物または物件を設置してはならない（道交七六条一項・二項）。違反した者は、六月以下の懲役または一〇万円以下の罰金（同一一八条一四号）。行為者のほか、法人等も罰せられる（同一二三条）。

②何人も、交通の妨害となるような方法で物件をみだりに道路においてはならない（同三項）。違反した者は、三月以下の罰金または五万円以下の罰金（同一一九条一項一二の一五号）。行為者のほか、法人等も罰せられる（同一二三条）。

③何人も次に掲げる行為をしてはならない（同七六条四項）。ⅰ道路において、酒によって交通の妨害となるような程度にふらつくこと（一号）。ⅱ道路において、交通の妨害となるような方法で寝そべり、すわり、しゃがみ、または立ちどまっていること（二号）。ⅲ交通のひんぱんな道路において、球戯をし、ローラー・スケー

トをし、またはこれに類する行為をすること（三号）。iv石、ガラスびん、金属片その他道路上の人もしくは車両等を損傷するおそれのある物件を投げ、または発射すること（四号）。v ivのほか、道路において進行中の車両等から物件を投げること（五号）。vi道路において進行中の自動車、トロリーバスまたは路面電車に飛び乗り、もしくはこれから飛び降り、またはこれらに外からつかまること（六号）。vii以上のほか、道路または交通の状況により、公安委員会が、道路における交通の危険を生じさせ、または著しく交通の妨害となるおそれがあると認めて定めた行為（七号）。

違反した者は、五万円以下の罰金（同一二〇条一項九号）。

（２）道路使用の許可

次のいずれかに該当する者は、所轄警察署長の許可を受けなければならない（同七七条一項）。i道路における工事または作業（一号）、ii石碑、銅像、広告板、アーチ等の設置（二号）、iii露店・屋台店等を出すこと（三号）、iv以上のほか、祭礼の列、マラソン、ロケーション等で、公安委員会が定める行為（四号）。デモ行進はivに当たる。

違反した者は、三月以下の懲役または五万円以下の罰金（同一一九条一項一二の四号）。行為者のほか、法人等も罰せられる（同一二三条）。

許可の申請があった場合、当該申請に係る行為が次のいずれかに該当するときは、所轄警察署長は、許可をしなければならない（同七七条二項）。i当該申請に係る行為が現に交通の妨害となるおそれがないと認められるとき（一号）。ii当該申請に係る行為が許可に付された条件に従って行われることにより交通の妨害となるおそれがなくなると認められるとき（二号）。iii当該申請に係る行為が現に交通の妨害となるおそれはあるが公益上または慣習上やむを得ないものであると認められるとき（三号）。

許可をする場合、必要があると認めるときは、必要な条件を付けることができ（同三項）、特別の必要が生じたときは、条件を変更し、または新たな条件を付けることができ（同四項）、条件に違反したとき、または特別の必要が生じたときは、その許可を取り消し、またはその許可の効力を停止することができる（同五項）。この場合、当該処分に係る者に対し、あらかじめ、弁明をなすべき日時、場所および当該処分をしようとする理由を通知して、当該事案について弁明および有利な証拠の提出の機会を与えなければならない。ただし、交通の危険を防止するため緊急やむを得ないときは、この限りでない（同六項）。三項および四項の条件に違反した者は、三月以下の懲役または五万円以下の罰金（同一一九条一項一三号）。行為者のほか、法人等も罰せられる（同一二三条）。

許可を受けた者は、許可の期間が満了したとき、または許可が取り消されたときは、すみやかに当該工作物の除去その他道路を原状に回復する措置を講じなければならない（同七七条七項）。違反した者は、五万円以下の罰金（同一二〇条一項一三号）。行為者のほか、法人等も罰せられる（同一二三条）。

第六節　運転免許

（1）運転免許

自動車および原動機付自転車を運転しようとする者は、公安委員会の運転免許を受けなければならない（道交八四条一項）。

免許は、第一種運転免許、第二種運転免許および仮運転免許に区分される。第一種運転免許には、大型自動車免許・普通自動車免許・大型特殊自動車免許・大型自動二輪車免許・普通自動二輪車免許・小型特殊自動車免許・原動機付自転車免許および牽引免許の八種類があり、第二種運転免許には、大型自動車第二種免許・大型特殊自動車第二種免許および牽引第二種免許の四種類があり、また仮運転免許には、大型自動車仮免許および普通自動車仮免許の二種類がある（同八四条二項〜五項）。

第一種免許のうち、大型免許は普通自動車・小型特殊自動車および原動機付自転車も運転することができ、普通免許は小型特殊自動車および原動機付自動車、大形特殊免許は小型特殊自動車および原動機付自転車、大型二輪免許は普通自動二輪車・小型特殊自動車および原動機付自転車、普通二輪免許は小型特殊自動車および原動機付自転車も運転することができる（同八五条一項、二項）。

大型自動車には、通常の免許のほかに、特定の法律上の資格が必要である。すなわち、大型免許を受けた者で二一歳未満のものまたは大型免許、普通免許もしくは大型特殊免許を受けた者で、当該いずれかの免許を受けていた期間が通算して三年に達しないものは、大型自動車を運転できない（同五項）。

第二種免許は、旅客自動車につき旅客自動車運送事業に係る旅客を運送する目的で運転する免許である。道路運送法三条によれば、旅客自動車運送事業の用に供される自動車には、一定の路線を運行し一定の料金で不特定の乗客を運ぶ大型乗合自動車（乗合バス）、一定の路線または特定の場所を運行するため予め契約した一定の乗客のみを運搬する貸切バス、一般乗用旅客自動車（タクシー・ハイヤー）があり、道路交通法ではこれらを旅客自動車という（同八五条九項）。

牽引免許は、牽引のための構造および装置を有する大型自動車・普通自動車または大型特殊自動車（＝牽引自動車）によって牽引される車両で、車両総重量が七五〇キログラムを超えるもの（＝重被牽引車）を牽引して当該牽引自動車を運転しようとする者は、牽引免許を受けなければならず（同八五条三項）、被牽引車が旅客自動車運送事業の用に供される旅客自動車であるときまたは牽引自動車が旅客自動車であるときは、牽引第二種免許が必要である（同八六条三項、四項）。

仮免許は、第一種免許もしくは第二種免許を受けないで練習のため運転しようとする者または普通免許の運転免許試験もしくは指定自動車教習所における普通自動車の技能検定において運転しようとする者は、その運転しようとする自動車が大型自動車であるときは大型仮免許を、普通自動車であるときは普通仮免許を受けなければならない（同八七条一項）。仮免許を受けた者は、練習のため自動車を運転しようとするときは、その運転者の横の乗車装置に、第一種免許を受けている者で当該免許を受けていた期間が通算して三年以上のもの、第二種免許を受けている者その他政令で定める者を同乗させ、かつ、その指導の下に、当該自動車を運転しなければならない（同二項後段）。本条の規定に違反して自動車を運転した者は、六月以下の懲役または一〇万円以下の罰金（同一一八条一項六号）。

（2）免許の拒否

公安委員会は、運転免許試験に合格した者に対し、免許を与えなければならない。ただし、次のいずれかに該当する者については、免許を与えず、または六月を超えない範囲内において免許を保留することができる（同九〇条一項）。ⅰ次の病気にかかつている者。イ 幻覚の症状を伴う精神病で政令で定めるもの、ロ 発作により意識障害または運動障害をもたらす病気で政令で定めるもの、ハ イロのほか、自動車等の安全な運転に支障を及ぼすおそれがある病気として政令で定めるもの（一号）、ⅱアルコール、麻薬、大麻、あへんまたは覚せい剤の中毒者（二号）、iii九条六項の規定による命令に違反した者（三号）、iv自動車の運転に関しこの法律・命令または処分に違反した者（四号）、v自動車の運転者を唆してこの法律の規定に違反する行為で重大なもの（＝重大違反）をさせ、または運転者が重大違反をした場合に当該重大違反を助ける行為をした者（五号）、vi道路以外の場所において自動車等をその本来の用い方に従って用いることにより人を死傷させる行為（＝道路外致死傷）をした者（六号）、vii一〇二条三項の規定による通知を受けた者（七号）。

（3）免許の取消し・停止等

(1) 免許の取消し・停止

免許を受けた者が、次のいずれかに該当することとなったときは、公安委員会は、免許を取り消し、または六月を超えない範囲内で期間を定めて免許の効力を停止することができる（同一〇三条一項）。i次の病気にかかっている者であることが判明したとき。イ幻覚の症状を伴う精神病で政令で定めるもの、ロ発作により意識障害または運動障害をもたらす病気で政令で定めるもの、ハ痴呆、ニイロハのほか、自動車等の安全な運転に支障を及ぼすおそれがある病気として政令で定めるもの（一号）、ii目が見えないことその他自動車等の安全な運転に支障を及ぼすおそれがある身体の障害として政令で定めるものが生じている者であることが判明したとき（二号）、iiiアルコール、麻薬、大麻、あへんまたは覚せい剤の中毒者であることが判明したとき（三号）、iv一〇三条五項の規定による命令に違反した者（四号）、v自動車の運転に関しこの法律・命令または処分に違反した者（五号）vi重大違反唆し等をしたとき（六号）、vii道路外致死傷をしたとき（七号）、viii以上のほか、免許を受けた者が、自動車等を運転することが著しく道路における交通の危険を生じさせるおそれがあるとき（八号）。

免許を取り消し、または九〇日以上免許の効力を停止する場合に、その処分を受ける運転者が住所を他の公安委員会の管轄区域に変更したときは、速やかに住所地の公安委員会に処分移送通知書を送付し、送付を受けた公安委員会が免許を取り消し、または免許の効力を停止することができるが、違反事由の発生した公安委員会は免許の取り消し、免許の効力を停止することができない（同二項、三項）。

(2)　免許の効力の仮停止

免許を受けた者が、次のいずれかに該当することとなったときは、交通事故を起こした場所を管轄する警察署長は、その者に対し、事故を起した日から三〇日を経過する日を終期とする免許の効力の停止をすることができる（同一〇三条の二第一項）。これを仮停止という。ｉ交通事故を起こして人を死亡させ、または傷つけた場合において、負傷者の救護義務に違反したとき（一号）。ⅱ酒気帯び運転・過労運転・無免許運転の禁止規定または第一種免許の法律上の資格規定等に違反する行為をし、よって交通事故を起こして人を死亡させ、または傷つけたとき（二号）。ⅲその他、最高速度規定違反、積載物の重量制限違反、などの法令の違反行為をし、よって交通事故を起こし人を死亡させたとき（三号）。

この場合、警察署長は、当該処分をした日から起算して五日以内に、当該処分を受けた者に対し弁明の機会を与えなければならない（同二項）。仮停止を受けた者は、免許証を当該処分をした警察署長に提出しなければならない（同三項）。警察署長は、速やかに公安委員会に対し、仮停止通知書および提出を受けた免許証を送付しなければならない（同四項）。

(3)　聴 聞 手 続

公安委員会は、免許を取り消し、または免許の効力を九〇日（公安委員会が九〇日を超えない範囲内においてこれと異なる期間を定めたときはその期間）以上停止しようとするとき、または処分移送通知書の送付を受けたときは、公開による意見の聴取を行わなければならない（同一〇四条一項）。公安委員会は、当該処分に係る者またはその代理人が正当な理由がなくて出頭しないとき、または当該処分に係る者の所在が不明であるため通知することができず、かつ、公示をした日から三〇日を経過してもその者の所在が判明しないときは、意見の聴取を行わないで免許の取り消しまたは効力の停止をすることができる（同四項）。

（1）最判昭三五・三・一〇刑集一四巻三号三二六頁は、運転免許の取消および効力停止の処分は、道路交通の危険防止のため、行政上の目的により行う処分であるから、運転者が道路交通法一〇三条に基づいて免許停止処分を受けた後、さらに同一事実に基づいて刑事訴追を受け、有罪判決をいい渡されたとしても、憲法三九条に違反しない、と判示した。

第七節　罰則規定

（1）罰則のカタログ

道路交通法は、運転者・歩行者など道路交通の関係者について詳細な規制をし、それについて殆どすべて罰則の規定を置いている。このような罰則のカタログは、道路交通の関係者に対し、道路交通違反の法的結果を明らかにし、交通法規の遵守を期待し、交通の安全を改善すべき目標を追求するものといえよう。しかし従来、交通違反に対する制裁は軽過ぎる嫌いがあり、危険なスピードとアルコールを事故原因とする悪質な交通犯罪については罰則が強化された(1)。

道路交通法上の罰則規定はおよそ次の表の通りである。

（1）罰則規定の一覧表（抜粋）

違反行為	罰則
信号機の損壊、移動による交通事故の危険を生じさせた者	五年以下の懲役または二〇万円以下の罰金（一一五条）
運転者による他人の建造物の損壊	六月以下の懲役または一〇万円以下の罰金（一一六条）
運転者による人の死傷・物の損壊があった場合における交通事故の合の措置違反	五年以下の懲役または五〇万円以下の罰金（一一七条）
酒気帯び運転等の禁止（65①）、過労運転等禁止（66）、自動車の使用者の義務等違反（75）	三年以下の懲役または五〇万円以下の罰金（一一七条の二）
共同危険行為当の禁止違反（68）	二年以下の懲役または五〇万円以下の罰金（一一七条の三）
無免許運転者、酒気帯び運転等の禁止（65①）、過労運転等禁止（66）、自動車の使用者の義務等違反（75）、不正手段による免許証の取得	一年以下の懲役または三〇万円以下の罰金（一一七条の四）
交通事故場合の措置違反（一一七条に該当する場合を除く）（72）、車両止め装置を破損、取り除いた者（51の2⑩）、指定車両移動、保管機関の職員等の秘密漏洩、免許関係事務の委託の職員等の秘密漏洩（51の3④、108②）など	一年以下の懲役または一〇万円以下の罰金（一一七条の五）
乗車・積載の制限等の禁止違反（57①）、最高速度制限違反（22）、過積載車両の運転要求等の禁止による警察署長の命令に従わなかった者（58の5）、道路における禁止行為違反（76）など	六月以下の懲役または一〇万円以下の罰金（一一八条） 過失による最高速度制限違反は、三月以下の禁錮または一〇万円以下の罰金（一一八条二項）

交通規制の警察官の現場の指示、禁止、制限に従わない運転者（4①後、6④）、信号に従う義務・通行禁止・歩行者用道路を通行する車両の義務違反（7、8①、9）、急ブレーキ禁止違反（24）、追越し禁止場所・踏切通過・横断歩道における歩行者等の優先・徐行場所・指定場所における一時停止違反（30、33①②、38、42、43）、通行区分・左側通行・横断等禁止・追越しの方法違反（17①、④・⑥、18②、25の2①、28）など、違法停車・駐車に対する措置について警察官の命令に従わなかった者（50の2、51）、乗車・積載の制限違反（57①）、積載物の測定についての警察官の停止・提示の要求、測定の拒否など（58の2）、過積載車両に係る措置命令・危険防止の措置命令に従わなかっ者（58の3、61）、整備不良車両の運転禁止違反（62）、車両の検査に従わない者（63の1）など、安全運転の義務違反（70）、運転者の遵守事項違反（71）、交通事故の場合の措置報告をしなかった者（72①後）、自動車の使用者の義務違反など（75①・②、75の2①）、危険防止等の措置似ついての警察官の禁止・制限・命令に従わなかった者（75の3）、自動車運転者の遵守事項違反（75の10）道路の使用の許可規定違反（77①）、道路使用許可条件違反（77③・④）、違法工作物に対する措置などについての警察署長の命令に従わなかった者（81①、81の2①、82①）、免許の条件違反（91、107の4③）など。	三月以下の懲役または五万円以下の罰金（一一九条） 過失により信号に従う義務（7）、通行禁止等（8①）、歩行者用道路を通行する車両の義務（9）違反、追越し禁止場所（30）、踏切の通過（33）、横断歩道における歩行者優先（38）、徐行場所（42）、指定場所における一時停止（43）違反、整備不良車両の運転禁止（62）、安全運転義務（70）、自動車運転者の遵守事項（75の10）違反の罪を犯した者は、一〇万円以下の罰金（一一九条二項）
停車・駐車禁止場所（44、45①・②）、停車・駐車の方法の特例（48）、時間制限駐車区間における駐車の方法等（49の2）の違反、停車・駐車の方法（47②・③）、停車・駐車の禁止（75の8①）の違反、自動車使用者の義務等（75①）の違反（放置行為）	一五万円以下の罰金（一一九条の二）
時間制限区域における時間超過駐車・駐車の方法違反など	一〇万円以下の罰金（一一九条の三）

警察官の禁止・制限・命令に従わなかった運転者（6②）、道路外に出る場合の方法（25③）、車間距離の保持（26）、進路の変更禁止（26の2）、割込み等の禁止（36、37）、緊急自動車の優先（40）、消防車両の優先（41の2①・②）などの違反、横断等の禁止違反（25の2②）、交差点等への進入禁止（50）、整備不良車両の運転禁止（62）、運転者の遵守事項（71）、免許証の携帯・提示義務違反（95②）、乗車・積載方法違反（55①・②）、交通事故の場合の警察官の命令に従わなかった者（72②）など。	五万円以下の罰金（一二〇条）
警察官の現場における指示・禁止・制限通行方法の指示に従わなかった者（4①後、6④）、信号に従う義務（7）・通行禁止（8①）違反、警察署長の通行禁止の条件に違反した者（8⑤）、自動車等の運転者の遵守事項違反（71の2）、違法駐車に対する措置違反（51⑤）、初心運転者標識等の表示義務（71の5）、免許証の携帯及び提示義務（95①）など。	二万円以下の罰金または科料（一二一条）
両罰主義　法人の代表者または法人もしくは人の代理人、使用人その他の従業者が、その法人または人の業務に関し、一定の違反行為をしたときは、行為者を罰するほか、その法人まやは人に対しても、各本条の罰金刑または科料刑を科する（一二三条）。	

（1）平成一三年一二月一二日に、危険運転致死傷罪を新設する刑法改正が成立した。すなわち、①酒や薬物による酔っ払い状態での運転、②スピードの出し過ぎと運転技能のない者の運転、③危険な速度での割り込みや幅寄せなどの運転、④危険な速度で赤信号を故意に無視した運転で、人を死亡させた場合は一年以上の有期懲役（最高一五年）、負傷させた場合は一〇年以下の懲役である（刑二〇八条の二）。

第八節　交通反則通告制度

交通反則通告制度は、大量に発生している運転者の交通違反事件を迅速かつ合理的に処理するために、比較的軽微な罰則規定の該当者に対し、これを反則行為として反則金の納付を命じ、これに服する場合に公訴しないで刑事手続から切り離し、事件を終了させる制度である。したがって危険性の高い、または悪質な交通違反事件には適用されない。

（1）反則行為

「反則行為」とは、道路交通法第八章の罪に当たる行為のうち、道路交通法別表（第一二五条・第一三〇条の関係）に列挙するものであって、車両等の運転者がしたものをいい、その種別は政令で定める（道交一二五条一項）。いずれもスピード違反、信号無視など違反の程度が比較的軽微で、違反事実が現認・明白・定型的なものである。ただし、反則行為をした運転者であって、次のいずれかに該当する者は、「反則者」とならない（同二項）。ⅰ法令の規定による運転免許を受けていない者（一号）、ⅱ当該反則行為をした場合において、酒によった状態、薬物等の影響により正常な運転ができないおそれがある状態または身体に法定量以上のアルコールを保有する状態で車両等を運転している者（二号）、ⅲ当該反則行為をし、よって交通事故を起こした者（三号）。また、「反則者」に該当する場合でも、その者が、ⅰ居所または氏名が不明であるとき、ⅱ逃亡のおそれがあるときは、交通反則金通告制度の適用はない（同一二六条一項一号、二号）。

（2）反則金

「反則金」とは、反則者が道路交通法第九章の規定の適用を受けようとする場合に国に納付すべき金銭をいい、その額は、道路交通法別表に定める金額（＝反則金の限度額）をこえない範囲内において、反則行為の種別に応じて道交法施行令別表第三に定められている（同三項、施行令四五条(1)）。

（3）反則行為の告知および通知

警察官は、反則者があると認めるときは、その者に対し、すみやかに反則行為となるべき事実の要旨および当該反則行為が属する反則行為の種別ならびにその者が通告を受けるための出頭の期日および場所を書面で告知するものとする。ただし、出頭の期日および場所の告知は、その必要がないと認めるときは、この限りでない。この場合、警察官は、都道府県警察の警察本部長にすみやかにその旨を報告しなければならない（同一二六条）。警察本部長は、報告を受けた場合において、当該報告に係る告知を受けた者が反則者であると認めるときは、その者に対し、理由を明示して反則金の納付を書面で通知するものとする。この場合、当該通知書の送付に要する費用の納付をあわせて通告するものとする。警察本部長が、当該報告に係る告知を受けた者が反則者でないと認めるときは、その者に対し、すみやかに理由を明示してその旨を書面で通知するものとする。この場合、その者が当該告知に係る種別以外の反則行為をした反則者であると認めるときは、その者に対し、理由を明示して当該反則行為が属する種別に係る反則金の納付を書面で通知するものとする（同一二七条）。

（4）反則金の納付および仮納付

通告に係る反則金の納付は、当該通告を受けた日の翌日から起算して一〇日以内に、国に対してしなければならない（一二八条一項）。反則金を納付した者は、当該通告の理由となった行為に係る事件について、公訴を提起されず、または二〇歳未満の少年が反則者である場合には家庭裁判所の審判に付されない（同二項）。告知を受けた者は、反則金に相当する金額を仮に納付することができる。この場合、警察本部長の通告がなされる前の場合には、反則金に相当する金額の納付が反則金の納付とみなされる。ただし、通知を受けた後は、この限りでない（同一二九条）。

（5）反則者に係る刑事事件等

(1) 反則者に係る刑事事件

反則者は、当該反則行為について反則金の納付の通告を受け、かつ、納付の通告を受けた日の翌日から起算して一〇日を経過した後でなければ、当該反則行為に係る事件について、公訴を提起されず、または家庭裁判所の審判に付されない。ただし、次に掲げる場合においては、この限りでない（同一三〇条）。i居所または氏名が明らかでなく、あるいは逃亡するおそれがある場合に該当するため告知をしなかったとき、iiその者が書面の受領を拒んだため、またはその者の居所が明らかでないため、告知もしくは通知をすることができなかったとき。

反則者が、反則金の納付の通告を受けてもこれに従わない場合には、正式の刑事手続に移行する。いったん通告処分に従い反則金を納付した者は、後に、その通告処分に対し取消訴訟を提起することは認められず、通告処分に従いたくない者は、反則金を納付せずに、後に、刑事手続で無罪を主張しなければならない。(2)

(2) 反則者に係る保護事件

家庭裁判所は、通告があった事件について審判を開始した場合において、相当と認めるときは、期限を定めて反則金の納付を指示することができる。この場合において、その反則金の額は、家庭裁判所が定める額とする（同一三〇条の二）。

(3) 反則行為と交通事故の因果関係

例えば、運転者が積載違反車両を運転中に交通事故を起こした場合、警察当局が右の積載物重量制限違反と交通事故との間に因果関係ありと判断したのに、裁判所が因果関係なしと認めたときは、判決によって公訴が棄却され、反則行為の責任までも問えなくなるという結果が生じる。(3) したがって交通反則金通告制度は、警察権の判断によって、加害者の刑事責任を免れさせるもので、問題であるという考え方がある。この点について通説は、反則行為が法律により定型的に定められ、かつ軽微な違反行為であり、公共の福祉に影響する程度がわずかであり、反対に交通違反の激増から軽微な事件については簡易・迅速に処理する必要があるから、違憲ではないという。(4)

(1)　道路交通法施行令別表第三

別表第三（第四十五条関係）

反則行為の種別		反則金の額
反則行為の種類	車両等の種類	
一　積載物重量制限超過（普通等十割以上）	普通車	三万五千円
	二輪車	三万円
	原付車	二万五千円
二　速度超過（高速三十五以上四十未満）	大型車	四万円
	普通車	三万五千円

	二輪車	三万円
	原付車	二万円
三　積載物重量制限超過（五割以上十割未満）	大型車	四万円
	普通車	三万円
	二輪車	二万五千円
	原付車	二万円
四　速度超過（高速三十以上三十五未満）又は積載物重量制限超過（五割未満）	大型車	三万円
	普通車	二万五千円
	二輪車	二万円
	原付車	一万五千円
五　速度超過（二十五以上三十未満）	大型車	二万五千円
	普通車	一万八千円

	二輪車	一万五千円
	原付車	一万二千円
六　放置駐車違反（駐停車禁止場所等）	大型車又は重被牽《けん》引車	二万五千円
	普通車	一万八千円
	二輪車又は原付車	一万円
七　放置駐車違反（駐車禁止場所等）	大型車又は重被牽《けん》引車	二万千円
	普通車	一万五千円
	二輪車又は原付車	九千円
八　速度超過（二十以上二十五未満）	大型車	二万円
	普通車	一万五千円
	二輪車	一万二千円
	原付車	一万円
九　速度超過（十五以上二十未満）又はしゃ断踏切立入り	大型車	一万五千円

	普通車	一万二千円
	二輪車	九千円
	原付車	七千円
十　駐停車違反（駐停車禁止場所等）	大型車	一万五千円
	普通車	一万二千円
	二輪車又は原付車	七千円
十一　駐停車違反（駐車禁止場所等）	大型車	一万二千円
	普通車	一万円
	二輪車又は原付車	六千円
十二　速度超過（十五未満）、信号無視（赤色等）、通行区分違反、追越し違反、踏切不停止等、交差点安全進行義務違反、横断歩行者等妨害等、整備不良（制動装置等）、安全運転義務違反、携帯電話使用等、本線車道横断等禁止違反又は高速自動車国道等運転者遵守事項違反	大型車	一万二千円
	普通車	九千円
	二輪車	七千円
	原付車	六千円

十三　信号無視（点滅）、通行禁止違反、歩行者用道路徐行違反、歩行者側方安全間隔不保持等、急ブレーキ禁止違反、法定横断等禁止違反、路面電車後方不停止、優先道路通行車妨害等、徐行場所違反、指定場所一時不停止等、積載物大きさ制限超過、積載方法制限超過、整備不良（尾灯等）、幼児等通行妨害、安全地帯徐行違反又は免除条件違反	大型車	九千円
	普通車	七千円
	二輪車	六千円
	原付車	五千円
十四　通行帯違反、路線バス等優先通行帯違反、道路外出右左折合図車妨害、指定横断等禁止違反、車間距離不保持、進路変更禁止違反、追い付かれた車両の義務違反、乗合自動車発進妨害、割込み等、交差点右左折等合図妨害、指定通行区分違反、交差点優先車妨害、緊急車妨害等、交差点等進入禁止違反、無灯火、減光等義務違反、合図不履行、合図制限違反、警音器吹鳴義務違反、乗車積載方法違反、定員外乗車、牽引違反、泥はね運転、転落等防止措置義務違反、転落積載物等危険防止措置義務違反、安全不確認ドア開放等、停止措置義務違反、初心運転者等保護義務違反、公安委員会遵守事項違反、大型自動二輪車等乗車方法違反、最低速度違反、本線車道通行車妨害、本線車道緊急車妨害、牽引自動車本線車道通行帯違反、故障車両表示義務違反又は仮免許練習標識表示義務違反	大型車	七千円
	普通車又は二輪車	六千円
	原付車	五千円
十五　通行許可条件違反、軌道敷内違反、道路外出右左折方法違反、交差点右左折方法違反、制限外許可条件違反、原付牽引違反、運行記録計不備、消音器不備、初心運転者標識表示義務違反又は本線車道出入方法違反	大型車	六千円
	普通車又は二輪車	四千円
	原付車	三千円

十六　警音器使用制限違反又は免許証不携帯	大型車、普通車、二輪車又は原付車	三千円

備考

一　反則行為の種別は、この表の上欄に掲げる反則行為の種類と反則行為に係る車両等の種類に応じ区分したものとし、反則金の額は、当該区分に応じ、この表の下欄に掲げる金額とする。

（2）　最判昭五七・七・一五民集三六巻六号一一六九頁（＝行政判例百選Ⅱ200「抗告訴訟の対象（8）――反則金の通告」）は、「道路交通法一二七条一項の規定による警察本部長の反則金の納付の通告（以下『通告』という。）があっても、これにより通告を受けた者において通告にかかる反則金を納付すべき法律上の義務が生ずるわけではなく、ただその者が任意に右反則金を納付したときは公訴が提起されないというにとどまり、納付しないときは、検察官の公訴の提起によって刑事手続が開始され、その手続において通告の理由となった反則行為となるべき事実の有無等が審判されることとなるものとされている……してみると、道路交通法は、通告を受けた者が、その自由意思により、通告にかかる反則金を納付し、これによる事案の終結の途を選んだときは、もはや当該通告の理由となった反則行為の不成立等を主張して通告自体の適否を争い、これに対する抗告訴訟によってその効果の覆滅を図ることは許されず、右のような主張をしようとするのであれば、反則金は納付せず、後に公訴が提起されたときにこれによって開始された刑事手続の中でこれを争い、これについて裁判所の審判を求める途を選ぶべきであるとしているものと解するのが相当である。」、「もしそうでなく、右のような抗告訴訟が許されるものとすると、本件刑事手続における審判対象として予定されている事項を行政訴訟手続で審判することとなり、また、刑事手続と行政訴訟手続との関係について複雑困難な問題を生ずるのであって、同法がこのような結果を予想し、これを容認しているものとは到底考えられない。」と判示した。

（3）　最判昭四八・三・一五刑集二七巻二号一二八頁は、非反則行為として通告手続を経ないで起訴された事実が、公判審理の結果、反則行為に該当するものと判明した場合には、公訴を棄却すべきである、と判示した。

（4）　田上穣治『警察法〔新版〕』二一八頁（昭五八・有斐閣）。

第一三章　外国人に関する警察法

文献　黒木忠正・細川　清『外事法・国籍法』（昭六三・ぎょうせい）、坂中英徳・斉藤利男『出入国管理及び難民認定法逐条解説』（平六・日本加除出版）、出入国管理法令研究会編『新版出入国管理法講義』（平一〇・日本加除出版）、手塚和彰『外国人と法〔第２版〕』（平一一・有斐閣）

日本の国籍を有しない外国人に関す警察法は、内容的にはこの領域における実質的な警察の責務を対象とする。国際化時代における外国人に関する警察法は、単に国防・治安の維持・犯罪の防止など警察法にいう社会公共の安全の維持という視点だけではなく、広く経済的、労働政策的および開発途上国支援的利益に資し、政治状況、国際状況および外交関係などを考慮するものでなくてはならない。したがって外国人に関する警察法は、形式的、組織的な意味の警察だけの責務ではなく、特別の行政庁すなわち法務省の責務ともなっている。以下には、出入国管理及び難民認定法をとりあげ、外国人の出入国の管理に関する法的規制の概要を述べることにする。

第一節　基　礎

(1) 法律の構成

出入国及び難民認定法（昭和二六・一〇・四、最終改正平一三・一一・六）は一〇章をもって構成されている。第一章は総則、第二章は入国及び上陸、第三章は上陸の手続、第四章は在留及び出国、第五章は退去強制の手続、第六章は船舶等の長及び運送業者の責任、第七章は日本人の出国及び帰国、第七章の二は難民の認定等、第八章は補則、第九章は罰則について規定している。

付属及び関係法令

出入国管理及び難民認定法施行規則（昭和五六・一〇・二八）

出入国管理基本計画（平成一二・三・二四）

外国人登録法（昭和二七・四・二八）

旅券法（昭和二六・一一・二八）

（2）法律の目的

出入国管理及び難民認定法（以下、「入管法」という。）は、「本邦に入国し、または本邦から出国するすべての人の出入国の公正な管理を図るとともに、難民の認定手続を整備することを目的とする。」（一条）と規定している。

（3）概念規定

(1)「外国人」とは、日本の国籍を有しない者をいう（入管二条二号）。

(2)「難民」とは、難民の地位に関する条約一条の規定または難民の地位に関する議定書一条の規定により難民条約の適用を受ける難民をいう（同三号の二）。

(3)「旅券」とは、次の文書をいう（同五号）。ⅰ日本国政府、日本国政府の承認した外国政府または権限のある国際機関の発行した旅券または難民旅行証明書その他当該旅券に代わる証明書、ⅱ政令で定める地域の権限ある機関の発行したiに掲げる文書に相当する文書。

第二節　外国人の入国と上陸

（１）外国人の入国

次のいずれかに該当する外国人は、本邦に入ってはならない。i有効な旅券を所持しない者（有効な乗員手帳を所持する乗員を除く。）、ii入国審査官から上陸許可の証印または上陸の許可を受けないで本邦に上陸する目的を有する者（入管三条一項）。

外国人の入国者は平成二一年一年間で約四九〇万人（昭和二五年の二七〇倍）に達し、出国した日本人は約一、六四〇万人（昭和二五年の一、八三〇倍）となっている。

（２）外国人の上陸

上陸拒否事由に該当する外国人は、本邦に上陸することができない（同五条一項）。主なものをあげると次の通りである。

① 感染症の予防及び感染症の患者に対する医療に関する法律に定める一類感染症、二類感染症もしくは指定感染症の患者または新感染症の所見がある者（一号）

② 精神保健及び精神障害者福祉に関する法律に定める精神障害者（二号）

③ 貧困者、放浪者等で生活上国または地方公共団体の負担となるおそれのあるもの（三号）

④ 日本国または日本国以外の国の法令に違反して一年以上の懲役もしくは禁錮またはこれらに相当する刑に

処せられたことのある者。ただし、政治犯罪により刑に処せられた者は、この限りでない（四号）。

⑤ いわゆる薬物犯罪者（五号）

⑥ 麻薬、向精神薬、大麻、けし、あへん、けしがら、覚せい剤、覚せい剤原料、あへん煙を吸食する器具を不法に所持する者（六号）

⑦ 売春関係者（七号）

⑧ 銃砲刀剣類、火薬類の不法所持者（八号）

⑨ ⑥、⑧の事由により、上陸を拒否された者で一年を経過していないもの、または本邦から退去を強制された者で、退去した日から五年を経過していないもの（九号）

⑩ 日本国の憲法秩序を暴力で破壊しようとした者などのほか、法務大臣が日本国の利益または公安を害する行為を行ったと認定する者で退去を強制された者（一〇号）

⑪ 以上のほか、法務大臣において日本国の利益または公安を害する行為を行うおそれがあると認めるに足りる相当の理由がある者（一四号）

（3）上陸の手続

(1) 上陸のための審査

本邦に上陸しようとする外国人は、有効な旅券で日本国領事館等の査証（ＶＩＳＡ、ビザ）を受けたものを所持しなければならない（同六条一項）。ただし、国際約束もしくは日本国政府が外国政府に対して行った通告により日本国領事館等の査証を必要としないこととされている外国人の旅券、再入国の許可を受けている者の旅券または難民旅行証明書の交付を受けている者の証明書には、日本国領事館等の査証を要しない（同ただし書）。本邦に上陸しようとする外国人は、上陸しようとする出入国港において、入国審査官に対し上陸の申請をして、上陸のための審査を受けなければならない（同二項）。

(2) 入国審査官の審査

入国審査官は、上陸の申請があったときは、次の各号に掲げる上陸のための条件に適合しているかどうかを審査しなければならない（同七条一項）。

① その所持する旅券および、査証を必要とする場合には、これに与えられた査証が有効であること（一号）

② 申請に係る本邦において行おうとする活動が虚偽のものでなく、別表第一（＝後掲）の下欄に掲げる活動または別表第二（＝後掲）の下欄に掲げる身分もしくは地位を有する者としての活動のいずれかに該当し、かつ、別表第一の二の表および四の表の下欄に掲げる活動を行おうとする者についてはわが国の産業および国民生活に与える影響その他の事情を勘案して法務省で定める基準（＝上陸審査基準）に適合すること（二号）

③ 申請に係る在留期間が法務省令の規定に適合するものであること（三号）

④ 当該外国人が上陸拒否事由に該当しないこと（四号）

(3) 在留資格認定証明書

法務大臣は、本邦に上陸しようとする外国人から、あらかじめ申請があったときは、当該外国人が上陸審査基準に適合している旨の証明書を交付することができる（同七条の二第一項）。在留資格認定証明書の発給を受けた外国人は、これを在外の日本国領事館などに提示すれば、原則として査証が発給され、日本に上陸する場合、容易に上陸の許可が得られる。在留資格認定証明書の申請は、当該外国人またはその代理人が法務大臣に対して行うが、実際には、その外国人を受け入れようとする日本国内の企業や団体の職員、日本に居住する親族などの代理人が、本人に代わって、地方入国管理局、同支局および鹿児島・下関・京都・浦和・箱崎の各出張所に申請する。

(4) 上陸の特例

船舶、航空機の乗員・乗客については、査証がなく、かつ在留資格を有することなく、一時的に、一定の条件で上陸を許可する。このような上陸の特例として、寄港地上陸（同一四条）、通過上陸（同一五条）、乗員上陸（同一六条）、緊急上陸（同一七条）、遭難による上陸（同一八条）、一時庇護のための上陸（同一九条）がある。

第三節　外国人の在留

(1) 在留資格および在留期間

本邦に在留する外国人は、出入国管理及び難民認定法および他の法律に特別の規定がある場合を除き、それぞれ、当該外国人に対する上陸許可もしくは当該外国人の取得に係る在留資格またはそれらの変更に係る在留資格をもって在留するものとする（入管二条の二第一項）。

在留資格は別表第一（＝後掲）または別表第二（＝後掲）の上欄に掲げるとおりである（同二項）。在留資格を有する外国人は、在留資格の変更をを受けることができ、法務大臣は、在留資格の変更を適当と認めるに足りる相当の理由があるときに限り、これを許可することができる。ただし、「短期滞在」から他の在留資格への変更については、やむを得ない特別の事情に基づくものでなければ許可しないものとする（同二〇条一項、三項）。

在留期間は、各在留資格について、法務省令で定める。この場合、外交、公用および永住者の在留資格以外の在留資格に伴う在留期間は、三年を超えることができない（同二条の二第三項）。

（２）在留資格の変更および在留期間の更新

(1) 在留資格の変更

① 一般在留資格の変更　在留資格を有する外国人は、その者の有する在留資格の変更を受けることができる（同二〇条一項）。この変更は、特定活動の在留資格を有する者については、法務大臣が個々の外国人について特に指定する活動の変更を含む（同二〇条一項カッコ内）。

② 永住者への変更　永住者への在留資格の変更は永住許可を申請しなければならない（同二二条）。

③ 短期滞在の在留資格からの変更　短期在留資格からの変更は、やむを得ない特別の事情に基づくものでなければ許可しないものとする（同二〇条三項ただし書）。

(2) 在留期間の更新

本邦に在留する外国人は、現に有する在留資格を変更することなく、在留期間の更新を受けることができる（同二一条一項）。在留期間の更新は、法務大臣に申請し、申請があった場合には、法務大臣は、在留期間の更新を適当と認めるに足りる相当の理由があるときに限り、これを許可することができる（同二一条三項）。(1)

（３）在留の条件

本邦に在留する外国人は、常に旅券または仮上陸許可書、乗員上陸許可書、緊急上陸許可書、遭難による上陸許可書もしくは一時庇護許可書を携帯していなければならない（一六歳未満の外国人は、携帯しなくてよい。）。ただし、外国人登録法による外国人登録証明書を携帯する場合は、この限りでない（同二三条一項）。

本邦に在留する外国人は、本邦に入ったときはその上陸の日から九〇日以内に、本邦において外国人となったときはまたは出生その他の事情により本邦に在留することとなったときは外国人となった日または出生その他の事由が生じた日から六〇日以内に、その居住地の市町村（東京都の特別区、指定都市の区）の長に対し、登録の申請をしなければならない（外人登三条一項）。ただし、次の外国人は、外人登録の対象とされていない。i入管法上の仮上陸、寄港地上陸、通過上陸、上院上陸、緊急上陸、遭難による上陸の許可を受けた者（同二条一項）、ii日本国籍をも有する外国人、iii「外交」または「公用」の在留資格を付与されている外国人、iv個別条約（協定）により外国人登録を免除されている者。

本邦に在留する外国人は、市長村長が交付し、または返還する登録証明書を受領し、常にこれを携帯していなければならない。ただし、一六歳に満たない外国人は、登録証明書を携帯していることを要しない（同一三条一項）。

本邦に在留する外国人は、入国審査官、入国警備官、警察官、海上保安官その他法務省令で定める国または地方公共団体の職員が、その職務の執行に当たり、旅券または上陸許可書もしくは登録証明書の呈示（提示）を求めたときは、これを呈示しなければならない（入管二三条二項、外人登一三条二項）。

なお、平成九年末の外国人登録者数は、一四八万二七〇二人である。

（4）不法就労

(1)　不法就労活動

「不法就労活動」とは、入管法一九条一項の規定に違反する活動または七〇条一項一号、二号、五号、七号もしくは七号の二に掲げる者が行う活動であつて報酬その他の収入を伴うものをいう（入管七三条の二第二項）。

「一九条一項の規定に違反する活動」とは、別表第一の一の「外交」から二の「技能」および五の「特定活動」の在留資格をもって在留する者が当該在留資格に応じた活動に属しない収入を伴う事業を運営する活動または報酬を受ける活動である。これらの在留資格を有する者は、当該在留資格に応じてこれらの活動のみを行うことができるから、これらの活動以外の就労活動は原則としてすることができない。また、別表第一の三の「文化活動」、「短期滞在」および四の「留学」、「就学」、「研修」、「家族滞在」の在留資格をもって在留する者は、原則として就労活動をすることは認められていない。

これに対して別表第二の「永住者」、「日本人の配偶者等」、「永住者の配偶者等」、「永住者」については、入管法上活動の制限はなく、「不法就労」ということはない。ちなみに、平成九年末における「永住者」「特別永住者」「永住者の配偶者等」の合計は、六三万一七七五人、「日本人の配偶者等」は二七万四四七五人、定住者（＝インドシナ難民、日系二世、三世等について与えられる在留資格）は二〇万二九〇五人である。

「七〇条一項一号、二号、五号、七号もしくは七号の二に掲げる者」とは、不法入国者、不法上陸者、不法残留者である。不法就労者のうち最も多いとされるのが不法残留者である。平成一〇年一一月現在の不法残留者数は二七万六千人程度に達し、その後漸減傾向を示し平成一三年一月現在は二三万二千人程度と推計される。

(2) 不法就労助長罪

次の一に該当する者は、三年以下の懲役もしくは二百万円以下の罰金、またはこれの併科（同七三条の二）。i 事業活動に関し、外国人に不法就労させた者（一号）、ii 外国人に不法就労させるためにこれを自己の支配下に置いた者（二号）、iii 業として、外国人に不法就労活動をさせる行為またはiiの行為に関しあっせんした者（三号）。

（1） 最判昭五三・一〇・四民集三二巻七号一二二三頁（＝行政判例百選Ｉ81「在留期間の更新と裁量」）は、（一）

「憲法上、外国人は、わが国に入国する自由を保障されているものでないことはもちろん、所論のように在留の権利ないし引き続き在留することを要求しうる権利を保障されているものでもないと解するべきである。」（二）「在留期間の更新事由が概括的に規定されその判断基準が特にに定められていないのは、更新事由の有無の判断を法務大臣の裁量に任せ、その裁量権の範囲を広汎なものにする趣旨からであると解される。……法務大臣は、在留期間の更新の拒否を決するにあたっては、……諸般の事情をしんしゃくし、時宜に応じた的確な判断をしなければならないのであるが、このような判断は、事柄の性質上、出入国管理行政の責任を負う法務大臣の裁量に任せるのでなければとうてい適切な結果を期待することができないものと考えられる。」（三）出入国管理令二一条三項にいう「在留期間の更新を適当と認めるに足りる相当の理由があるときに限り」の認定については、「その判断が全く事実の基礎を欠き又は社会通念上著しく妥当性を欠くことが明らかである場合に限り、裁量権の範囲をこえ又はその濫用があつたものとして違法となるというべきである。したがって、裁判所は、……右判断が法務大臣の裁量権の行使としてなされたものであることを前提として、その判断の基礎とされた重要な事実に誤認があること等により右判断がまったく事実の基礎を欠くかどうか、又は事実に対する評価が明白に合理性を欠くこと等により右判断が社会通念に照らして著しく妥当性を欠くことが明らかであるかどうかについて審理（する）」と判示した。

第四節　外国人の出国

（1）外国人の出国

本邦外の地域に赴く意図をもって出国しようとする外国人は、その者が出国する出入国港において、入国審査官から出国の確認を受けなければならない（入管二五条）。入国審査官は、当該外国人が、ⅰ死刑、無期懲役、長期三年以上の懲役もしくは禁錮に当たる罪につき訴追されている者またはこれらの罪を犯した疑いにより逮捕状、勾引状、勾留状もしくは鑑定留置状が発せられている者（一号）、ii禁錮以上の刑に処せられ、その刑につき執行猶予の言い渡しを受けなかった者で、刑の執行が終わるまで、または執行を受けることがなくなるまでのもの（仮出獄を許されている者を除く。）（二号）、iii逃亡犯罪人引渡法の規定により仮拘禁許可状または拘禁許可状が発せられている者（三号）に該当する者である旨の通知を受けているときは、出国確認の手続がされた時から二四時間を限り、その者について出国の確認を留保することができる（同二五条の二）。

（2）再入国の許可

法務大臣は、本邦に在留する外国人がその在留期間の満了の日以前に本邦に再び入国する意図をもって出国しようとするときは、その者の申請に基づき、再入国の許可を与えることができる。この場合、相当と認めるときは、当該許可を数次再入国の許可とすることができる（同二六条一項）。

入管法二六条一項の「……することができる。」規定は、いわゆるKompetenz-Kann規定である。したがって、この規定は、「……しなければならない。」というように解釈しなければならない。通説・判例は、これを行政庁に広い自由裁量を認める規定であるとしている。(1)しかし、入管法二六条一項の規定は、日本に在留する外国人について、再入国の際の入国・上陸の手続を簡略化する目的で定められたもので、その実質は、日本における在留地を生活の本拠とする外国人について、当該外国人が一時的海外旅行の後に、従前と同一条件による在留の継続を認めるものである。したがって、入管法二六条一項の規定を、再入国の許可処分も不許可処分も、さらに指紋押なつ拒否者に対する報復ないし制裁としての再入国不許可処分をも、自由に選択できることを認めたErmessen-Kann規定と解するのは問題であるといはなければならない。再入国許可制度は、当該外国人の既得の法的地位を実効的に保障するという趣旨・目的に従って運用されなければならない。

ちなみに、指紋押なつ制度は平成一一年に廃止され、写真、署名および一定の家族事項の登録をもって、外国人登録の際の当該外国人本人の同一性を担保確認する手段とした。

（3）退去強制

次の一に該当する外国人については、本邦からの退去を強制することができる（同二四条一項）。ⅰ不法入国者（一号）、ⅱ不法上陸者（二号）、ⅲ資格外活動者（四号イ）、ⅳ不法残留者（四号ロ、五号の二、六号、六号の二、七号）、ⅴ刑罰法令違反者（四号ホ）、ⅵ反社会性が強いと認められる者（四号へ、ト、チ、リ、ヌ）、ⅶ不法入国、不法上陸幇助者（四号ル）、ⅷ国家秩序を害する者（四号オ、ワ、カ）およびわが国の利益または公安を害する者（四号ヨ）ⅸ仮上陸条件違反者（五号）、ⅹ数次乗員の上陸許可の取消しの場合において、指定期間内に、帰船しまたは出国しない者（六号の二）。

（4）退去強制手続

⑴　退去強制手続の流れは、次の通りである。

①入国警備官による違反調査（同二七条～三八条）→②入国審査官による審査（同四五条～四七条）→③特別審理官による口頭審理（同四八条）→④異議の申出（同四九条一項）→⑤法務大臣の裁決（同三項～五項）。

⑵　通　報

何人も、退去強制事由に該当すると思料する外国人を知ったときは、その旨を通報することができる（同六二条一項）。通報は、書面または口頭をもって、所轄の入国審査官または入国警備官に対してしなければならない（同五項）。

平成一一年度において、入国管理局が不法入国の疑いがあるとして退去強制手続を執った者は、九、三三七人で、前年の七、四七二人に比し、増加傾向が著しい。

(5) 在留特別許可

法務大臣は、退去強制手続における裁決に当たって、異議の申出が理由がないと認める場合でも、当該容疑者が次の一に該当するときは、その者の在留を特別に許可することができる（同五〇条一項）。ｉ永住許可を受けているとき（一号）、ⅱかつて日本国民として本邦に本籍を有したことがあるとき（二号）、ⅲその他法務大臣が特別に在留を許可すべき事情があると認めるとき（三号）。

在留特別許可を与えられた外国人の数は、平成九年に一四〇六人になっている。

(1) 手塚和彰『外国人と法〔第2版〕』七六頁。なお、宮田三郎「再入国不許可処分における裁量」同『行政裁量とその統制密度』二二一頁以下（平六・信山社）を見よ。ただし、入管法二六条一項の解釈を本文に述べたように改説した。

最判昭四五・一〇・一六民集二四巻一一号一五一二頁、最判平一〇・四・一〇判時一六三八号六三頁。

第五節　難民等の認定

(1) 難民の認定

法務大臣は、本邦にある外国人から申請があったときは、その提出した資料に基づき、その者が難民である旨の認定を行うことができる。申請は、その者が本邦に上陸した日（本邦にある間に難民となる事由が生じた者にあっては、その事実を知った日）から六〇日以内に行わなければならない。ただし、やむを得ない事情があるときは、この限りでない。法務大臣は、難民の認定をしたときは、難民認定証明書を交付し、その認定をしないときは、理由を付した書面をもって、その旨を通知する（同六一条の二）。

平成一一年末現在の本邦定住インドシナ難民等は一万五三一一人である。

（2）異議の申出

難民の認定をしない処分に不服がある外国人は、その通知を受けた日から七日以内に、不服の理由を記載した書面を提出して、法務大臣に対し異議を申し出ることができる。この場合、行政不服審査法による不服申立てをすることができない（同六一条の二の四）。

出入国管理及び難民認定法　別表第一（第二条の二、第十九条関係）

一

在留資格	本邦において行うことができる活動
外　交	本国政府が接受する外国政府の外交使節団若しくは領事機関の構成員、条約若しくは国際慣行により外交使節と同様の特権及び免除を受ける者又はこれらの者と同一の世帯に属する家族の構成員としての活動
公　用	日本国政府の承認した外国政府若しくは国際機関の公務に従事する者又はその者と同一の世帯に属する家族の構成員としての活動（この表の外交の項の下欄に掲げる活動を除く。）
教　授	本邦の大学若しくはこれに準ずる機関又は高等専門学校において研究、研究の指導又は教育をする活動

芸術	収入を伴う音楽、美術、文学その他の芸術上の活動（二の表の興行の項の下欄に掲げる活動を除く。）
宗教	外国の宗教団体により本邦に派遣された宗教家の行う布教その他宗教上の活動
報道	外国の報道機関との契約に基づいて行う取材その他の報道上の活動

二

在留資格	本邦において行うことができる活動
投資 経営	本邦において貿易その他の事業の経営を開始し若しくは本邦におけるこれらの事業に投資してその経営を行い若しくは当該事業の管理に従事し又は本邦においてこれらの事業の経営を開始した外国人（外国法人を含む。以下この項において同じ。）若しくは本邦におけるこれらの事業に投資している外国人に代わってその経営を行い若しくは当該事業の管理に従事する活動（この表の法律・会計業務の項の下欄に掲げる資格を有しなければ法律上行うことができないこととされている事業の経営若しくは管理に従事する活動を除く。）
法律 会計業務	外国法事務弁護士、外国公認会計士その他法律上資格を有する者が行うこととされている法律又は会計に係る業務に従事する活動
医療	医師、歯科医師その他法律上資格を有する者が行うこととされている医療に係る業務に従事する活動
研究	本邦の公私の機関との契約に基づいて研究を行う業務に従事する活動（一の表の教授の項の下欄に掲げる活動を除く。）

教育	本邦の小学校、中学校、高等学校、中等教育学校、盲学校、聾学校、養護学校若しくは設備及び編制に関してこれに準ずる教育機関において語学教育その他の教育をする活動
技術	本邦の公私の機関との契約に基づいて行う理学、工学その他の自然科学の分野に属する技術又は知識を要する業務に従事する活動（一の表の教授の項の下欄に掲げる活動並びにこの表の投資・経営の項、医療の項から教育の項まで、企業内転勤の項及び興行の項の下欄に掲げる活動を除く。）
人文知識・国際業務	本邦の公私の機関との契約に基づいて行う法律学、経済学、社会学その他の人文科学の分野に属する知識を必要とする業務又は外国の文化に基盤を有する思考若しくは感受性を必要とする業務に従事する活動（一の法の教授の項、芸術の項及び報道の項の下欄に掲げる活動並びにこの表の投資・経営の項から教育の項まで、企業内転勤の項及び興行の項の下欄に掲げる活動を除く。）
企業内転勤	本邦に本店、支店その他の事業所のある公私の機関の外国にある事業所の職員が本邦にある事業所に期間を定めて転勤して当該事業所において行うことの表の技術の項又は人文知識・国際事務の項の下欄に掲げる活動
興行	演劇、演芸、演奏、スポーツ等の興行に係る活動又はその他の芸能活動（この表の投資・経営の項の下欄に掲げる活動を除く。）
技能	本邦の公私の機関との契約の基づいて行う産業上の特殊な分野に属する熟練した技能を要する業務に従事する活動

三

在留資格	本邦において行うことができる活動

文化活動	収入を伴わない学術上若しくは芸術上の活動又は我が国特有の文化若しくは技芸について専門的な研究を行い若しくは専門家の指導を受けてこれを修得する活動（四の表の留学の項から研修の項までの下欄に掲げる活動を除く。）
短期滞在	本邦に短期間滞在して行う観光、保養、スポーツ、親族の訪問、見学、講習又は会合への参加、業務連絡その他これらに類似する活動

四

在留資格	本邦において行うことができる活動
留学	本邦の大学若しくはこれに準ずる機関、専修学校の専門課程、外国において十二年の学校教育を修了した者に対して本邦の大学に入学するための教育を行う機関又は高等専門学校において教育を受ける活動
就学	本邦の高等学校（中等教育学校の後期課程を含む。）若しくは盲学校、聾学校若しくは養護学校の高等部、専修学校の高等課程若しくは一般課程又は各種学校（この表の留学の項の下欄に規定する機関除く。）若しくは設備及び編制に関してこれに準ずる教育機関において教育を受ける活動
研修	本邦の公私の機関により受け入れられて行う技術、技能又は知識の修得をする活動（この表の留学の項及び就学の項の下欄に掲げる活動を除く。）
家族滞在	一の表、二の表又は三の表の上欄の在留資格（外交、公用及び短期滞在を除く。）をもつて在留する者又はこの表の留学、就学若しくは研修の在留資格もつて在留する者の扶養を受ける配偶者又は子として行う日常的な活動

五

在留資格	本邦において行うことができる活動
特定活動	法務大臣が個々の外国人について特に指定する活動

出入国管理及び難民認定法　別表第二（第二条の二、第十九条関係）

在留資格	本邦において有する身分又は地位
永住者	法務大臣が永住を認める者
日本人の配偶者等	日本人の配偶者若しくは民法（明治二十九年法律第八十九号）第八百十七条の二の規定による特別養子又は日本人の子として出生した者
永住者の配偶者等	永住者の在留資格をもつて滞在する者若しくは特別永住者（以下「永住者等」と総称する。）の配偶者又は永住者等の子として本邦で出生しその後引き続き本邦に在留している者
定住者	法務大臣が特別な理由を考慮し一定の在留期間を指定して居住を認める者

■著者紹介

宮田三郎（みやた・さぶろう）

1930年　秋田県に生まれる
1953年　東北大学法学部卒業
現在、朝日大学大学院教授、千葉大学名誉教授

＜ 主要著書 ＞
行政法［学説判例辞典］（東出版、1974年）
行政計画法（ぎょうせい、1984年）
行政裁量とその統制密度（信山社、1994年）
行政法教科書（信山社、1995年）
行政法総論（信山社、1997年）
行政訴訟法（信山社、1998年）
行政手続法（信山社、1999年）
国家責任法（信山社、2000年）
環境行政法（信山社、2001年）

警　察　法

2002年（平成14年）7月10日　　第1版第1刷発行　3021-0101

著　者　宮　田　三　郎

発行者　今　井　　貴

発行所　信山社出版株式会社
〒113-0033　東京都文京区本郷6-2-9-102
電　話　03（3818）1019
FAX　03（3818）0344

製作所　株式会社 信 山 社

Printed in Japan.　発売所　信山社販売株式会社

印刷・製本／長野印刷・渋谷文泉閣

ISBN4-7972-3021-5　C3332

3021-012-010-002
分類 323, 926

事項索引

あ～お

か

き～く

す～そ

た

ち～つ

て

と

な ～ に

は

ひ

ふ

ほ

判例索引

●最高裁判所
昭24·6·11刑集3巻7号969頁… 243
昭28·1·30刑集7巻1号128頁… 157
昭29·7·15刑集8巻7号1137頁 …91
昭29·11·24刑集8巻11号1866頁
(＝新潟県公安条例事件)………… 137
(決) 昭30·7·19刑集9巻9号1908頁
……… 91
昭31·3·29裁判集刑事112号851頁
……… 181
昭32·10·4刑集11巻10号2474頁
……… 255
昭33·2·12刑集12巻2号209頁…245
昭35·3·10刑集14巻3号326頁…299
昭35·7·20刑集14巻9号1243頁
(＝東京都公安条例事件)………… 138
昭36·3·7刑集15巻3号493頁… 244
昭38·6·26刑集17巻5号521頁
(＝奈良ため池条例事件)………… 128
昭39·6·4民集18巻5号745頁… 74
昭41·3·3刑集20巻3号57頁
(＝無許可集会等の煽動事件)…… 139
(決) 昭42·3·16刑集21巻2号430頁
……… 291
昭45·4·10刑集24巻4号132頁…290
昭45·10·16民集24巻11号1512頁
……… 325
昭47·5·30民集26巻4号851頁
(＝破壊消防事件)…………………… 129
昭47·11·22刑集26巻9号586頁
(＝小売市場開設許可制事件)…… 181
昭48·3·15刑集27巻2号100頁…291
昭48·3·15刑集27巻2号128頁…306
昭48·12·21刑集27巻11号1461頁
……… 290, 291
昭50·4·3刑集29巻4号111頁… 290
昭50·9·10刑集29巻8号489頁
(＝徳島市公安条例事件)………… 139
(決) 昭51·3·16刑集30巻2号187頁
……… 95
昭51·9·22刑集30巻8号1640頁
……… 291
(決) 昭52·11·29刑集31巻6号1030頁……………………………………… 245
昭53·6·20刑集32巻4号670頁
(＝米子銀行強盗事件)…………… 91
昭53·9·7刑集32巻6号1672頁
(＝警職法による所持品検査事件)
……… 92
(決) 昭53·9·22刑集32巻6号1774頁……………………………………… 97
昭53·10·4民集32巻7号1223頁
(＝在留期間の更新事件)………… 322
昭55·9·22刑集34巻5号272頁
(＝自動車の一斉検問事件)……96, 97
昭57·1·19民集36巻1号19頁
(＝ナイフ一時保管懈怠事件)…… 111
昭57·7·15民集36巻6号1169頁
(＝反則金通告事件)……………… 305
昭58·2·18民集37巻1号59頁… 121
昭59·3·23民集38巻5号475頁
(＝新潟漂着砲弾爆発事件)……… 105
昭63·9·16刑集42巻7号1051頁…93
平1·9·26判時1357号147頁…… 91
(決) 平3·7·16刑集45巻6号201頁
……… 103
(決) 平6·9·16刑集48巻6号420頁
……… 97

（決）平 7·5·30 刑集 49 巻 5 号 703 頁 ………93
平 10·4·10 判時 1638 号 163 頁 … 325

●高等裁判所

福　岡　昭 28·10·1 高刑集 6 巻 10 号 1366 頁 ………………… 106
広　島　昭 29·5·18 高刑集 7 巻 3 号 483 頁 …………………… 91
東　京　昭 29·6 · 11 高刑集 7 巻 7 号 1016 頁 ………………… 181
福　岡　昭 30·6·9 高刑集 8 巻 5 号 643 頁 …………………… 100
東京（決）昭 32·11·11 東高時報 8 巻 11 号 388 頁 …………… 84
東　京　昭 34·6·29 高刑集 12 巻 6 号 653 頁 …………………… 96
福　岡　昭 36·7·14 高検速報 851 号 ………100
大　阪　昭 38·9·6 高刑集 16 巻 7 号 526 頁 …………………… 97
福岡（決）昭 42·3·6 下刑集 9 巻 3 号 233 頁 …………………… 84
名古屋　昭 44·3·25 判時 560 号 40 頁 ………81
福　岡　昭 45·1·30 刑裁月報 10 号 1068 頁 ………………… 106
東　京　昭 45·11·12 東高刑時報 21 巻 11 号 390 頁 …………… 97
仙台高秋田支　昭 46·8·2 刑裁時報 3 巻 8 号 1076 頁 ………… 97
東　京　昭 48·4·23 高刑集 26 巻 2 号 180 頁 …………………… 97
名古屋　昭 50·3·27 判時 775 号 21 頁 ………107
広　島　昭 51·4·1 高刑集 29 巻 12 号 836 頁 …………………… 91
名古屋高金沢支　昭 52·6·30 判時 878 号 118 頁 ……………… 96
東　京　昭 52·11·17 判時 857 号 17 頁（＝千葉県野犬咬死事件）…66
東　京　昭 54·7·9 判時 948 号 126 頁 ………97
東　京　昭 54·9·13 判時 959 号 132 頁 ………225
福　岡　昭 61·5·15 判時 1191 号 28 頁（＝カネミ油症事件）……68
札　幌　平 4·7·21 高検速報 144 号 ………99

●地方裁判所

横　浜　昭 34·9·30 下民集 10 巻 9 号 2065 頁 ………………… 107
大　阪　昭 37·2·28 判時 296 号 6 頁 ………98
東　京　昭 40·8·9 下刑集 7 巻 8 号 1603 頁 …………… 73, 107
広　島　昭 41·10·27 判時 472 号 60 頁 ………100
京　都　昭 42·2·23 下刑集 9 巻 2 号 141 頁（＝京都市公安条例事件）……………………… 139
東　京　昭 42·5·10 下刑集 9 巻 5 号 638 頁（＝東京都公安条例事件）……………………… 140
大　阪　昭 43·9·20 判タ 228 号 229 頁 ………91
東　京　昭 45·1·28 下民集 21 巻 1·2 号 32 頁（＝血のメーデー事件）……………………… 84
広島（決）昭 46·2·26 刑裁月報 3 巻 2 号 310 頁 ……………… 84
長崎（決）昭 47·9·29 刑裁月報 4 巻 9 号 1578 頁 ……………… 104
高　知　昭 48·11·14 下民集 24 巻 9·12 号 836 頁 ……… 99, 100
広　島　昭 50·12·9 判タ 349 号 284 頁 ………107

東　京　昭51·8·23判時826号20頁 ………244
熊　本　昭51·10·28刑事裁判資料217号404頁 …………… 84
東　京　昭53·8·3判時899号48頁（東京スモン事件）……… 67
岡　山　昭54·9·28ジュリスト712号判例カード97 ………… 99
福　岡　昭56·11·20判タ460号123頁 ……………………… 101
大　阪　昭61·5·8判時1219号143頁 ………99, 101
熊　本　昭62·3·30判時1235号3頁（＝熊本水俣病事件） … 67
大　阪　昭63·6·27判時1294号72頁（＝大阪府野犬咬死事件）…68
大　阪　平2·11·9判タ759号268頁 ………91
浦　和　平3·5·15判時1400号106頁 ………106
浦　和　平3·9·26判時1410号121頁 ………99
東京八王子支（決定）平4·4·3判タ809号226頁 …………… 84
東　京　平4·9·3判時1453号173頁 ………91
千葉地松戸支　平5·2·8判時1458号156頁 …………………… 100
大　阪　平5·7·12判時1478号146頁 ………100, 101
岡　山　平6·4·21判例自治127号95頁 ……………………… 101
京　都　平7·9·29判タ900号182頁（＝四代目会津小鉄暴力団指定処分取消訴訟）……… 167